# 中国经济社会发展形势与对策

## ——国务院研究室调研成果选（2018）

SITUATION AND COUNTERMEASURES ON CHINESE
ECONOMIC AND SOCIAL DEVELOPMENT

黄守宏　主编

中国言实出版社

## 图书在版编目（CIP）数据

中国经济社会发展形势与对策：国务院研究室调研成果选.2018 / 黄守宏主编 . -- 北京：中国言实出版社，2018.10

ISBN 978-7-5171-2926-4

Ⅰ . ① 2 … Ⅱ . ① 黄 … Ⅲ . ① 中国经济—经济发展—调查研究—2018 ② 社会发展—调查研究—中国—2018 Ⅳ . ① F124 ② D668

中国版本图书馆 CIP 数据核字（2018）第 213161 号

**责任编辑：** 肖 彭
　　　　　 张 朕
**责任校对：** 李 琳
**出版统筹：** 冯素丽
**责任印制：** 佟贵兆
**封面设计：** 杰瑞设计

**出版发行**　中国言实出版社

　　　　　　地　址：北京市朝阳区北苑路 180 号加利大厦 5 号楼 105 室
　　　　　　邮　编：100101
　　　　　　编辑部：北京市海淀区北太平庄路甲 1 号
　　　　　　邮　编：100088
　　　　　　电　话：64924853（总编室）　64924716（发行部）
　　　　　　网　址：www.zgyscbs.cn
　　　　　　E-mail: zgyscbs@263.net

**经　　销**　新华书店
**印　　刷**　北京温林源印刷有限公司
**版　　次**　2018 年 11 月第 1 版　　2018 年 11 月第 1 次印刷
**规　　格**　710 毫米 ×1000 毫米　1/16　23.25 印张
**字　　数**　263 千字
**定　　价**　88.00 元　　ISBN 978-7-5171-2926-4

# 本书编委会

主 任：黄守宏

副主任：石 刚 杨书兵 郭 玮 陈祖新

编 委：（以下按姓氏笔画排序）

王昕朋 王锦栋 朱艳华 乔尚奎

刘应杰 孙国君 肖炎舜 宋 立

张军立 张顺喜 陈爱清 侯万军

郭道锋

# 创造新时代高质量发展新辉煌
## （代序）

黄守宏

十三届全国人大一次会议审议通过了李克强总理代表国务院所作的《政府工作报告》（以下简称报告）。报告深入贯彻习近平新时代中国特色社会主义思想和党的十九大精神，贯彻以习近平同志为核心的党中央的重大决策部署，系统总结了过去5年的工作，明确提出2018年推动经济社会发展的总体要求、政策取向和重点任务，是做好今年政府工作的纲领性文件。

## 过去5年我国取得了人民自豪、世界惊羡的伟大成就

过去5年是我国发展进程中极不平凡的5年。国内外诸多矛盾交织叠加，各种风险挑战接踵而至，很多情况是改革开放以来没有碰到过的。在以习近平同志为核心的党中央坚强领导下，经过各方面共同努力，我国经济社会发展取得了历史性成就、发生了历史性变革。

5年来，我国经济实力跃上新台阶，国内生产总值从54万亿元增加到82.7万亿元，累计实际增幅超过40%，占世界经济比重从11.4%提高到15%左右，对世界经济增长的贡献率超过30%；

1

财政收入从 11.7 万亿元增加到 17.3 万亿元，增长近 48%。经济结构出现重大变革，消费贡献率由 54.9% 提高到 58.8%，服务业比重从 45.3% 上升到 51.6%，经济增长实现由主要依靠投资、出口拉动转向依靠消费、投资、出口协同拉动，由主要依靠第二产业带动转向依靠三次产业共同带动。创新驱动发展成果丰硕，重大科技创新成果不断涌现，新技术、新产品、新产业、新业态快速成长，创新指数在全球排名大幅跃升。改革开放迈出重大步伐，主要领域改革主体框架基本确立，"一带一路"建设成效显著，对外贸易和利用外资结构优化、规模稳居世界前列。人民生活持续改善，贫困人口减少 6800 多万，贫困发生率从 10.2% 下降到 3.1%；城镇新增就业连续 5 年保持在 1300 万人以上，失业率保持在较低水平；居民收入年均增长 7.4%，居民收入增速超过经济增速，农村居民收入增速超过城镇居民收入增速，形成了世界上人口最多的中等收入群体；居民消费价格年均上涨 1.9%，处在国际公认的物价涨幅 2% 左右的理想水平；织就全世界最大的社会保障网；棚户区和危房改造使上亿人喜迁新居。生态环境状况逐步好转，单位国内生产总值能耗、水耗均下降 20% 以上，主要污染物排放量持续下降。过去 5 年取得的全方位、开创性成就，发生的深层次、根本性变革，在我国发展史上写下了浓墨重彩的篇章。放眼全球，中国经济发展卓尔不群、独领风骚。

在国内外形势极其错综复杂的环境中，过去 5 年我国能取得如此巨大的成就，充分说明以习近平同志为核心的党中央具有无与伦比的领导力、创造力、感召力，充分显示了习近平新时代中国特色社会主义思想的强大威力，也再次表明任何艰难险阻都挡不住中国发展前行的步伐。

　　在推动发展过程中，我们按照以习近平同志为核心的党中央的决策部署，深入贯彻新发展理念，锲而不舍激发活力、增添动力、释放潜力。一是坚持稳中求进工作总基调，着力创新和完善宏观调控。面对世界经济复苏乏力和国内经济下行压力持续加大的严峻挑战，我们既没有走传统的粗放发展老路，也没有搞"大水漫灌"式强刺激，而是适应把握引领经济发展新常态，着眼解决结构性矛盾和总量问题，在区间调控基础上加强定向调控、相机调控、精准调控。积极的财政政策力度加大，增加的财政赤字主要用于减税降费，5年累计减轻市场主体负担超过3万亿元。稳健的货币政策保持中性，既加强对实体经济的支持，又防止货币供应过于宽松而产生后遗症。经过艰苦努力，我国经济实现稳中向好，呈现出增长与质量、结构、效益相得益彰的良好局面。二是坚持以供给侧结构性改革为主线，着力推动经济结构加快优化升级。坚持用改革的办法推进结构调整，在"破""立""降"上狠下功夫。扎实推进"三去一降一补"。实施"互联网＋""中国制造2025"等战略，培育壮大新兴产业，改造提升传统产业。推进简政放权、放管结合、优化服务改革，降低制度性交易成本和生产经营成本。三是坚持推进改革开放创新，着力激发市场活力和社会创造力。全面深化改革，坚决破除体制机制弊端。广泛开展大众创业、万众创新，各类市场主体5年增加70%以上。加快构建开放型经济新体制。深入实施创新驱动发展战略。实施区域协调发展和新型城镇化战略，新的增长极增长带加快成长。四是坚持以人民为中心的发展思想，着力保障和改善民生。全面推进精准扶贫、精准脱贫。积极扩大就业。推动教育、文化、卫生、体育、社保等事业发展，促进基本公共服务均等化。加强环境污染治理，努力提供优质生态产品。

## 以改革创新精神大力推动新时代高质量发展

在综合分析国内外形势基础上，根据需要和可能，报告提出了今年发展的主要预期目标。这些目标与去年相比总体没有变化，有的作了适当调整。今年国内生产总值预期增长 6.5% 左右，与去年预期目标持平。这体现了推动高质量发展的导向，也符合全面建成小康社会目标要求。今年首次把全国城镇调查失业率纳入预期目标，主要是考虑这一指标涵盖农民工等城镇非户籍人口，能够更加全面准确地反映就业状况。

2018 年是党和国家事业发展进程中具有重大意义的一年。做好今年工作，要认真贯彻落实习近平新时代中国特色社会主义思想，坚持稳中求进工作总基调，继续创新和完善宏观调控，保持宏观政策连续性稳定性。积极的财政政策要聚力增效，稳健的货币政策要松紧适度。加强政策协调配合，保持经济运行在合理区间，推动经济结构优化升级。加大改革开放力度，推动新时代高质量发展取得新的更大成效。

深入推进供给侧结构性改革。做大做强新兴产业集群，加快改造提升传统产业，使新动能更快更好发展壮大。加快制造强国建设，推动先进制造业发展，全面开展质量提升行动，来一场中国制造的品质革命。坚持用市场化法治化手段化解过剩产能、淘汰落后产能。围绕改善营商环境和解决群众办事难问题，深化"放管服"改革。进一步降低企业税费负担，全年再为企业和个人减税 8000 多亿元，减轻市场主体非税负担 3000 多亿元。

加快建设创新型国家。加强国家创新体系建设，强化基础研究、应用基础研究和原始创新，推动创新成果加快转化应用。推进科技创新，关键是调动科技人员的积极性。要抓紧修改废止有悖于激励创新的陈规旧章，下决心砍掉有碍于释放创新活力的繁文缛节。要促进大众创业、万众创新上水平，把各类创新主体的潜能充分释放出来，跑出中国创新"加速度"。

深化基础性关键领域改革。围绕做强做优做大国有资本，推进国有企业优化重组和央企股份制改革。支持民营企业发展，坚决破除各种隐性壁垒。以保护产权、维护契约、统一市场、平等交换、公平竞争为基本导向，完善产权制度和要素市场化配置机制。深化财税体制改革，合理划分中央与地方财政事权和支出责任，健全地方税体系，改革个人所得税。围绕增强服务实体经济能力特别是解决好小微企业融资难、融资贵问题，深化金融体制改革。推进社会体制改革。健全生态文明体制。

坚决打好三大攻坚战。一要推动重大风险防范化解取得明显进展。加强金融风险防控，严厉打击金融违法犯罪活动，加快市场化法治化债转股和企业兼并重组，强化金融监管。防范化解地方债务风险，落实各级地方政府主体责任，积极稳妥处置存量债务，健全规范的地方政府举债融资机制。二要加大精准脱贫力度。今年再减少农村贫困人口1000万以上，强化对深度贫困地区的精准支持，强化对特定贫困群众的精准帮扶。三要推进污染防治取得更大成效。巩固蓝天保卫战成果，深入推进水、土壤污染防治，加强生态系统保护和修复。

大力实施乡村振兴战略。制定乡村振兴规划，推进农业供给侧结构性改革，加大农业结构调整力度，培育新型经营主体，促进农村一二三产业融合发展。全面深化农村改革，落实第二轮土地承包到期后再延长30年的政策，探索宅基地所有权、资格权、使用权分置改革。推动农村各项事业全面发展，健全乡村治理体系。

扎实推进区域协调发展战略。着眼塑造区域发展新格局，加强对老少边穷地区的支持，落实京津冀协同发展、长江经济带发展和西部开发、东北振兴、中部崛起、东部率先发展战略，出台实施粤港澳大湾区发展规划纲要。新型城镇化的核心在人，报告围绕人这一核心，对提高新型城镇化质量作出部署。今年再进城落户1300万人。优先发展公共交通，健全菜市场、停车场等便民服务设施，有序推进"城中村"、老旧小区改造，加强精细化服务、人性化管理。

积极扩大消费和促进有效投资。扩大内需是我国发展的战略基点。要增强消费对经济发展的基础性作用，改善消费环境，发展消费新业态新模式，支持社会力量增加服务供给。发挥投资对优化供给结构的关键性作用，落实鼓励民间投资的政策措施，营造稳定、透明、公平的投资环境。

推动形成全面开放新格局。以推进"一带一路"建设为重点，扩大国际产能合作，加大西部、内陆和沿边开放力度。围绕促进外商投资稳定增长，建设国际一流营商环境，大幅放宽市场准入，提高外商投资便利化水平。为巩固外贸稳中向好势头，报告在提出促进出口举措的同时，要求积极扩大进口。报告强调，中国主张通过平等协商解决贸易争端，反对贸易保护主义，坚决捍卫自身合法权益。

提高保障和改善民生水平。报告聚焦群众最关切最烦恼的事，提出一系列保障和改善民生的重要举措。着力促进就业创业，做好高校毕业生等重点群体就业工作。从促进居民增收和减轻税负两个方面提出提高居民收入水平的措施，既有使所有群体都受益的普惠性措施，也有针对特定群体的措施。在发展公平而有质量的教育方面，强调教育投入继续向困难地区和薄弱环节倾斜，降低农村学生辍学率、消除城镇"大班额"、解决中小学生课外负担重问题，并对增加学前教育资源供给、优化高等教育结构等提出了要求。在实施健康中国战略方面，从加强"防"与"治"两个方面作出部署，包括提高基本医保和大病保险保障水平，推进分级诊疗和家庭医生签约服务，创新食品药品监管方式，开展全民健身。要求更好解决群众住房问题，加快建立多主体供给、多渠道保障、租购并举的住房制度。报告还部署了强化民生兜底保障、打造共建共治共享社会治理格局等工作。

# 目录|CONTENTS

## ▎二、以创新引领实体经济转型升级 ▏

# 三、着力营造良好发展环境

# 四、加大精准脱贫力度

# 五、发展公平而有质量的教育

## 六、推进卫生健康和养老服务业改革发展

## 七、国际经验借鉴和国外考察报告

# 一、巩固经济稳中向好势头

# 经济形势稳中向好　宏观调控可精准发力

宋　立　史德信　刘雪燕　吕　峰

**提要：**2017 年上半年，我国经济运行总体平稳，稳中向好，呈现"三稳两好"态势。工业、服务业、消费、投资等供需指标在波动中企稳，就业稳定增长，物价基本平稳。先进制造业、现代服务业及新产业新业态快速增长，传统产业技术改造加快推进。但增长动力不足问题仍然存在，支撑一季度增长的基建和房地产投资增速回落，金融去杠杆、规范地方融资等一定程度上影响资金供给和市场利率。下半年要保持定力，加快推进供给侧结构性改革，在做好"三去一降"等减法除法的同时，进一步加大加法和乘法力度，变"一补"为"多补"，坚持不懈培育壮大内生动力。同时要保持政策连续性稳定性，精准调控，通过减税、贴息等方式，支持企业加大设备更新改造、研发创新和节能减排投资，适当扩大总需求，形成"前高后平"的平稳增长态势，为党的十九大召开营造良好环境。

## 一、上半年经济稳中向好、内生动能有所增强

2017 年 4 月份，我国主要经济指标均出现回落，一度引发各方面对经济增长可持续的担忧，但 5 月份又出现企稳势头，6 月

份制造业采购经理指数（PMI）和非制造业商务活动指数均环比有所上升，延续扩张态势，显示企业生产预期和信心持续改善，表明我国经济的韧性在提升。

稳主要表现为增长、就业和物价"三稳"。一是经济平稳增长。从供给侧看，5月份规模以上工业增加值同比实际增长6.5%，与4月份持平，工业企业利润同比增长16.7%，比4月份加快2.7个百分点。前5个月，在41个工业大类行业中，38个行业利润总额同比增加。5月份服务业生产指数同比增长8.1%，与4月份持平。从需求侧看，5月份社会消费品零售总额同比增长10.7%，与4月份持平。前5个月固定资产投资增速降至8.6%，但制造业投资增速5月份显著回升，比4月份高2.3个百分点。5月份外贸总额同比增长22.1%，进出口双双反弹。二是就业保持稳定。前5个月，城镇新增就业599万人，比去年同期多增22万人，完成年度目标的54.4%。在去产能持续推进的情况下，全国城镇调查失业率和31个大城市的城镇调查失业率稳定在5%以下。三是物价温和上涨。前5个月，CPI同比上涨1.4%，PPI同比上涨6.8%。尽管PPI涨幅近几个月有所回落，但上涨的行业面在扩张，在调查的40个行业中，5月份有34个行业上涨，显示总体供求关系正在改善。

好主要表现为结构、动能"两个向好"。一方面，投资带动经济结构持续优化。前5个月，服务业投资增长11.6%，比全部投资快3个百分点。一季度服务业增加值同比增长7.7%，占GDP比重升至56.5%，比上年全年提高4.9个百分点。投资结构继续改善，短板领域投资增长加快。前5个月高技术制造业投资增长22.5%，增速比全部投资快13.9个百分点，生态保护和环境治理业、公共设施管理业投资增长均保持在20%以上。另一方面，新产业新业态发展和设备更新等带动新动能壮大。在工业领域，战略性新兴产业、高技术产业、装备制造业等增加值增速均在两位数以上，远高于规模以上工业 6.5% 左右的整体增速。工业机器人、运动型多用途乘用车等新产品快速增长，以共享单车为代表的新产业、新业态为经济发展注入新动力。传统动能改造升级也在推进，前 5 个月制造业技改投资增长 10.2%，比前 4 个月提高 2.3 个百分点。

### 二、下半年保持经济稳定增长面临多重不确定性

预计下半年，工业生产和制造业投资受企业盈利回升、预期改善支撑，有望保持平稳增长，但基建和房地产投资增长可能放缓，呈现"两稳两缓"格局。三、四季度经济走势究竟如何，受国内外一系列不确定因素的影响，当前尤其要关注以下几方面问题。

一是财政收入增长放缓可能影响财政政策力度。自 2017 年年初以来，财政收入增长呈持续下降趋势，5 月份增速为 3.7%，比 1—2 月下降了 11.2 个百分点。这与有关减税降费政策逐步落实有关，是积极财政政策见效的重要体现。但要看到，财力不足会对政府支出形成一定制约，一些政府主导的投资项目可能受到影响。前 5 个月基础设施投资增速降至 20.9%，比一季度回落 2.6 个百分点，未来不排除继续放缓的可能。还要看到，随着地方政府举债行为逐步得到规范，一些地方项目建设资金来源也可能受到进一步限制。

二是企业经营困难增多可能制约民间投资后劲。2017 年以来，企业盈利状况总体有所改善，但一些行业和地区企业经营仍较困难。前 5 个月，电力、热力生产和供应业利润总额同比下降

35.9%。据了解，企业反映较多的是经营成本特别是融资成本上升问题。前 5 个月，规模以上工业企业利息支出同比增长 4.2%，而 2016 年则下降了 6.2%。企业特别是民营企业、中小企业对成本高度敏感，经营成本上升可能削弱其扩大投资的意愿。前 5 个月，民间投资同比仅增长 6.8%，比全部投资低 1.8 个百分点。如企业经营状况得不到改善，未来投资还可能进一步下滑。

三是经济金融深层次矛盾"水落石出"，可能影响后续增长和市场预期。我国金融风险总体可控，但对一些领域风险积聚及其影响要高度关注。比如一季度房地产贷款余额占全部贷款余额的 25.6%，新增贷款占全部新增贷款的 40.4%，如果房价回落较大，可能对银行资产质量带来较大冲击。一些地区和行业违约风险也不容忽视。例如，近期山东某地一家企业发生债务违约，由于涉及银行贷款、社会融资、互联互保等多方面，使得该企业所在的县陷入区域性金融风险。

四是贸易保护主义可能对我出口带来冲击。我国作为世界第一大出口国，也是国际贸易保护主义的首要目标国，2016 年共遭遇 27 个国家和地区发起的 119 起贸易救济调查案件，涉案金额 143.4 亿美元，同比分别上升 36.8% 和 76%。近期美国贸易保护主义政策频出，给其主要贸易伙伴的出口前景蒙上了一层阴影。4 月 20 日，美国总统特朗普签署行政备忘录，要求美国商务部调查是否应以损害国家安全为由限制钢材和铝材进口。欧盟则于 2 月底决定对原产于我国的中厚钢板实施为期 5 年的反倾销措施，反倾销税率为 65.1%—73.7%，而且在调查中继续使用"替代国"方法。这些因素有可能会对未来一段时期我国出口造成不利影响。

### 三、精准调控、促进下半年经济平稳运行

面对影响经济增长的不确定不稳定因素，我们要精准发力，及早应对。一方面要保持定力，将供给侧结构性改革向纵深推进。减法和除法更多是发展的必要条件，要在巩固"去"和"降"阶段性成果的基础上，加大做加法和乘法的力度，变"一补"为"多补"，既要补民生短板，更要补增强内生动力的发展短板；既要补基础设施等"硬"短板，更要补体制机制、规则标准等"软"短板。另一方面要适时适度相机调控，适当扩大总需求，多运用减税、贴息方式，合理安排政府投资，加大对新增长点的支持力度，调动企业设备更新改造、节能减排等投资积极性，有效增强三、四季度增长动力，提高调控政策的针对性，将好钢用在刀刃上，形成"前高后平"的平稳增长态势，稳定市场预期，有力巩固"稳中向好"局面。

一是积极的财政政策要加力增效，发挥政府投资的保障作用。继续实施积极的财政政策，确保实际执行中更加积极有效。一方面要采取有力措施，支持企业扩大投资，保持民间投资回稳态势，另一方面要发挥好政府投资对稳投资的关键作用，支持关键领域和薄弱环节"补短板"。要进一步落实减税减费政策措施，降低企业制度性交易成本。在稳增长处于关键阶段而财政减收情况下，要防止为完成财政收入任务而过度征税、导致财政"自动稳定器"变为"被动减速器"。

二是货币政策要坚持稳健中性的取向，把握好去杠杆和稳增长的平衡。继续实施稳健的货币政策，把握好力度和节奏，保持松紧适度，保证金融体系流动性合理充裕。通过准备金置换创新工具存底方式，适时释放长期流动性，并降低资金源头成本，为

实体经济降成本创造条件。同时，要密切关注银行不良贷款风险、低评级债券违约风险，做好防控处置预案，适时有序释放压力，防范风险集中爆发引发市场波动。

三是加大制造业技改支持力度，发挥好传统动能的稳定作用。在当前阶段，传统产业仍是支撑经济增长的主体，要发挥好其稳增长的主力作用。进一步完善相关政策体系，以智能制造为主攻方向，以装备升级为重点，继续加快传统产业改造升级。大力支持传统产业的节能减排和设备更新改造，引导企业加大研发创新力度，增强竞争力。

四是培育壮大新产业新业态，让新动能尽早发挥支柱作用。继续推进"放管服"改革，营造更好环境，激发创新活力，深入开展大众创业万众创新，支持技术、管理、业态、服务模式等各类创新活动。进一步发展壮大新一代信息技术、高端装备、新材料、生物、新能源汽车、新能源、节能环保、数字创意等，积极培育支柱性新兴产业。对于分享经济等新业态新模式，要按照"鼓励创新、包容审慎"原则，创新管理思路，避免用老方法管新事物，管得过严过死。

五是抓住世界经济向好机遇，着力稳定外需。当前世界经济向好态势明显，全球贸易增长有望加快，IMF 近期预计 2017 年全球贸易增速回升到 4% 附近，很可能自 2012 年以来首次超过 GDP 增速。欧美是我国主要出口市场，其经济增长为我国出口增长提供了良好机遇。应抓住当前有利时机，落实好稳出口的各项政策措施，加强国际协调、共同反对各种形式的保护主义，增强外需拉动作用。

# 金融运行稳中趋紧　稳健中性取向宜坚持

宋　立　史德信　王　元　孙建坤　安邦坤

2017 年上半年，我国货币信贷和金融市场总体保持了平稳运行态势，但受多种因素影响，资金面一度偏紧，市场利率上升，金融市场波动加大。下半年，货币供应增长可能继续保持低位，社会融资规模增速有可能回落，但应能达到年初目标，利率抬升向实体经济传导、不良贷款上升、中小银行流动性不足、信用债违约增加、人民币汇率遭受短期外部冲击等风险需要引起重视。建议把握好稳增长与防风险之间的平衡，坚持稳健中性的政策取向不变，保持市场流动性不松不紧，开展流动性工具存量置换以降低资金成本，加强监管政策的协调，提升金融服务实体经济水平，有针对性地防范化解金融风险，坚决守住风险底线。

## 一、金融运行总体平稳、稳中趋紧、稳中有变

2017 年前 5 个月，在货币政策取向调适、金融去杠杆及监管加强的大背景下，我国货币金融保持了稳健运行，金融市场没有发生大的波动，但资金供求、融资结构等发生了一些新变化，对金融市场带来一定影响。

一是货币供应增长放缓，市场利率明显抬升。年初以来，广义货币 $M_2$ 增速连续下降，5 月末降至 9.6%，有统计以来首次跌破 10%。据测算，5 月末金融体系持有的 $M_2$ 增速仅为 0.7%，商业银行股权及其他投资科目同比少增 1.42 万亿元，拉低 $M_2$ 增速约 1 个百分点。这主要与金融去杠杆背景下监管加强、特别对同业业务及银行表外业务实施监管新规有关。但实体经济融资尚未受到明显影响，社会融资存量和人民币贷款余额仍保持较快增长，5 月末同比均增长 12.9%。金融机构资金紧张致使市场利率水平一度大幅走高。5 月份同业拆借加权平均利率为 2.88%，质押式回购加权平均利率为 2.92%，分别比上年同期高 0.78 个和 0.85 个百分点。5 月下旬起，出现 1 年期 Shibor（上海银行间同业拆放利率）高于 1 年期贷款基础利率（LPR）的情况，3 个月期同业存单利率 6 月一度突破 5%。但 6 月底以来，银行间市场资金面总体趋向充裕，市场利率出现下行。

二是非贷款融资向贷款搬家，中长期贷款占比高。5 月份社会融资规模增量中，非银行贷款减少 1765 亿元，银行贷款增量则显著上升，相当于社会融资规模增量的 111%。主要原因是：一方面，随着监管加强，银行表外非标资产向表内转移，5 月份委托贷款规模较上月减少 278 亿元。另一方面，由于利率倒挂，不少企业取消债券发行，转向贷款融资。前 5 个月，企业中长期贷款累计新增 3.6 万亿元，同比多增 1.4 万亿元，反映资金流向实体经济的力度增强。在 5 月新增的 1.11 万亿元贷款中，中长期贷款占比达到 78.6%。随着房地产调控政策的逐步见效，5 月份居民中长期贷款同比少增 955 亿元。

三是直接融资规模下降，资本市场交易活跃度不高。上半年，受发行审核趋严、再融资监管政策收紧等影响，股票市场

IPO节奏较去年下半年有所放缓，定向增发等再融资规模显著下降。市场行情总体不振，交易活跃度出现下降趋势。4—5月，信用债利率与贷款利率出现倒挂，债券融资功能弱化，公司信用类债券发行规模同比下降40%，高评级（AAA）企业发行规模降幅更大。在国内经济稳中向好、美元走弱、人民币汇率中间价机制调整等多重因素作用下，人民币汇率贬值预期基本消除，跨境资本流动趋于平稳，2月份以来外汇储备持续增加。

### 二、高度重视金融问题向实体经济传导和金融风险暴露

金融与实体经济相互依存、相互影响，宏观经济形势变化显著影响金融运行，金融运行中出现的问题也会反作用于实体经济。当前凸显的一些金融风险，与近年经济下行密切相关，可以说是"水落石出"。同时，金融领域的新变化向实体经济传导，可能引发新的问题，需要密切关注。

一是融资结构变化制约企业投资增长，资金成本上升不利经济稳中向好。5月份新增信贷高于历年同期水平，也高于当月社会融资规模增量，反映银行表外业务、债券融资向贷款搬家趋势。这种趋势带来两方面问题，首先是实体经济融资结构重回对贷款的高度依赖，对企业获得中长期融资较为不利，期限错配、"短贷长用"难以很好地支撑企业投资资金需求。其次是很多信用等级较高的大型企业由债券市场回归银行贷款，在银行信贷资源有限的条件下，会对中小微企业贷款产生挤出效应。目前，银行资金来源趋于紧张、成本明显上升，随着资管产品开征增值税等新政的效应逐步显现，下半年银行资金来源紧张的状况可能难以缓解，高成本会向实体经济传导，不利于为稳增长提供合意的融资环境。调查显示，银行家和企业家均预期三季度贷款利率将

继续提高。

二是银行业不良贷款风险和流动性风险、债券违约风险均可能凸显。首先，不良贷款产生相对经济形势有一定滞后性，我国经济 2016 年四季度以来才呈现企稳向好势头，现阶段对不良贷款风险仍应高度重视。目前银行不良贷款率持稳下降，但这在一定程度上得益于贷款总规模的增加即稀释效应，且关注类贷款占比较高。因此，对不良贷款风险的判断应持谨慎态度，相关风险仍需要密切关注和积极防范。其次，下半年同业存单到期偿付压力较大，资金紧张条件下银行尤其是中小银行流动性风险可能爆发，并有可能向证券、基金等机构传导。第三，下半年信用债到期兑付规模较大，特别是低评级、非国有企业债券到期较为集中，AA 及以下低评级信用债共有 4600 亿元到期，非国有企业发行的信用债有 3100 亿元到期。如果下半年融资环境持续偏紧，这些企业遭遇再融资困难，债券违约风险暴露可能明显增加。

三是人民币汇率存在不确定性，短期资本外流压力有所加大。2017 年一、二季度美联储均进行了加息操作，频率明显增加。在 6 月加息同时，还公布了年内缩表计划，缩表进程较市场预期提前。从美联储当前的表态看，下半年继续加息可能性较大。同时，欧元区经济复苏势头好于市场预期，欧洲央行近期表达了对通胀形势的乐观看法，欧元区退出量化宽松货币政策的步伐也有可能加快。美国和欧元区货币政策调整可能对人民币汇率造成短期冲击，并影响汇率预期、加大贬值压力，不排除发生较大规模资本流出的可能。

### 三、多措并举、注重协同，保障金融平稳运行

展望全年，$M_2$ 增速低于预期目标的状态很可能延续，但社会

融资规模增长有望实现 12% 的预期目标，金融市场平稳运行具备较好基础。下半年，稳健中性的货币政策取向不能变，要把握好金融调控的力度和节奏，既要服务于去杠杆，又要防止实体经济融资成本逆势抬升；既要有力有效监管，又要避免监管过度导致市场出现大的波动，力争实现金融健康平稳运行，更好服务实体经济，为宏观经济实现稳中向好提供良好支撑。

一是把握好货币政策力度和节奏，开展流动性工具存量置换降低资金成本。下半年，货币政策应在稳健中性的基调下，灵活实施政策操作，把握好力度和节奏，保证金融体系流动性合理充裕。鉴于我国存款准备金率偏高，且外汇占款作为基础货币投放主渠道的形势已经改变，建议以降低存款准备金率置换 MLF、SLF 等流动性工具存底部分，在不加杠杆的情况下，降低银行资金来源成本，缓解可能推高实体经济融资成本的问题。

二是强化监管协调，改进监管方式。金融监管部门要继续做好各领域监管措施之间的协调，既要防止监管空白和监管套利，又要防止监管失之于宽、失之于软，还要防范监管措施叠加共振引发"次生风险"。监管措施出台前，要做好对实施效果、风险等的评估，必要时制定应对预案。探索运用大数据、互联网等先进技术手段推进监管方式创新。

三是有效防范风险，保障金融安全。加强关注类贷款、借新还旧维持的贷款变化情况监测，积极主动防范潜在信贷风险。继续加快存量不良贷款的处置，多采用市场化手段，如资产证券化、市场化债转股等，实现风险纾解。督促商业银行加强贷前调查和贷中、贷后管理，提升信贷资产质量，降低新增不良贷款规模。做好金融市场流动性管理，坚决打击扰乱市场秩序的行为，避免信用债违约风险无序传染。

　　四是加强预期引导，营造良好环境。在协调统一的基础上明确预期引导的部门分工，常态化评估预期引导的内容和方式，提高主动性、协同性、前瞻性。监管部门要加强与市场的沟通，增强监管信息透明度，防止误解误读造成恐慌情绪和市场剧烈波动。

# 经济形势尚存分歧　金融调控需精准发力

## ——经济金融形势座谈会专家观点综述

宋　立　史德信　吕　峰

2017 年 10 月，我们邀请部分金融机构专家和市场人士，座谈当前及下一步经济金融形势和明年调控思路。大家总的认为，2017 年以来我国经济"前高后稳"、稳中向好，金融运行总体平稳、风险有所缓解。专家对 2018 年经济走势预测存在较大分歧，有的认为稳中向好势头将进一步巩固，有的则认为经济增速可能会有所放缓。大家强调，当前金融领域出现了一些新情况、新问题，潜藏一定风险隐患，值得高度关注。下一步，应继续坚持稳健的货币政策，鉴于 $M_2$ 等数量指标有效性有所减弱，可同时采用数量和价格指标。适时推动存款准备金改革，为降低融资成本、消除表外乱象创造条件。抓住利润回升有利时机推动国企去杠杆。针对内外部风险冲击制定完善应急预案，坚守风险底线。现将主要观点综述如下。

## 一、2017 年经济形势好于预期，对 2018 年走势看法不一

今年以来，我国经济结构发生更积极的变化，消费和外需

的拉动作用增强，服务业、先进制造、新产业、新模式等发展较快。一些机构年初预计，全年经济将"高开低走"，目前看基本走出了"前高后稳"的态势，也为金融稳健运行和防风险创造了条件。专家预计，今年 GDP 增速将达到 6.8%，略高于去年。但对明年的经济走势，专家之间存在分歧。

多数专家认为，2018 年经济形势将好于 2017 年。一些专家认为，外需和消费走强有望带动我国经济进入上升通道，预计 2018 年 GDP 增速将达 6.9%。从国际看，世界经济持续复苏，出口有望较快增长。美欧经济复苏共振，对外需形成较大支撑。IMF 预计，2018 年全球经济增速为 3.7%，比 2017 年高 0.1 个百分点。从国内看，消费升级效应继续显现，消费拉动作用将持续提高。随着我国消费结构升级、城镇化率提高，以及民生保障政策效应逐渐显现，消费对经济的拉动作用将越来越大。

少数专家持不同意见，认为 2018 年经济发展可能是"大稳定、小调整"，增速不及 2017 年。一是经济内生动力仍显不足，有效投资增长乏力。2017 年以来，固定资产投资逐季放缓，累计同比增速从一季度的 9.2% 降至二季度的 8.6%、三季度的 7.5%。前三季度，作为风向标的民间投资仅增长 6%，工业投资仅增长 3.3%，利用外资同比下降 7.1%。随着去杠杆和房地产调控升级，可能下拉 2018 年投资增速。二是企业补库存动力减弱，相关需求或趋下降。2017 年经济明显回暖，一定程度上得益于能源资源价格上涨带动补库存。2018 年 PPI 继续大幅上涨的可能性不大，企业补库存的需求可能有所下降。三是发达国家政策调整冲击不可低估，地缘政治仍存较大变数。当前，世界经济复苏主要依靠宽松货币政策，内生动力不够强劲。美国加息、"缩表"及大规模减税，欧元区缩减量化宽松规模，英国开始加息等，都可能制约世界经济复苏，并对我国跨境资本流动和人民币汇率等带来冲击。同时，一些区域地缘政治风险仍然存在，对经济复苏的扰动不容忽视。

我们认为，2018年经济确实存在一些变数和不利因素，投资乏力、PPI涨幅可能放缓、贸易保护主义升温，都会制约总需求扩大，主要经济体货币政策收紧必将带来一定冲击。但也要看到，2018年世界经济持续同步复苏是大概率事件，外部环境总体将趋改善，国内供给侧结构性改革初见成效，全面深化改革激发的社会活力也在释放，新动能加快成长，经济增速即使放缓，幅度也将有限，有望稳定在6.5%—7%之间。至于2018年GDP增速比2017年高一点还是低一点，都不必太看重，也改变不了我国经济稳中向好的总体趋势。

### 二、金融运行总体平稳，但新情况、新问题值得关注

专家总体认为，2017年以来金融去杠杆加力推进，监管措施不断加强，银行同业、表外和通道业务得到规范，金融风险有所缓解。去杠杆初见成效。据国际清算银行统计，截至2017年一季度，我国杠杆率涨幅已经连续4个季度放缓。社科院统计，二季度杠杆率环比上涨0.7个百分点，涨幅比一季度下降2.6个百分点。货币信贷总体平稳。受金融去杠杆影响，$M_2$增速明显放缓，9月末同比增长9.2%，比去年末回落2.1个百分点。社会融资规模增速基本保持在13%左右。人民币贬值压力明显缓解。8月份以来，人民币升值明显，10月末兑美元汇率中间价收于6.6397，较去年末升值4.5%。外汇储备持续回升。市场利率有所抬高。9月份，同业拆借加权平均利率为2.92%，比1月份上升0.56个百分点，债券回购加权平均利率为3.07%，比1月份上升

0.59 个百分点。

专家指出，在肯定金融去杠杆、强化监管成绩的同时，也要看到原有的问题尚未完全化解，又出现了一些新的情况和问题，对此需要高度关注，不能掉以轻心：

一是金融机构分化加大，部分中小机构风险不容忽视。2017 年以来，大型金融机构信贷质量有所改善，但一些中小机构资产质量恶化、利润率下降、潜在风险上升，个别小型金融机构已难以为继。银监会数据显示，大型商业银行不良率由一季度的 1.64% 降至二季度的 1.6%，而农商行不良率则由 2.55% 升至 2.81%。城商行不良率虽然不高，但资产利润率由一季度的 0.94% 降至二季度的 0.91%，明显低于大型商业银行的 1.15%。我国城商行与农村金融机构总资产已占银行业总资产 1/4 强，一旦中小银行大量出问题，可能对整个金融体系带来较大冲击。

二是债券市场出现急剧下跌，资本市场面临风险挑战。10 月份以来，债市出现快速单边下滑，10 年期国债收益率最高达 3.92%，创 3 年来高点。一些专家认为，近期经济基本面、监管政策与流动性都没有出现明显变化，此轮下跌背后并没有实质性利空因素，主要是市场担忧经济增长超预期和金融监管进一步强化，引发情绪面波动。

三是融资结构调整优化滞后，导致小微企业融资难度加大。有专家认为，在日渐趋紧的金融环境下，"强者恒强"的情况更加明显，国有企业和大型企业仍可获得一定资金支持，但小微企业融资会越来越难。2017 年前 10 个月，企业债和公司债发行规模同比分别下降 40.4% 和 62.3%，银行表外非标资产空间也在缩小，企业融资需求更多转向银行贷款。而在信贷规模受限情况下，大企业更容易优先获得贷款，小微企业信贷空间受到挤压，有可能导致破产增多。

四是居民短期消费贷款增加迅速，隐藏的风险需持续关注。前三季度，居民短期消费贷款新增 1.53 万亿元，是去年同期的近 3 倍，占新增贷款的比重从去年同期的 5% 提高到 14% 左右。有专家认为，消费贷增长过快，部分资金存在违规流向楼市、股市的可能，隐藏着较大风险。近期，监管部门和金融机构加大了对短期消费贷款资金用途的审查，预计短期消费贷款增速会有所回落，但识别、防控、化解前期过快增长中积累的风险需要一个过程。

### 三、以党的十九大精神统领 2018 年经济金融工作思路

与会专家认为，2018 年是全面贯彻落实党的十九大精神的开局之年，也是贯彻落实全国金融工作会议精神的深化之年，要把握好货币政策取向，积极推进金融领域基础性、关键性改革，切实增强金融服务实体经济能力，着力强监管、去杠杆，坚决守住不发生系统性金融风险的底线。

（一）按"宏观调控有度"要求确定货币政策取向。在经济内生动力不足、不确定因素仍然较多的情况下，宏观政策需要保持连续性、稳定性，要继续实施稳健的货币政策。针对取消 $M_2$ 预期指标的观点，有专家认为，目前 $M_2$ 与经济增长和物价之间的关系不是完全弱化，而是有所滞后，$M_2$ 仍是重要的前瞻性指标。今年 $M_2$ 快速下降、与预期目标出现较大偏差，系受金融去杠杆特殊影响，不能因此否定 $M_2$ 预期目标。在价格型调控体系尚未健全之前，可将 $M_2$ 等数量指标与价格指标配合使用。也有专家建议放弃 $M_2$ 指标，保留社会融资规模指标。我们认为，$M_2$ 与经

济增长和物价的关系虽有所弱化，但基于交易方程式，具有学理基础。近年来社会融资总量与 GDP 的计量关系虽较明显，但社会融资规模指标使用时间较短，与 GDP 的关系未经长期实践验证，宜与 $M_2$ 配合使用。

（二）积极稳妥推进金融领域重点改革。专家认为，金融改革开放的方向不能变，但要稳妥有序推进。存款准备金率偏高，既是当前融资贵的首要原因，也被视为影子银行等金融乱象的重要原因，应稳步推进存款准备金制度改革。一些专家建议，适时适当下调存款准备金率，缓解流动性局部性紧张矛盾。我们认为，为了避免市场误解、消除负面效应，可采取有条件变相降准方式，即对承诺将释放资金主要用于小微企业的银行，以准备金置换 MLF 等创新工具存量。有的专家建议，选择合适时间窗口推进汇率形成机制改革，对各种可能的情况都要制定预案。还有专家建议，可以借鉴英国"监管沙箱"模式，在风险可控条件下建立房地产信托投资基金（REITs），推动养老金入市，成熟后再全面推开，以促进资本市场健康发展，提高直接融资比重。

（三）抓住有利时机推进国企降杠杆取得突破性进展。随着经济回暖和盈利改善，企业经营状况趋于好转，特别是 PPI 上涨较快，对过去困难较大的能源资源类国有企业形成有力支撑。一些专家建议，要把握住难得的时间窗口，推动国有企业特别是高负债国有企业积极主动去杠杆，拿出一定利润偿还债务，力争企业杠杆率有实质性下降。同时，去杠杆要把握好重点，以免对小微企业产生过大负面影响。

（四）更加积极主动防范化解金融风险。专家建议，强化监管协调，防范化解国企和地方政府债务、房地产泡沫等风险。一些专家建议，密切关注债市异常波动对企业融资的影响，必要时主动出手稳定市场预期，同时要进一步完善信息披露制度、加快信用体系建设，从制度上促进债券市场健康发展。还有专家建议，从严控制居民短期贷款审批，严防消费贷改头换面违规进入房地产市场。

# 多措并举应对股市短期调整

安邦坤

2017 年 11 月下旬，股市行情出现连续多日下行调整，其中，上证综指 11 月 23 日创下年内最大单日跌幅。本次调整是对股市前期上涨的短期修正，风险已有所释放。综合判断，大盘短期还将维持震荡调整格局，需提防部分个股短期内过快下跌、引发恐慌性抛售或强制平仓，加剧市场波动。建议进一步强化风险监测、加强一线监管、引导市场预期，防范股市非理性上涨和断崖式下跌，促进股市平稳健康发展。

## 一、多因素叠加导致股市出现调整

2017 年 11 月下旬，股市出现较大幅度下跌。11 月 23 日，上证综指下跌 2.29%，创年内最大单日跌幅；深成指跌 3.33%，创 4 个月最大单日跌幅；中小板指跌 3.55%，创年内最大单日跌幅；创业板指跌幅超过 3%。27 日，两市继续延续前一周以来的调整，上证综指下跌近 1%；深成指下跌近 2%，中小板指、创业板指分别下跌超过 2%、1%。原因是多方面的。

市场对流动性偏紧、股份解禁压力增大的担忧，叠加年底机构交易行为扰动等因素导致股市调整。市场人士认为，股市基本面并无实质利空因素，本次调整除前期上涨的阶段性回调惯性外，主要有以下几个因素。一是市场预期流动性趋紧。11月，10年期国债收益率持续上行至4%左右，3个月上海银行间同业拆放利率攀升到4%以上，央行持续逆回购等操作的投放量仅对冲到期量、净投放量有限，加上商业银行宏观审慎评估考核、资产管理业务监管新规等多重因素，债市流动性压力向股市传导，引发市场流动性担忧。二是市场担心年底限售股解禁加剧资金面压力。根据减持新规和上市公司股东承诺估算，12月沪深两市限售股解禁规模超过3800亿元，为年内次高；2018年1月超过4600亿元，为2016年以来单月解禁规模最高，市场担心解禁高峰加剧资金面压力。三是年底部分机构、产业资本减持股份。在前期蓝筹股持续上涨的情况下，部分公募基金和外资获利后平仓或调仓、以在年底锁定收益，11月以来股市主力资金每日均呈净流出态势，23日净流出353.69亿元，为月内最大单日资金净流出额，带动股指下调。同时，产业资本减持提速也起了一定助推作用，下半年市场逐步回暖后，产业资本减持规模逐渐高于增持规模，临近年底减持节奏明显加快。截至23日，11月产业资本合计净减持20.33亿元，比10月增加12亿元。四是各方面发声引导市场节奏。一些消费类"白马股"前期股价不断创出新高，权威媒体、交易所等相继发声提示风险，抑制题材股炒作，市场风险偏好下降，获利资金出逃、股指随之下行。五是美国税改及美联储加息等外部因素扰动。市场对美国税改、美联储加息"缩表"可能带来冲击的担忧，导致股市避险情绪上升，一定程度上增加了股市外部压力。

## 二、股市短期震荡调整风险仍然存在

综合判断，股市短期将维持震荡调整格局，需提防不同类型的恐慌性抛售或强制平仓、加剧市场波动。一是四季度经济增速有可能回落。当前，经济运行中的不稳定不确定因素依然较多，房地产市场降温、基建投资增速减缓，加上 2016 年"前低后高"的基数因素影响，市场预计四季度经济增速将有所回落。二是资金面"紧平衡"仍将持续。央行维持货币政策中性偏紧，资管业务监管新规要求去杠杆、去通道、打破刚性兑付，12 月同业存单到期量将为年内次高，市场预期资金面"紧平衡"状况有可能持续至年底。三是金融监管持续趋严。伴随宏观审慎管理力度加大，金融去杠杆、抑制资产泡沫步伐加快，近期商业银行账簿利率风险管理、网络小贷清理整顿等相继出台，市场对金融监管趋严的预期强化。四是市场恐慌情绪短期难消。12 月和 2018 年 1月限售股解禁规模合计在 8400 亿元左右。减持新规实施后，实际减持规模远低于限售股解禁规模、可减持规模，实证数据也显示解禁对二级市场影响有限。但受一些市场机构和媒体误导，中小投资者对解禁产生"砸盘幻觉"，可能出现跟风抛售。年底部分机构和外资获利平仓，进一步放大了市场对机构"抱团砸盘"的担忧。五是部分个股平仓风险、高杠杆风险可能出现，叠加共振或加速股价下跌。截至 11 月 25 日，沪深两市共有 3347 只个股涉及股权质押，占个股总数 96.7%、几乎"无股不质押"，累计质押市值在 6 万亿元左右。目前上市公司整体股权质押风险虽然不大，但两市已有 115 只个股质押数量占总股本的比例超过 50%、640 支个股质押比例超过 30%，9246 笔股权质押中已有816 笔达到预警线或平仓线，如不能及时停牌、补仓或协商展期，一旦股市震荡下行，可能产生强制平仓风险、高杠杆风险，如果叠加共振就有可能加剧市场波动。

中期看，股市"慢牛"的结构性行情仍将延续。股市短期震荡并未逆转中期结构性"慢牛"行情趋势。综合来看，2018年经济基本面稳中向好，金融监管趋严将有效缓释顺周期金融风险，在蓝筹股短期调整、估值回到合理水平后，随着A股纳入明晟（MSCI）新兴市场指数后外资流入增多，资产配置偏向大盘蓝筹的机构投资者力量逐渐壮大，股市中期向好、结构性行情延续的趋势不会改变。

### 三、坚持底线思维，进一步加强和改进市场监管

为防范股市风险，需进一步强化监测、加强监管、引导预期、夯实基础，增强股市运行的内在稳定性，努力提振市场信心。

一是强化跨市场跨部门风险监测预警。要持续关注债市资金、保险资金、银行理财资金、信托资金等进出股市的影响，完善风险应对预案。逐日跟踪杠杆资金变动情况，完善融资融券业务规则，强化杠杆资金监管。将单一股票整体质押比例严格限制在50%以下，根据股权质押比率实施分类监管。建立场内场外全口径股权质押数据库，健全银行、券商、信托公司等质权人风险防控体系，加强监管信息共享。

二是切实做好流动性管理。进一步完善宏观审慎政策框架，探索将具有系统重要性特征的互联网金融业务等金融活动纳入宏观审慎管理框架，引导金融机构做好流动性管理，保持货币金融环境的松紧适度。及时监测市场动态，维持资金面平稳。

三是继续加强交易所一线监管职责。关口前移、强化交易所一线监管功能。完善异常交易行为认定标准，稳步推进"以监

管会员为中心"的交易行为监管，强化会员客户交易行为管理责任。在年底等重要时点，以窗口指导等形式适度限制公募基金每日净卖出数额，避免大幅减仓，减少调仓行为带来的股价波动。

四是注重引导市场预期。宏观管理部门、权威研究机构、市场机构要综合运用各类媒介渠道，引导中小投资者理性看待股市结构性行情，培养其更多参考成分股指而非综合股指的交易习惯，增强风险识别能力。加大减持新规内容、实效的解读宣传力度，规范市场研究机构、媒体发声，引导中小投资者认识到限售股解禁对二级市场影响有限，消除市场担忧。鼓励上市公司重要股东增持股份，提振二级市场信心。

五是严格上市公司监管。上市公司是资本市场的基石，其业绩和成长性是决定股价的根本因素。依托发行与并购重组审核监察委员会机制，严把 IPO 审核质量关，层层压实保荐机构与保荐人责任。依法从严规范上市公司大股东减持行为，严打"忽悠式""跟风式"重组，完善上市公司退市制度，提高上市公司质量。

# 消费信贷增长过快　隐藏风险不容忽视

史德信　宋　立　李奇霖

近年来，我国消费信贷规模不断扩大，对稳增长、调结构、惠民生发挥了重要支撑作用，但也拉动了居民部门杠杆率上升，特别是部分资金变相进入房市和股市，各种消费金融服务机构良莠不齐，潜藏较大风险隐患。建议密切关注消费信贷发展中的问题，抓紧整治各种市场乱象，及早识别、有效防范潜在风险，促进消费信贷平稳健康发展。

## 一、多方面因素助推消费信贷快速增长

据人民银行统计，截至 2017 年 9 月底，国内金融机构住户消费贷款余额达 30.2 万亿元，同比增长 29.1%，比 2015 年初增长 92.3%，是同期全部贷款增速的 2.3 倍。其中一年期以内的短期消费贷款 6.4 万亿元，一年期以上的中长期消费贷款 23.8 万亿元，中长期贷款以住房按揭贷款为主。考虑到央行统计口径仅包括金融机构信贷，快速扩张的互联网平台消费信贷、民间消费信贷尚未包含在内，实际消费信贷增长更快。总的看，消费信贷快速扩张主要基于以下原因：

——居民收入持续稳定增长。虽然近年来我国经济面临较大

下行压力，但居民收入平稳增长，持续跑赢 GDP。2013—2016年，全国居民人均可支配收入从 1.83 万元增加到 2.38 万元，增幅达 30%。消费显著升级，2016 年恩格尔系数升至 30.1%，接近联合国 20% 至 30% 的富足标准，居民消费更多转向教育、文化、健康、旅游等领域。收入稳定增长增强了居民信贷消费信心，消费升级导致对消费信贷的需求显著增加。此外，随着房价持续上涨，财富效应凸显，也有力助推了消费信贷扩张。

——金融科技拓展了城乡居民尤其是青年人消费信贷边界。随着大数据、云计算、人工智能等的广泛应用，小额、分散的消费信贷具备了商业价值，"长尾效应"凸显，并吸引了不少电商和科技巨头加快进入这一市场。特别是 80 后、90 后消费者日益成为消费增长生力军，这部分群体易于接受超前消费观念，对金融科技等新生事物的接受能力强；在某家金融公司 1100 多万授信客户中，34 岁以下的占 83%。中国信息网的研究表明，我国互联网消费金融交易规模 2015 年不到 2400 亿元，2016 年扩大到8700 亿元，2017 年预计将达 2 万亿元。

——银行主动调整资产配置、开发消费信贷。近年来，固定收益类资产收益率与银行理财成本出现倒挂，去杠杆和债市调整又减少了可投资的同业资产及债券，银行不得不加快调整资产配置，如商业银行同业资产存量 2016 年同比下降 7.2%，在此基础上 2017 年年中又下降 9%。而消费信贷的吸引力则不断增强：一方面按揭贷款违约率很低，另一方面短期的旅游、教育等生活消费贷款虽然期限短，但收益率高，如信用卡透支的年化收益率通常可达 18%。在此形势下，很多银行把消费信贷作为新的业务增长点，大力开拓市场。中国银行业协会发布的《中国银行家调查报告 2016》显示，约有七成银行家认为，个人消费贷款是未来业务发展的重点。此外，消费信贷资产证券化（ABS）产品爆发式增长，2017年前三季度规模已达去年全年的4.6倍，也为消费信贷增长提供了重要支撑。

——房价上涨刺激按揭贷款扩张。这是中长期消费信贷增长的主要推动力。2015年以来，房价新一轮上涨刺激个人按揭贷款大幅增长，对居民中长期消费贷款增长的贡献达95%，按揭贷款增长反过来又推动房价进一步走高，形成轮番扩张的局面。2015—2016年，深圳、厦门、合肥、南京、上海、北京等热点城市房价分别上涨81.3%、50.6%、48.2%、47.5%、41.6%、36.3%，其他大中城市涨幅也比较大，同期全国按揭贷款余额涨幅则高达66.1%。

## 二、消费信贷过快增长暴露出一些值得关注的问题

消费信贷"一片繁荣"的背后，有喜也有忧。喜的是，金融机构因此受益，消费得以改善，经济增长得到支撑；忧的是，行业粗放扩张，"萝卜快了不洗泥"，微观上看市场乱象有所增多，宏观上看会进一步推高居民部门杠杆率，风险隐患不可忽视。当前尤其要关注以下问题：

一是风险管理跟不上行业发展变化。近几年，我国消费金融服务机构发展较快。目前国内有20多家持牌消费金融公司、160多家专业分期公司以及2500多家其他消费金融服务机构，在客户基础、资金成本、风控能力等方面存在较大差异，不少机构的盈利模式不清晰，一味重视规模扩张，"跑马圈地"，违规行为多发。多家金融机构因此受到处罚。

应当看到，消费金融产品多数不需要抵押和担保，对个人信用依赖度较高，受内控机制不完善、征信人群覆盖有限、信用

信息整合不足等制约，传统的消费信贷资产质量堪忧。根据央行发布的支付体系运行总体情况，信用卡逾期半年未偿信贷总额在 2016 年底同比增长 40.1% 的基础上，2017 年二季度末又同比增长 35.4%。少数电商平台和科技公司不良率较低，但没有经历过完整的商业周期，可靠性有待检验。

二是部分消费信贷变相进入房市和股市。2017 年以来，在房地产市场调控力度加大、股市向好的形势下，部分资金披着消费信贷的"马甲"流向房市和楼市现象增多。从统计数据看，2017 年前 9 个月社会消费品零售总额同比增长 10.4%，增速为近年来较低水平，而短期消费信贷新增 1.49 万亿元，同比多增 9442 亿元，存在明显异常。一些研究人员认为，个人消费信贷有违规进入房地产市场的嫌疑，保守估计仅 2017 年前 8 个月就至少 3000 亿元，有的估计甚至接近 8000 亿元。

从实际情况看，为规避调控和监管政策，以消费信贷名义变相"杠杆炒房""杠杆炒股"的违规行为明显增多。比如，有的房地产中介与多家银行合作，用信用卡分期变相为客户筹措首付，每家合作银行最高可刷卡 30 万元，每人最多可同时刷 3 家银行；有的担保公司通过受托支付方式，将消费贷款资金转入合作的经销商账户，并开具合规发票应对银行审查。个人消费贷款变相流入股市现象也有所抬头，有的银行在这方面"睁一只眼闭一只眼"，客户通过手机银行、借贷平台 APP 等就能申请到消费贷款用于炒股。

三是居民部门杠杆率过快上升。2016 年底，我国居民部门杠杆率已达 44.2%。2017 年 9 月份住户贷款余额同比增长 23%。如果按全年居民部门债务余额增长 23%、GDP 增长 6.9%、物价水平上涨 2% 测算，2017 年底居民部门杠杆率将接近 50%。我国居民储蓄率高，仍有一定加杠杆余地，但短期内杠杆率上升过快值得警惕。还要看到，居民部门杠杆率分布不均衡，特别是一些投资者在房价较高时按揭买房，一旦房价出现较大下跌，很容易引发金融市场动荡。据报道，在个别地区已出现弃房断供的情况。

四是从消费者保护看，弱势群体利益可能受到损害。面对激烈的市场竞争，一些消费金融机构贷款门槛一降再降，甚至诱导不具备条件的消费者进行高端消费，不少人因此陷入困境。比如，一些现金贷基本不限用途，有的年化利率超过100%；有关部门进行整治后，非法"校园贷"仍难以禁绝，违规催收、暴力催收事件屡见报端。同时，通过互联网、手机短信等渠道的民间消费信贷发展很快、良莠不齐，有的低收入家庭因此致贫。

### 三、加强监管，促进消费信贷健康发展

无论从国际经验看，还是从扩大内需、改善民生的角度，发展消费信贷都是大势所趋，但对暴露出的监管体制机制、机构风险内控、消费者保护等方面问题也应引起重视。建议进一步加强制度建设，强化监管，"开正门，堵邪路"，促进消费信贷平稳健康发展。

（一）加强摸底排查，提前做好风险防范。当前消费信贷风险有多大，不是十分清楚。建议对业务增长较快的地区、客户、领域进行排查，通过压力测试等实时掌控风险状况。针对一些城市出现的房价回落趋势，要密切关注对按揭贷款的影响，完善应对预案。对违约率上升较快的机构和业务，要及时进行风险提示，查找原因。对高速增长的互联网平台消费信贷，要高度重视贷款质量的苗头性变化。对快速发展的消费信贷ABS产品，要加强穿透式监管。

（二）治理市场乱象，严控变相消费信贷。最近，有关部门和地方已就此采取措施，取得初步成效。但在市场存在投机情绪、金融机构存在资产配置需求的情况下，还会有金融机构和投资者"打擦边球"，套取消费贷款炒房、炒股。建议保持高压态势，加强监管抽查，要求金融机构严格自律，加强内审内控，谨慎发放大额长期综合消费贷款、无指定用途消费贷款，防止以化整为零方式规避受托支付和用途管控。加大对违规金融机构的处罚力度。

（三）完善相关基础设施。加强消费信贷信息共享平台建设，充实个人信用信息基础数据库，推动消费金融公司与央行征信系统联网。健全消费信贷法规，将互联网等新型消费金融、非持牌机构消费金融统一纳入监管，对交易者身份认证、资金监管、个人征信等作出详细规定，为业务发展和监管提供法律依据。

（四）加强金融消费者教育和保护。一方面，通过案例警示、专题讲座等方式，引导消费者尤其是年轻人重视自身信用记录，树立正确消费观念，避免超出能力的超前消费。另一方面，要求金融机构严格审贷管理，严禁随意降低贷款门槛；大力治理针对大学生、贫困人口等的高利贷、暴力催收等乱象。支持设立专门的金融消费者保护基金，加强对弱势消费信贷群体的保护。

# 应关注居民债务过快上升
# 对消费稳定增长的影响

邓　林　李宏军

近年来，我国消费需求持续扩大，消费结构加快升级，消费对经济增长的贡献率明显超过投资，成为拉动经济增长的主动力。适度的居民负债，可以有效增加居民支出，激发消费潜力，为扩大消费发挥重要作用。但过快增长的居民债务，则会影响未来消费能力。针对这个问题，我们进行了调研分析，发现居民负债水平在短期内快速提高，部分群体消费能力严重透支。对此，需要高度关注，并采取针对性措施，保持消费持续稳定增长，更好发挥消费对经济发展的基础性作用。

## 一、消费市场在平稳运行中面临隐忧

2017 年前三季度，全社会消费品零售总额实际同比增长 9.3%，最终消费支出对经济增长的贡献率为 64.5%，其中居民消费支出的贡献率为 47.7%。需要注意的是，消费贡献率的提高是在投资增速下滑较快的情况下出现的。与自身相比，全社会消费品零售总额实际增速却逐年下降，从 2012 年的 12.1% 降至 2017 年前 10 个月的 9.2%。总体看，消费市场已呈现一些疲弱态势，主要表现在以下几方面。

——耐用消费品市场出现回落。从 2017 年前三季度数据来看，汽车及与住房相关的家具、家装消费同比均有所下降。汽车销售同比增长 4.5%，低于上年同期 8.7 个百分点。汽车消费政策调整后，乘用车销售仅增长 2.4%，增幅回落了 12.4 个百分点。随着房地产市场降温，家具类、建筑及装潢材料类消费增速同比分别回落 0.6 和 2.8 个百分点。

——结构升级类消费增速放缓。2017 年前三季度，扣除价格因素后，八大类消费中交通通信消费、教育文化娱乐消费以及医疗保健类消费的人均支出实际增速较去年同期分别回落 5.1、5.1 和 0.8 个百分点，说明当前居民用于基本必需品的消费增加，而用于结构升级类消费的支出减少，这将对未来消费结构持续升级产生一定影响。

——中低收入群体消费能力下降。从 2015 年开始，我国居民人均可支配收入中位数与平均数之比由 87.8% 下降到今年前三季度的 86.8%，居民收入差距进一步扩大。由于高收入人群的边际消费倾向低于中低收入人群，可以预计，这种收入分配差距仍将影响整体消费，并呈现消费支出增速低于收入增速的现象。2017 年前三季度，人均可支配收入实际增速从上年同期的 6.3% 上升至 7.5%，但人均消费支出实际增速却从 6.4% 下降到 5.9%，且落差持续扩大。

## 二、居民负债水平过快上升透支未来消费能力

从 2008 年国际金融危机以来我国居民债务指标的变化观察，居民债务用住户部门贷款来表示，主要包括居民住宅抵押贷款、汽车贷款、耐用消费品贷款、教育贷款、旅游贷款、信用卡贷

款，经营性贷款等，不含住房公积金贷款。水平持续上升，债务负担占当期收入比重不断扩大，同时消费支出并未与实际可支配收入同步增长，潜在消费能力可能还会受到影响。

从负债总量看，居民杠杆率较高且增速快。2017年第三季度，我国的居民杠杆率（家庭债务余额/GDP）为48.61%。有研究指出，如果将民间借贷、互联网金融借贷等考虑在内，2016年底居民杠杆率已超过60%，相当于发达经济体的中位数水平。并且，居民杠杆率呈较快上升趋势。从2008年至2017年第三季度，居民杠杆率由17.87%上升到48.61%，提高了30.74个百分点。特别是在近4年，共提高15.25个百分点。央行数据显示，2017年前三季度，新增贷款中一半以上来自居民部门，共增加了5.73万亿元。按照这个趋势推算，居民杠杆率可能在2022年达到美国家庭在2008年金融危机前的历史峰值。最近几年美国居民杠杆率呈下降趋势，已由金融危机前的97.7%降至2016年底的79.5%；许多欧盟国家的居民杠杆率在欧洲主权债务危机后也在下降。国际货币基金组织认为，家庭债务余额与GDP之比超过30%时，该国中期经济增长会受到影响，而超过65%就会影响金融稳定。这种情况需要引起重视。

从负债结构看，房地产信贷占居民贷款比重七成左右。自2015年下半年以来，房地产市场高位运行，个人购房贷款一直保持较快增长。2017年9月末，居民消费贷款余额中房地产信贷占69.84%。前三季度，居民短期贷款增加1.54万亿元，其中新增消费贷款1.49万亿元，是2016年全年的1.79倍。有研究机构推测，在其他消费品增速并未出现大幅攀升的情况下，不少消费贷已流入房地产市场，过高的购房支出对居民消费支出造成负面影响。从历史数据看，在2013年房地产销售面积猛增后，2014年就出现了收入与支出增速之差扩大的现象。对消费升级形成的挤出效应则更为明显，2017 年前三季度，城镇居民升级类消费增速显著低于农村居民。

从偿债负担看，居民将承受较大压力。由于居民杠杆率增长较快，居民当期债务负担也比较重。按照 2017 年 9 月末的债务水平推算，居民部门年度需偿还本金 14.81 万亿元、利息 1.81 万亿元。在居民可支配收入中，将有 46% 用于偿还本息、46% 用于基本生活支出，除此之外，能够用于旅游、教育、文化、娱乐等更高层次消费需求的可支配收入仅为 8% 左右。一部分群体为了维持当前的生活水平，或许会通过进一步负债甚至非正规金融渠道来实现，从而加剧偿债风险。另外，当前主要经济体已经或正在启动货币紧缩进程，全球流动性将面临拐点。11 月份，我国 10 年期国债收益率升破 4%。不少专家预计，未来利率上升的可能性还在加大，居民还债的压力将继续增加。

当前，我国储蓄率较高，居民债务占家庭资产的比重不超过 20%，债务水平仍在合理范围。但是，居民债务水平增长较快，不同收入阶层之间家庭资产与负债可能出现错配，低收入阶层的负债情况可能较高收入阶层更为严重。有专家认为，如果城乡居民收入不能稳定增长，负债速度得不到适度控制，可用于未来消费的支出会减少，进而影响消费的稳定增长。

### 三、政策建议

减小居民负债对未来消费的负面影响，既要提高消费能力、倡导理性消费，又要建立家庭负债监管机制，使负债总量和增速保持在合理水平。

一是保持居民收入稳定增长。多渠道增加居民收入特别是中低收入群体收入，适当提高工资待遇水平，推动居民收入增长与经济增长基本同步。进一步深化收入分配制度改革，完善按要素分配的体制机制，不断培育和扩大中等收入群体，形成"橄榄型"消费群体结构。规范股市、债市等金融市场秩序，有序发展财富管理行业。增加居民参与产业投资基金的机会，既适度降低门槛，也有效防范风险，扩大居民财产性、经营性收入来源。

二是引导居民树立正确的投资消费理念。加大舆论引导力度，在全社会形成良好的消费风尚，重视自身信用记录，提倡适度消费、理性消费。加强青少年"财商"教育，提高财经素养，培育良好的消费观。加快建立房地产市场长效机制，稳定市场预期，引导居民进行合理的家庭资产配置，减少对单一资产的心理依赖。督促金融机构加强对投资理财产品的宣传，帮助居民加深对理财产品风险的认识，形成更加理性的投资习惯。

三是建立消费金融监管长效机制。加快建设国家层面的个人金融信用基础数据库，整合税务、社保、金融等相关数据，完善消费金融统计体系，准确掌握家庭负债分布规律。在加大对消费升级金融支持力度的同时，加强对消费贷市场的日常监管和风险防范。对从事消费金融的机构统一监管标准，严格业务监管。督促各类平台对利率水平、综合费用等重要信息进行披露，加大对无偿债能力、利率过高、改变用途等不合理消费贷的管控，严惩违法金融行为。

# 当前进出口形势和下半年走势

黄　涛　谭亚波　王检贵

2017 年上半年，我国进出口 13.1 万亿元，同比增长 19.6%，其中出口增长 15%，进口增长 25.7%，一举扭转连续两年大幅下降态势，而且实现了超常增长。正确看待 2017 年上半年进出口形势，准确研判下半年走势，关系到下半年国民经济运行态势的预判。对此，我们进行了认真研究，总体结论是：2017 年上半年进出口超预期增长，更多是低基数上的恢复性反弹，与大宗商品价格上涨和汇率变动直接相关，而不是主要来自外需强劲回暖，也不是出口竞争力显著提升的结果。预计进出口回稳向好的总体态势仍会延续，但受基数逐步抬高和大宗商品价格回调等因素影响，2017 年下半年进出口增速可能明显放缓，全年增长有望达到 12% 以上。

**一、上半年进出口增长不具可比性，回稳向好不意味着稳定向好**

——从历史数据看，进出口大幅波动是常态，特别是在经历深度调整后，往往出现报复式增长。受亚洲金融危机冲击，1998

年我国进出口下降 0.3%，1999 年继续低速增长，而 2000 年增速高达 27.8%；国际金融危机爆发后，2009 年我国进出口下跌 14%，紧接着 2010 年增长 34.7%。2015—2016 年，全球贸易异常低迷，我国进出口分别下降 8.1% 和 6.8%，2016 年进出口额已低于 2012 年的水平。在这样低的基数上实现的快速增长，并不具备可比性。从绝对值看，2017 年上半年进出口总额尚未达到 2013 年同期水平。

——从价格因素看，2017 年上半年国际能源价格同比上涨 33.5%，非能源价格上涨 7.2%，其中农产品价格上涨 1.8%，原材料价格上涨 3.7%，金属和矿产价格上涨 25.7%。受此影响，2017 年上半年我国进口价格上涨 12.7%，出口价格上涨 5.6%，剔除价格因素，2017 年出口实际增长 8.9%，进口实际增长 11.5%。

——从汇率因素看，2017 年上半年人民币兑美元平均汇率约为 6.9，比 2016 年同期贬值 5%，推高了以人民币计价的进出口增速。以美元计价，2017 年上半年进出口增长 13%，其中出口增长 8.5%。

——从外部市场看，2017 年年初以来世界经济虽有回暖，但并不强劲，对全球贸易的拉动作用有限。虽然前 5 个月 71 个主要经济体贸易额增长较快，但贸易量并未明显回升。据世界银行预测，2017 年全球贸易量预计增长 4% 左右，仅比 2016 年高 1 个多百分点。

——从全球市场份额看，据 WTO 统计，2017 年前 4 个月 71 个主要经济体出口增长 8.1%，而我国同期美元计价的出口增速仅为 7.7%，国际市场份额基本稳定、略有下降。

**二、进出口"向好"因素在累积，将为中长期稳定增长提供支撑**

2017 年上半年进出口增速大幅反弹固然可喜，外贸结构优化、质量提升、动力增强更加可贵。

一般贸易出口平稳增长，加工贸易出口止跌回升。2017 年上半年一般贸易出口增长 12.8%。值得欣慰的是，加工贸易梯度转移和转型升级工作初见成效。2017 年上半年加工贸易出口增长 14.7%，不仅扭转了连续两年持续负增长态势，而且超过了一般贸易出口增速，占出口总额的比重达到 33%，同比提升 0.5 个百分点。一般贸易和加工贸易两个"引擎"同时启动，有利于外贸平稳持续增长。

劳动密集型产品出口较快增长，技术和资本密集型产品比重上升。2017 年上半年，七大劳动密集型产品出口增长 12.9%，其中玩具、塑料制品、箱包分别增长 64.7%、20%、18.4%，表明我国劳动密集型产品竞争优势仍可保持一段时间。与此同时，机电产品和高技术产品出口继续快于劳动密集型产品，其中无人机、汽车、船舶出口分别增长 93.4%、32.7% 和 25.1%。对外承包工程货物出口增长 28.4%。

传统市场得到巩固，新兴市场开拓成效显著。在发达经济体经济复苏的带动下，2017 年上半年我对欧盟、东盟、美国出口分别增长 15.7%、16.0% 和 19.3%。而同期对南非、印度、俄罗斯和巴西出口增长 25%、26%、30% 和 48%，反映出市场多元化成效逐步显现。

外商投资企业出口止跌回升，民营企业第一大出口主体地位进一步巩固。2017 年上半年，外商投资企业出口增长 12.5%，连续两年下降后再现增长，来之不易。而根植性更强的民营企业出口增长 17.8%，占出口总额比重达 46.7%，提升 1.1 个百分点。

东部地区进出口较快复苏，中西部和东北地区进出口增速快于东部。2017 年上半年，东部地区进出口同比增长 18.5%。中西部和东北地区进出口分别增长 27% 和 23%，快于全国平均水平，说明全方位开放格局正在形成，有利于增强开放型经济的回旋余地。

传统业态较为平稳，新业态蓬勃发展。2017 年上半年，跨境电商零售进出口同比增长 67%，远高于线下外贸增速；市场采购贸易出口增长 28%，其中义乌市场采购贸易出口 931 亿元，占义乌市出口总额的 83%；易货贸易增长 13.8 倍。

### 三、从各种先行指标判断，下半年进出口仍可延续较强增势，但增速将会回落

从出口订单看，2017 年 6 月份，制造业采购经理人指数（PMI）中的新出口订单指数为 52.0，比上月大幅上升 1.3，创下 2012 年 5 月以来的新高。

从外贸出口先导指数看，2017 年 6 月份为 41.5，环比上升 0.4，连续 8 个月稳中有升，创 2014 年 11 月份以来的新高。

从国际航运指数看，2017 年 7 月下旬波罗的海干散货运指数（BDI）接近 1000 点，同比上涨近 50%，反映出大宗商品贸易活跃。上半年，上海集装箱运价指数平均为 860 点，同比上涨 61.4%，反映出中间投入品和消费品出口势头良好。近期各种航运指数有所回调，但回调幅度不大，总体上仍处在高位，也表明下半年进出口仍将保持增长。

从加工贸易进口看，4、5、6 月份加工贸易进口增速分别为

13.8%、13.8%、14.4%，预示未来几个月加工贸易出口将保持较快增长。

从目前情况看，导致下半年进出口增速放缓的因素较多，比较确定的因素主要有两个：一是基数效应。2016 年一、二季度，进出口同比分别下降 8.2% 和 1.1%，三、四季度分别增长 0.8% 和 3.8%，逐季好转。仅基数抬高就会影响 2017 年下半年进出口增速回落 3—5 个百分点。二是价格因素。2017 年 3 月份以来，国际大宗商品价格普遍回调。6 月份，IMF 大宗商品价格指数比 2 月份高点下跌 9.9%，比 2016 年同期仅上涨 1.3%。如果 2017 年下半年大宗商品价格同比涨幅降至 0 左右，我国进出口名义增速将放缓 5—7 个百分点。

此外，各种不确定因素也不少，包括全球贸易保护主义继续升温、针对中国出口产品的贸易限制措施增多，全球大宗商品和原材料被动补库存接近尾声，地缘政治冲突有增无减，都将为 2017 年下半年我国进出口运行增添不稳定和不确定性。上半年进出口回稳向好，不意味下半年稳而无忧。

总的看，如果过去几年出台支持外贸发展的各项政策措施能够得到较好落实，特别是人民币汇率继续保持基本稳定，且不出现大的贸易争端，进出口回稳向好的总体态势不会逆转。虽然 2017 年下半年进出口增速可能比上半年明显回落，但仍可保持近 10% 的增长，2017 年全年增速有望达到 12% 以上，其中出口增长 10% 左右，进口增长 15% 左右。

# 四季度进出口有望缓中趋稳
# 外贸稳增长调结构政策力度不能放松

黄　涛　王检贵

2017 年三季度以来，我国外贸增速明显放缓。按人民币计价（下同），7、8 月出口分别增长 10.8%、7%，9 月上中旬增长 10.1%（经季节调整后），都显著低于 2017 年上半年 14.6% 的增速。综合判断，这种放缓趋势是基数抬升、汇率升值、价格回落等因素共同作用的结果，外贸运行基本面没有大的改变。2017 年四季度进出口增速仍将低于 2017 年上半年，但有望呈现缓中趋稳态势。预计 2017 年全年进出口增长 12% 以上，其中出口增长 10% 以上（按美元计价出口增长 7% 左右）。

## 一、三大变化导致三季度外贸增速放缓

一是基数在"变"。2016 年进出口总体呈现前低后高的走势，上半年出口持续下降，7、8 月转为正增长，9 月份又下降 6.1%。这直接导致 2017 年上半年出口超常增长、7—8 月增速显著回落、9 月又有所回升。从绝对值看，2017 年 7、8、9 月出口稳步增加，保持在 1.3 万亿元以上，明显高于 2017 年上半年（见表 1）。也要看到，2016 年四季度基数更高，将对 2017 年四季度进出口增

速产生压力。

表 1　2016 年以来我国出口月度变化（亿元；%）

| | 2016 年 | | 2017 年 | |
|---|---|---|---|---|
| | 出口额 | 同比增速 | 出口额 | 同比增速 |
| 上半年月均 | 10452 | −4.2 | 11982 | 14.6 |
| 7 月 | 11889 | 0.6 | 13171 | 10.8 |
| 8 月 | 12593 | 4.9 | 13472 | 7.0 |
| 9 月 | 12161 | −6.1 | 8663 | 10.1 |
| 四季度月均 | 13022 | 0.4 | | |

注：2017 年 9 月数据为上中旬数据，增速经过季节调整。

二是汇率在"变"。2017 年三季度以来，人民币升值趋势明显，特别是 8 月下旬以后出现 11 连升。汇率变化对出口产生两方面的影响：（1）影响企业接单。我国出口企业利润通常只有 2%—3%，而从接单到出货要 2—3 个月，如果这段时间内汇率升值超过 3%，企业又没有购买汇率避险产品，就将血本无归。（2）影响人民币计价的出口增速。人民币每升值 1 个百分点，以人民币计价的出口增速相应下降 1 个百分点。

三是价格在"变"。2017 年上半年我国出口价格指数同比上涨 5.6%，2017 年三季度涨幅明显收窄，是出口增速放缓的重要原因。三季度以来进口价格同比涨幅也明显回落，但 9 月份出现回升态势，导致进口增速波动较大。

表 2　2017 年进出口价格同比变动（%）

| | 出口价格涨幅 | 进口价格涨幅 |
|---|---|---|
| 上半年 | 5.6 | 12.7 |
| 7 月 | 4.0 | 6.7 |
| 8 月 | 2.9 | 6.4 |
| 9 月上中旬 | 2.2 | 9.6 |

## 二、外贸运行基本面没有大的改变，四季度有望缓中趋稳

一是全球贸易景气度没有大变。WTO 最新发布的 2017 年三季度世界贸易景气指数为 102.6%，比二季度高 0.4 个点；波罗的海干散货综合运价指数自 2017 年 6 月底的 900 点左右上升至 9 月 26 日的 1476 点，升幅超过 60%。2017 年年初以来中国出口集装箱运价指数一直稳定在 780—880 的区间，明显高于 2016 年同期。

二是我国企业出口订单状况没有大变。2017 年 8 月外贸出口先导指数为 41.9，与上月持平，为 2014 年 10 月以来的最高点；制造业采购经理指数中的新出口订单指数为 50.4，继续位于临界点以上。

三是企业信心没有大变。2017 年 8 月出口经理人指数为 44.7，环比有所回落，但仍为 2014 年 10 月以来的较高水平，其中出口信心指数为 50.9，为 2014 年 2 月统计以来的最高。

## 三、几点政策建议

第一，保持人民币汇率基本稳定。我国制造业总体上处在全球价值链中低端，出口订单、价格、结算方式等的主动权不在我方企业手中，基本由外商说了算。外贸企业既担心汇率过快升值，也不希望汇率快速贬值。2017 年 9 月 11 日外汇风险准备金率下调至 0 以来，人民币升值趋势和预期均得到有效扭转。业界建议完善外汇市场管理，保持人民币汇率基本稳定，引导好市场预期。

第二，继续吸引加工贸易向中西部地区转移。中西部地区市场潜力巨大，土地、劳动力等资源丰富，基础设施也日益完善，具备扩大开放的条件。最近三星公司决定对西安芯片基地追加投

资 100 亿美元左右；美国格罗方德公司也在成都投资 12.2 亿美元建设 12 英寸晶圆一期项目，未来总投资将达到 100 亿美元。目前，全球引资竞争激烈，建议进一步加大财税、信贷、通关、物流、土地、社保等方面支持力度，提升中西部地区吸引外向型产业的能力。

第三，积极培育外贸增长新动能。一是进一步完善跨境电子商务监管政策。日前国务院决定扩大跨境电子商务综合试验区范围，过渡期政策再延长至 2018 年底，地方和企业普遍欢迎，但也建议研究解决进口正面清单商品过窄，进口交易限额过低，出口存在漏统问题。二是扩大市场采购贸易方式试点范围，研究制定统一的市场采购贸易方式适用标准和条件，取消部门审批。三是支持外贸综合服务企业发展，按照"谁出口、谁退税、谁担责"的原则，确定退税主体和涉税责任，着力解决外贸综合服务企业面临身份不明、责任过大等问题。

第四，巩固传统市场。2017 年前 8 个月，我国对"一带一路"沿线国家出口增速较低，而对美、欧、日出口同比分别增长 16.7%、14% 和 10.7%。建议抓住发达国家经济复苏加快的有利时机，保持中美、中欧关系平稳健康发展，妥善应对 301 调查等经贸摩擦，鼓励企业利用好即将开幕的秋季广交会，抢抓圣诞、元旦订单，为 2017 年四季度进出口稳定增长打好基础。

# 二、以创新引领实体经济转型升级

# 中科院部分院士对用好高端人才
# 推进科技创新的三点建议

马志刚　陈光华　王建芳

建设创新型国家，实现高质量发展，说到底要靠人才。近日，我们邀请部分院士和专家，围绕高端人才激励、科研成果和人才评价、科研经费分配和使用等议题，进行了深入讨论。现将主要情况报告如下：

## 一、用好高端人才必须排除各种干扰

战略性前沿性创新研究，用好高端人才至关重要。与会院士和专家提出，高端人才政策是一项系统工程，要树立问题导向，打造有吸引力的良好环境，确保高端人才引得来、用得上、留得住、发展得好、能够脱颖而出。

非科研问题困扰多，潜心科研有后顾之忧。有专家说，科学家首先是普通的人，是人就不得不考虑养老、家属户籍、医疗保险、住房、配偶工作、子女入学等杂事，这对他们来说不是小事。有专家说，现在引进高端人才关键是引进三四十岁左右的人才，这些人最大的问题就是小孩上学。一些高端人才不愿意回来，不是待遇不高的问题，是孩子的问题解决不了。还有专家直

49

言，国内绿卡不能办理银行卡、买火车票，连摇车牌号的资格都没有，缺乏部门间的互认。

"挖墙脚"愈演愈烈，人才市场混乱。一些专家表示，人才的合理流动，对于优化科学资源配置很重要，但现在的情况是，一些地方或机构简单地把高端人才数量作为"双一流"高校和学科建设等的评价指标，动辄以上百万乃至几百万的薪酬作为挖人的工具，不重视科研团队、环境的积累，导致人才流动频繁。有位专家介绍，今年他们那里走了多个"杰青"，离开了原有的科研环境和团队，这些人才的能力难以得到有效发挥。

重出身轻能力，对国内外人才不一视同仁。有专家提出，现有人才计划过于重视海外经历，导致国内培养的优秀人才，必须出国三五年"过一趟海水"才能得到支持。有的国内人才很优秀，就是没有出国学习这个经历，结果什么都评不上。科学的态度应是英雄不问出处，主要关注人才优秀与否，一视同仁对待国内国外培养的人才，让国内外人才同台竞技。

"帽子工程"满天飞，负面效应日益显现。有专家认为，适当的人才荣誉和奖励有利于更大程度激发人才的创新活力，但目前人才"帽子"满天飞，也产生了一定的负面效果。比如，现在仅带"青"字头的就有"杰青""优青""青千""青年拔尖人才支持计划""青年长江学者"等很多种。有"帽子"就有项目、有收入，所以很多青年人把大把时间都用在申请头衔上，分散了很多原本该用来做研究的精力。还有专家说，有的青年有一个头衔，还要接着再去申请另一个头衔。人才30—40岁是创造力最活跃、出成果最多的时候，把精力都用在抢"帽子"上，会使青年人贻误科研的黄金时期。

与会院士和专家建议：要采取有针对性举措，切实解决高端人才在生活中遇到的实际问题；适当平衡地区行业间的工资差别，规范制止恶性人才竞争；建立健全科研人员信用机制，探索落实好股权激励政策，支持科学家通过技术入股、知识产权入股等多种形式推进成果应用，多渠道实现智力价值；研究整合同类人才计划，适当限制个人重复申请同类人才头衔；大力支持科研人员走出去参与大型国际合作项目，并邀请外国科学家参加我国国际合作项目，在实践中培养人才；完善高端人才移民与签证政策，采取更开放包容的政策吸引海外优秀华人归国工作及申请永久居留。

## 二、科研成果和人才评价必须聚焦质量

科研评价体系发挥着重要的科研导向作用。与会院士和专家认为，这些年我国在科研成果和人才评价上出台了许多政策措施，成绩有目共睹，但很多政策落实得并不好，一些新老问题交织叠加。

一是评价体系简单化，量化考核"一刀切"。有专家说，目前很多高等院校、研究机构，仍然对所有人才"一刀切"地用论文、项目、头衔等来考核，十分不科学，而且容易造成"重学术轻应用、重科研轻教学、重头衔轻能力"的局面。长此以往，一些科研人员为了出论文，必然不会去选择做那些难度大、风险高的原创性、引领性研究，而去挑选热门的、容易出论文的题目，这势必会影响学科的合理布局和长远发展，甚至会使一些学科逐渐萎缩，对整个国家创新体系建设造成不可估量的负面影响。事实上，由于研究领域各有不同，量化指标并不适合评价所有人员的学术水平和贡献。比如一些从事支撑性技术研发的人员，他们的工作对于科研项目整体的完成有很大贡献，然而却很难直接以

论文的形式体现。

二是"盲抽"成"盲评"，外行评内行弊病多。院士和专家们反映，现在很多科技成果评价、评奖都搞"盲抽"，即建立一个专家库，对科研成果随机抽取评议人评审，看似优化了遴选环节、避免了寻租，实则这样的评审有失科学性，因为随着科学研究的日益细化，从庞大"专家库"中随机抽取出来的评议人，经常对所评议项目知之不深，甚至知之不多。一位专家说，她多次参加这种"盲抽"，抽出的专家常常文不对题，有一次竟然是搞农学的专家评"量子卫星"。

非学术因素干扰大，讲人情、师承的风气盛。一些专家提出，科研成果和人才评价中还存在相当严重的人情因素、门派因素干扰，常常出现"不是伯乐选千里马，而是老千里马选小千里马"的现象，这导致很多科研人员不关注自身水平的提高，而是花更多时间在找关系、输送利益和做评委工作上。还有专家介绍，因为有这个因素的干扰，一些没门路的科研人员要想评上职称、获得荣誉，成果必须比其他人高出一倍左右。

与会院士和专家建议：一要构建科学的评价体系。从品德、学识、才能、视野多方面进行评价，并根据不同评价目的、不同类型的人才调整评价侧重点。二要研究建立柔性考核评价机制。如实行以"阶段考核"代替"年度考核"，以"同行交流"代替"述职考评"，用"小同行评议"代替"盲抽"，减少量化硬性考核，为高端人才的学术积累与发展创造宽松环境。三要引入国际评估。为避免自己人评自己人的利益干扰，国际通行做法是找国外人来评，我国可借鉴这一做法。

### 三、科研经费支持必须聚力攻关

与会院士和专家普遍认为，近年来全社会研发经费大幅增长，我国已成为世界第二大研发经费投入国，但经费管理中也存在不少突出问题。

一是不少科技项目"结项"即"结束"，缺乏持续稳定支持。有专家认为，一个科技项目从提出到发挥作用，是个长期过程，每一步都离不开稳定的经费支持。"天眼、悟空、墨子"3项成果，就是中科院战略性先导科技专项长期稳定支持的重大产出。现在的问题是，不少科技经费支持的项目都是按五年来做，五年结项后就翻页了、一切归零，不管之前做得好不好、有没有前景。这导致一些项目尽管前期成果不错，但由于缺乏后续稳定支持，难以开展持续深入攻关。

二是经费支持重点不突出，遍撒"胡椒面"。一些院士和专家认为，现在国家各类科技资助覆盖面比较宽，这是必要的，因为科技创新不确定性较大，很难预测下一个突破在哪里，但这并不意味着可以不区分重点，撒"胡椒面"。一位专家介绍说，目前对新药研制等重大战略性高科技研发的经费支持十分有限。一种新药从研究、开发到临床试验，国际上平均耗资26亿美元，我国"十三五"期间新药研发总经费为100多亿元，分到每项重大新药头上基本上都是杯水车薪的"小钱"了。

三是存在被"和谐"现象，质量导向没有完全确立。一些专家说，现在科研经费申请存在一种普遍照顾的现象，一个团队这次拿到了支持，下一次就别拿了，让别的团队往前排一排，轮流拿支持已在一定程度上成了"潜规则"，而不是谁做得好、质量高，谁得到的支持多。

与会院士和专家建议：要处理好科研经费稳定支持和竞争性分配、重点支持与一般支持的关系。树立质量导向，在科研项目结束后进行评价，对卓有成效的团队和项目给予相对稳定支持。大幅提高重大科研专项的资金额度，研究确定各类科研经费的分配比重，对基础研究、应用基础研究以及新药研发等重大战略性高科技项目，给予更大力度、符合现实需求的经费支持。

# 科技成果产业化需进一步解决好投入、交易和转化三个环节的问题

王　巍

促进科技成果产业化是推动高质量发展的重要支撑。2015 年，修订后的《促进科技成果转化法》生效实施，科技成果转化步伐明显加快。据统计，2016 年全国专利转让件数同比增长 25%，中科院和教育部所属高校的科技成果转让、许可、作价投资收入都比上年同期有大幅增加。但与发达国家相比，我国科技成果转化的质量和效率普遍不高，新知识新技术真正变为新产品从而实现商业价值、提高生产力水平仍然面临不少瓶颈制约。近期，美国智库战略与国际研究中心（CSIS）发布报告指出，"中国科研投入虽多，但产出效率有问题"，将中国称为"科技胖龙"。围绕科技成果产业化，我们与相关技术和市场人士座谈交流，发现主要问题集中在"投入产出低、交易难达成、服务跟不上"三个环节上。

**一、投入环节：钱没有花在刀刃上导致许多应用研究成果不具备产业化条件**

随着我国综合实力增强，科技投入也水涨船高。但同时，部分科研项目从立项评估到评审鉴定，都没有真正考虑成果转

55

化问题，导致高投入、低产出，不少科研经费并没有发挥应有效益。

从"人"的因素看，由于评价导向问题造成部分科研人员申报项目时就没打算进行后期成果转化。他们在课题初期设计阶段，主要考虑的是如何更容易申请到经费，而忽略项目本身的市场需求和应用前景。当取得研究成果时，通常考虑的则是如何有利于发表论文、个人评定职称和获得相关科技奖励，而并非积极寻求与产业界对接，更好实现成果转化。

从"钱"的因素看，应用研究经费中相当比例并未真正体现"应用"价值。规律表明，基础研究与应用研究对象不同、方法迥异，但我国科研实践中，很多应用研究项目在技术路线安排、参考指标设定、成果价值评估等方面都没有着眼于解决具体生产技术问题，而是简单套用基础研究惯例，结果使不少应用研究成果脱离实际、"中看不中用"，甚至出现重复研究和低水平研究情况，浪费了宝贵资源。

从"机制"的因素看，产业界在项目立项和成果评审鉴定等方面基本处于缺位状态。如果某个项目从一开始就有市场主体真金白银下了本钱，产学研用就会真正实现利益捆绑，在技术研发过程中，产业力量才会积极介入，确保研究方向和内容更加精准落地、符合市场需求。但目前，由于政府科技投入中引入社会资本的情况比较少，为了保证客观公正而使相关管理机构"免责"，科研项目立项和评审大多委托给业内专家等"无关人士"，由于没有利益驱动，各方对能否产业化并不太关心，评审结论大都是"一致同意通过"，但成果最终却束之高阁处于闲置状态。

**二、交易环节：由于产权不清和缺乏成熟技术交易市场，买卖双方在价格上很难达成一致，阻碍了科技成果的交易和转让**

一方面，对于作为卖方的科技成果拥有者来说，由于大多数科研项目都涉及政府财政资金投入，大多数科技成果都属于职务发明，在开展知识产权作价评估时，其自身并不清楚成果的市场价值，为了避免国有资产流失和相关人员担责，所能接受的价格都会尽可能多地包含各类成本而"比较贵"；另一方面，对于作为买方的投资机构和生产企业来说，对科技成果的估值主要受市场因素影响，通常不会有太多溢价，甚至有不少新的颠覆性技术由于市场前景不明朗和应用领域不清晰，估值比较保守。据了解，价格谈不拢已成为当前制约科技成果交易和转让的最主要障碍，不少技术交易会、成果推广会场面热闹、收效一般，也是这个原因。

如某科研机构的石墨烯应用项目，从最初的石墨烯领域基础研究到后期具体技术突破，相关部门和单位前后连续投入几百万元的科研经费予以支持，虽然最终获得技术专利，但由于相关成果转化方向较窄、产品应用单一，市场估值不高，无法覆盖全部投入成本，即使科研团队有意转化成果，但鉴于可能要对国有资产流失后果承担责任，这一交易实际上无法落实。虽然有意见认为，随着新产品开发和市场开拓，这项技术成果的未来价值将会大幅增加，但在交易阶段，"长远账"难以变现，体制性障碍便成了无法跨越的鸿沟。

**三、转化环节：科技中介服务支撑能力不足制约了新技术变成新产品**

新技术变为新产品、新产业，是一个漫长复杂的过程，需要各方紧密对接、携手合作，其中科技中介的"桥梁"作用极为关键。从技术供给方看，大多数科技研发人员并不适合产品设计、生产经营和市场推广等活动，在成果转化中与其他主体互信互动、协调利益也有难度，需要财务、法律、咨询、信息等各类中介服务予以保障。从技术需求方看，由于信息不对称，投资机构和生产企业能直接得到所需技术的机会比较小，即使获取某项技术成果，通常也无法立刻转化为市场需要的具体产品，必须围绕产业化进行严密论证和精心设计，以及对接、配置和集成各类市场资源，这就需大量活跃在市场中、既懂技术又懂产业的科技中介参与进来。

据了解，目前各类科技型孵化机构和产业对接服务平台有很多，但自身拥有高水平中介人才和丰富行业经验、能够提供高质量专业化服务的却很少。比如，这类机构大都宣称能为初创企业提供办公空间、企业注册、财务咨询、人力培训、政策咨询等基础服务，还能为成长企业提供技术研发、融资支持、品牌宣传、市场推广等加速孵化服务。但实际上，它们仅是承担了"二房东"的角色，能提供的只是普通的场地租赁和注册服务，宣传推广也比较泛泛、并不包括个性化的品牌推介，在财务咨询、人才培训、产业对接、融资服务等方面则主要依赖外部中介机构。这种中介服务外包的方式看似能更好发挥市场力量并降低运营成本，但从长期看却不利于机构自身提升专业化水平和形成独特科技支撑优势，很难达到像 Y Combinator（美国著名创业孵化器，成立于 2005 年）那样的高质量服务能力，无法满足新技术快速转化和初创公司快速成长的需求。

## 四、政策建议

为了加快科技成果产业化步伐，应当进一步深化改革，强化问题导向，分别对投入、交易和转化三个环节上的突出矛盾精准施策，努力破除各种体制壁垒，理顺各种利益关系，补上各种服务短板，调动各种积极力量。

一是鼓励支持社会资本和产业力量尽早介入，从科研项目立项之初就形成利益共同体。基础领域科研任务和重大战略性科技项目，目前看要以政府的财政科技资金投入为主，但也要鼓励引导企业主体介入。除此以外，尤其是应用研究等适合产业化的科研项目，尽可能由企业牵头组织实施，在立项阶段就应当积极引入相关投资机构和生产企业，鼓励他们投入一定比例资金，并给予他们评估项目可行性、决定研发重点和路径、评审鉴定研究成果的话语权。当取得知识产权和专利后，前期"投资"的市场主体可以按比例共享成果收益，并优先获得相关成果的转让和产业化资格。科技项目立项时，同等条件下如有社会资本跟投，或社会资本有意愿占比较大时，可以考虑优先立项。

二是财政科技资金形成的科技成果作价评估时要充分尊重市场规律，同时建立成果交易转让环节的免责和容错机制。要加快完善国有资产评估备案管理办法，针对科技成果等无形资产评估备案事项，探索实施"绿色通道"，不再简单纠缠于财政资金投入产出结果和评估备案等程序性问题，抓紧赋予科研人员成果所有权和专利使用权，真正为科研机构和人员松绑，让他们能够按照市场供求自主确定成果价值，加快推动知识产权转让或授权。对于以技术入股成立高科技企业进行成果转化的，可以不再进行成果价值评估，有效调动科研人员积极性，更大释放创新红利。

三是有效提升各类科技中介服务专业化水平。首先，要通过行政和经济等有效手段，在各类科技型孵化机构和产业对接服务平台内配置更多优质中介资源，增强其协同服务能力和专业化服务水平。其次，要看到科技中介服务的优劣并不仅仅决定于少数孵化机构，而是体现在全社会的科技经纪行业发展水平上，体现在是否有大批高素质的科技经纪从业人员。如美国的经验是很多科技公司CTO级别的专家直接提供科技中介服务，他们能将技术和产业两端紧密结合，大大提升产业化效率。而国内在这一领域整体能力不足，应当从实施创新驱动发展战略的高度看待科技经纪这一新兴行业发展的重要性，结合行业规律、国际经验和本土特点，瞄准"专特精新"方向，给予政策扶持，加快人才培养，形成一批满足科技成果产业化各阶段需求的科技中介服务力量。

# 平台经济在我国为什么越来越"火"

王敏瑶

近年来，平台经济逐渐成为"热词"。据统计，全球最大的100家企业中，至少60家属于平台经济的范畴。在我国，随着"互联网＋"浪潮的风起云涌，平台经济在促进新旧动能接续转换、推动经济转型升级中的作用日益凸显，网购、移动支付、共享单车等都与平台经济有着密切关系。有预测指出，到2030年我国平台经济规模将突破100万亿。近日，我们对互联网条件下平台经济的优势和挑战进行了研究，认为我国在发展平台经济方面有扎实的基础和良好的条件，应抢抓机遇，把平台经济打造成为新的经济增长点。

## 一、平台经济的优势在哪里

平台经济是以平台企业为中心、汇集买家和卖家的经济形态，平台企业不生产产品，而是为交易双方提供服务并促成交易。平台经济并非是一个新事物，历史上的钱庄、票号、集市等都可以看作是平台经济的雏形，商贸中心、报纸杂志、信用卡支付平台等则是平台经济的进一步发展。互联网条件下，技术的发展突破了时间和空间的限制，极大提升了平台聚集海量用户、整合各类资源的能力，显著降低了各方沟通成本，也为平台企业提供数据分析、信息互动、精准营销等方面的服务提供了支撑，推动了平台经济在更大范围、更深程度的应用。概括起来，平台经济大体有以下一些优势：

一是平台经济有利于降低信息搜寻成本、提高资源配置效率。以尽可能低的交易成本完成交易，是商业模式不断创新的源泉。平台经济的最大优势在于汇集海量信息，极大降低了信息的收集、复制、沟通和匹配成本。平台的一端汇集了众多生产者，创新灵感相互碰撞，生产要素快速聚合，为专业化分工和社会化协作创造了条件，使资源配置更加高效。平台的另一端汇集了众多消费者，平台搭建了供需双方之间的低成本信息撮合机制，既解决了消费者"哪里能买到好货"的问题，又有利于生产者整合并快速识别相似需求、有针对性地提供产品和服务，有利于降低交易成本、提高交易效率。

二是平台经济形成了灵活多样的盈利模式。平台企业绝不是单纯意义上的商业中介、仅通过向买卖双方提供服务并收取费用而盈利，而可以充分发挥价格杠杆对交易双方行为的调控作用，通过"做精"价格结构来"做大"交易量、进而"做优"盈利点。比如，很多门户网站免费推送各类电子期刊以吸引用户浏览，进而吸引更多商家投放广告，通过高额广告费获取利润。现在，越来越多的平台企业对其主打产品只收取极低的费用甚至免费提供，转而挖掘用户的其他需求、创造新的盈利点来获利，形成"羊毛出在狗身上牛来付钱"的盈利模式。

三是平台经济能够满足用户的多样化需求。平台经济模式打破了制造、流通、消费之间的线性关系，代之以制造与消费相互交织的网状结构。消费者提前介入生产环节，用户体验被实时传递给生产者并作为产品创新的动力，生产和消费可以同步进行。与传统市场上主要依靠形成规模化优势取胜的策略不同，提供高质量的差异化产品或服务是平台经济可持续发展的关键。

四是平台经济能够在共建共享中推动创新创业的发展。共享是平台经济的重要特性，平台经济与共享经济天然共舞。平台企业的价值取决于其汇聚交易双方的能力，比如买家选择某电商平台，是因为该电商平台汇集了众多卖家；而卖家"落户"该电商平台，也是因为该电商平台上有足够多的买家，这被称为平台经济的网络外部性。每一个入驻平台的买家或卖家，都为增加平台本身的"热度"、营造良好的商业生态作出了贡献，也同时分享了平台不断扩大所带来的交易网络。伴随着平台型企业越做越大，信息沟通和资源共享能力不断提升，大大降低了创新创业的门槛，促进平台上的经营主体呈现小微化的趋势。小微企业甚至个人既可以依托平台分享自己的创意主张，在思维碰撞中进发更多创新火花，又可以充分利用自己的闲置时间、闲置资源开展创业实践，为"大众创业、万众创新"的发展提供前所未有的条件。

### 二、平台经济发展的难点有哪些

平台经济在促进经济效率提升和社会福利改善的同时，也带来了新的挑战，在一定程度上可以说，平台经济的优势与风险相生相伴，如同硬币的两面。互联网条件下，平台经济面临的风险和挑战进一步放大，这也给平台经济治理提出了新课题，主要表现在以下"三难"：

一是消费者权益保护有难题。一般而言，完整的交易包括搜寻、支付和交付三个环节。平台经济极大降低了搜寻成本，但却可能因为信任成本的增加而提高交付成本。一方面，网络的虚拟性总是可以掩盖不法分子的欺诈行为，各种新技术也常被利用以创造新的欺骗方式；另一方面，网络的超地域性也使得传统监管机构和监管手段力有不逮。可以说，能否有效保护消费者权益成为平台经济建立信任机制的关键，也决定了平台经济模式能否真正降低交易成本。

二是促进公平竞争有难题。由于具有网络外部性的特征，平台企业往往可以通过"抢得先机"，在短期内聚集大批买家卖家，形成"赢者通吃"的局面。与传统的垄断企业不同，越大的平台企业资源配置效率越高。换句话说，在平台经济中，垄断未必是不合意的，简单套用反垄断的理念和规则不一定会带来效率提升和福利改善。然而，"一家独大"的平台企业，也可能利用自己的市场地位设置"霸王条款"，损害入驻平台的买家和卖家利益。这就给监管者合理界定垄断的范畴、促进平台企业公平竞争带来了"两难"课题。

三是数据和隐私保护有难题。对于平台企业而言，无论是创新盈利模式，还是向交易双方提供精准营销、需求匹配等服务，都以大数据分析为基础支撑。越来越多的平台还通过与用户的社交媒体账号等链接，获取更加丰富的数据资源，以求提供更加精准的服务。然而，数据往往涉及用户隐私，海量数据的汇总分析更可以勾勒出用户工作生活的全貌，这不仅会侵犯隐私权，如被泄露出去，还可能带来人身安全方面的挑战。

### 三、平台经济呼唤新理念、新机制

近年来，平台经济在我国的迅猛发展，很大程度上得益于"放管服"改革营造的良好市场环境和"双创"培育的创新创业土壤。平台经济所体现的创新、开放、共享等特征，与新发展理念高度契合，是一种具有广阔发展空间的经济形态。要把握发展机遇、巩固良好态势、完善体制机制，推动平台经济为新旧动能接续转换发挥更大作用。

一要将改革创新、共建共享的理念贯穿平台经济发展始终。当前，平台经济已广泛渗透于多个行业、多种领域，从商业模式逐步拓展到科技创新、社会民生等领域，大到产业组织体系、小到企业内部架构，无不受到平台经济的深刻影响。要以开放包容的态度面对平台经济对经济社会带来的变革，勇于破除束缚平台经济发展的体制机制障碍，促进"放管服"改革与平台经济有效对接，使平台经济成为促进"双创"、推动科技与经济深度融通的沃土。对于平台经济发展中带来的新问题，要始终坚持以经济效率是否提升、社会福利是否改善作为评判标准，促进平台经济发展成果惠及更多群众。

二要以"平台化"的思路完善平台经济治理。平台经济具有"去中心化"、网络化、跨地域性等特征，简单套用传统经济形态下的治理方式和监管模式，往往"水土不服"。要在鼓励创新、包容审慎的原则下，依托平台经济自身所特有的理念、机制和方式，以"平台化"的思路治理平台经济。从治理结构上看，要打破传统监管架构下以政府为核心、自上而下的模式，建立多方参与、共同治理的平台，让每一个平台经济的参与者都成为治理主体、而非监管对象，逐步建立起治理生态系统。从治理机制上看，平台自我监管有利于节约监管成本、提升监管效能，是促进平台经济健康发展的关键。要将自我约束的理念贯穿于平台自我监管机制建设中，如完善用户反馈和信誉评级机制、促进协商解决争议等，推动宣传教育、投诉处理、主动处置、规则控制等相互协作、有机衔接。从治理对象上看，政府监管应当区分对平台企业的监管和对平台上提供服务主体的监管，二者服务范围、服务对象等存在本质差异，不能混为一谈。要把监管重点放在对平台企业的监管方面，推动自我监管能力的提升；对平台上买卖双方的监管重在规则设定方面，同时畅通"自下而上"的申诉机制，以法治化的问责追究配合自我监管的实施。

三要以更加完备的公共服务体系支撑平台经济发展。平台经济打破了传统企业的边界，改变了平台企业与入驻商家和消费者之间的权责关系，平台企业难以全面履行传统企业承担的职工福利、权益保护等职责，这就需要政府及时"补位"，织密织牢公共服务的大网，搭建服务大众创业、万众创新的多层次公共平台。比如，要完善教育、养老、医疗等公共服务体系，让平台上的小微生产者没有后顾之忧地创新创业。又如，信用是平台经济下最重要的公共产品，要加强社会信用体系建设，以信用经济支撑平台经济。再如，要加大对基础网络建设的支持力度，完善大数据标准和应用体系建设，打破"信息孤岛"，促进资源、数据等集成共享。还如，要加大关键共性技术攻关，提高企业的网络安全防护能力，利用信息技术持续监控平台上的经济活动，对可能发生的违法行为做到防患于未然。

# 平台模式在促进教育、医疗等民生事业发展方面大有可为

王敏瑶

近年来，互联网条件下平台经济的发展态势迅猛，在商业领域的应用对降低成本、提高效率产生了明显效果。借鉴平台经济模式，在教育、医疗等民生领域，发展"平台＋教育""平台＋医疗"等大有可为，可以为公共服务创新模式、丰富供给拓展广阔空间。

**一、为什么教育、医疗等民生领域可以采用平台模式？**

互联网条件下的平台经济作为一种新型经济模式，在重塑产业形态的同时，也受到产业自身特点的深刻影响。教育、医疗等民生事业所提供的产品和服务，具备一些与平台模式高度契合的特质，可以为平台模式的应用创造条件。

一是平台模式的"订单式"特征适应教育、医疗领域需求高度个性化的特点。自古以来，教育、医疗等行业就讲求因材施教、因病施治。伴随着群众生活水平的提高，需求多层次、个性化的特点体现得更加突出，这为立足多样化需求的平台模式发展提供了天然土壤。

二是平台模式和教育、医疗都有"产销一体化"的特点。教育行业的一大特点是教学相长，医疗行业也有"病人是医生的老师"这样的说法，这都表明教育和医疗不是单方面、线性化的服务提供，而是生产者与消费者通过共创的形式实现共同生产。平台模式虽然可能拉开师生之间、医患之间的地理距离，但其促进产销互动的机制反而能够"加固"双方之间的联系。

三是平台模式有助于满足教育、医疗促进分工精细化和资源整合化的要求。一方面，技术的发展使得现代教育和现代医疗的分工日趋精细；另一方面，先进的教育和医疗理念越来越强调把人作为整体看待，全面考虑人的多方面诉求，这就需要不同学科专业的紧密协作、有机配合。平台模式促进了专业化分工和社会化协作，为专业人士提供了发挥专长、协作配合的广阔空间。

四是平台模式和教育、医疗行业都以信用建立为基础支撑。教育和医疗行业提供的产品多为信用品，产品和服务质量往往难以先验性地加以甄别，购买产品或接受服务的意愿很容易受到别人用户体验的影响，这使得平台模式的网络外部性更可以发挥作用。

### 二、平台模式在教育、医疗等民生领域可以产生哪些作用？

总体而言，平台经济的多方面优势也同样体现在平台模式在教育、医疗等民生事业的应用中，比如在降低信息搜索等成本的同时，促进资源整合、丰富多样化供给，提升公共服务的供给效率等。与此同时，由于我国民生事业发展的特殊性，平台模式的应用还可以带来独特优势：

一是有利于促进优质资源的均衡配置。在教育和医疗领域，优质资源短缺仍然比较普遍。这里既有优质资源总量不足的问题，也有资源配置在城乡、地区、区域间结构性失衡的问题，优质资源主要集中于城市和经济发达地区。平台模式突破了"时空"限制，能够以较低成本把优质资源输送到农村和边远地区，这也是远程教育、远程医疗快速发展的重要原因。与此同时，平台模式还可以提高供需匹配的精准度。以互联网医疗为例，一些简单的病例完全可以通过在网上求医问药得以解决，而不必浪费大医院的优质资源。

二是有利于盘活人力资源、调动人才的积极性创造性。在我国，教育和医疗机构多为事业单位，人才富集，但受制于人事管理制度的相关规定，资源难以在体制内外灵活流动，制约了人力资源价值的更好发挥。平台模式为事业单位工作人员在不改变身份的前提下、充分利用其闲置时间、以灵活多样的形式提供服务创造了条件，从而提升了人力资源的使用效率，也有利于推动兼职兼薪、多点执业等政策的落实。依托平台所获得的收入，是对工资收入的重要补充，还可以进一步调动人员积极性。

三是有利于调动社会力量支持民生事业发展的积极性。在我国，法律规定义务教育机构均为非营利性，政策明确医疗机构以非营利性为主体。然而在现实中，大多数社会资本投资教育、医疗等事业都希望获取回报。平台盈利模式多样，可以围绕用户需求开发多种产品和服务，做长产业链，实现对核心业务的交叉补贴，在确保教育和医疗服务非营利性的前提下，满足社会资本的回报需求。

**三、多措并举、精准施策，借助平台模式更好服务民生事业发展**

当前，新一轮科技革命和产业变革正在孕育兴起，以平台经济、共享经济为代表的新经济模式加速发展，必将对社会民生事业发展产生深刻影响。促进社会民生事业发展是政府义不容辞的责任，与经济领域相比，更需要同时发挥好政府和市场"两只手"的作用。平台模式下，政府要加强前瞻布局、完善治理机制，让"有形之手"更加有力；市场要强化自我监督、最大限度调动人的创新积极性，让"无形之手"更加灵活，利用平台模式更好提升群众福祉。

一要积极支持平台模式在社会民生领域的应用。当前，"平台＋教育""平台＋医疗"等尚在兴起阶段，要本着鼓励创新、趋利避害的态度迎接这些新生事物，支持更多社会力量以平台模式为依托、发展社会事业，实现服务民生和合理回报的"双赢"、保基本与满足多样化需求的"双赢"、打造经济增长点与保障改善民生的"双赢"。对于出现的新问题、新挑战，可以从支持试点起步，多培育一些"苗圃"，发挥好对新模式发展的示范带动作用。需要指出的是，民生事业关乎群众切身利益，政府要在宏观层面上把握好发展大方向，确保路子不走偏、群众利益不受损。

二要前瞻谋划制度设计，加强监管，优化服务。在民生领域，受制于平台的专业资质以及用户实时评价的短期效应等问题，基于平台的自我管理难以取代政府监管，而传统的"政府部门按职责分工监管公共服务机构、公共服务机构各自管理工作人员"的分业式、层级制监管体制，也难以适应平台模式跨领域、"多中心"、扁平化的特点。这就需要在审慎包容的原则下，遵循"平台化"的治理思路，建立多方参与、多元共治的治理格局。政府监管能力建设是其中的重要一环，要厘清政府监管与平台自治之间的责任边界，打造跨部门监管体系，促进中央和地方之间、各地之间的协调联动，严格资质认证和底线质量标准，定好规则，保障权益，防范风险。要及时修订法律法规和政策规范，特别是对于"人命关天"的医疗行业，属于"法无授权不可为"的领域，更要努力使法律法规修订与平台模式创新同步。要大力推进信息查询、数据分析、信用体系等基础平台建设，更好服务平台模式健康发展。

三要研究完善相关配套政策。平台模式丰富了信息供给，但并不能解决民生领域中信息不对称的问题。以"平台+医疗"为例，远程条件下甚至可能放大医患之间、医生与疾病之间的信息不对称，这就需要对医疗契约的制定、医疗效果的评价、风险责任的界定等，进行更加深入系统的研究，特别要围绕医疗风险的侵权责任完善政策要求。与此同时，平台模式对现有的事业单位管理体制机制造成了冲击，也带来了一些亟待破解的问题。比如如何协调平台上兼职劳动、非全日制用工等就业形式与事业单位人事管理制度的关系，如何处理好平台上收入与事业单位内分配制度的关系，等等，这都要在实践中总结经验，在政策层面做到谋定而后动。

四要加强理论研究和实践研判。从国际上看，对平台经济的理论研究是近十年才开始受到重视的，在社会民生领域的研究更是鲜有人涉足。近年来，我国平台经济发展的广度、深度都走在了发达国家前面，更有条件在理论研究方面取得突破。平台模式在不同行业中的应用可能有很大差异，要针对不同行业的特征，对平台模式产生的影响加强分类研究。就民生领域而言，要高度重视平台模式与传统模式的优势互补、线上线下的相互协作，因为教师的言传身教、医生的望闻问切，都是先进的远程信息技术无法取代的。同时要注意线下平台模式的发展，例如医生集团的兴起就为平台模式提供了另一种应用范例，在精细化研究的基础上提出精准化对策。

# 汽车动力电池"报废潮"将至
# 亟须破解五大瓶颈打通回收利用链条

李　钊　邢建武　李攀辉

动力电池回收利用是新能源汽车产业链的重要一环,事关新能源汽车产业持续健康发展。如果处理不好,不仅会造成资源浪费,而且存在重大环境污染风险和安全隐患,必须引起高度重视并抓紧研究制定有针对性的政策举措。近期,我们会同相关主管部门、技术机构、新能源汽车整车企业、动力电池生产和回收利用企业就此进行了专题研究,有关情况及建议报告如下。

**一、汽车动力电池大规模退役日益临近,回收利用面临巨大压力**

经过近年来的大力推广,我国新能源汽车产业蓬勃发展,累计产销超过170万辆、占全球总量一半。特别是2014年以来,年均增幅超过200%,2015年、2016年产销量连续两年居世界第一。2017年1—9月生产42.4万辆、销售39.8万辆,继续保持产销两旺的良好势头。按照规划,到2020年我国纯电动汽车和插电式混合动力汽车生产能力将达到200万辆、累计产销将超过500万辆。受此带动,动力电池需求呈现爆发式增长,目前我国已成为全球最大的动力电池生产国。预计到 2020 年，动力电池行业总产能将超 1000 亿瓦时。

按照相关标准，首批于 2012—2014 年间装车的动力电池将在 2018 年前后陆续退役。专家预计，未来 2 到 3 年内，大规模"报废潮"或集中出现；2020 年报废量将超过 25 万吨，是 2016 年的 20 倍。但与之形成极大反差的是，2015 年国内动力锂电池回收率仅为 2%、回收数量不到 0.1 万吨。以现有回收利用能力，短期内要消化数十倍增长的报废电池，差距和压力都十分巨大。

废旧动力电池是具有潜在污染性的特殊产品。专家介绍，1 块 20 克重的手机电池可使 1 平方公里土地污染 50 年左右，1 块重以吨计的动力电池产生的污染更为令人担忧。另一方面，废旧动力电池又是极具价值的"城市矿产"。动力电池需要的钴、镍、锂等原材料都是重要战略资源，我国 80% 的钴以及 70% 的锂、镍资源都依赖进口。如果废旧动力电池利用得当，不仅能减少环境污染，还能"变废为宝"。因为动力电池报废后除了化学活性下降外，内部成分并没有改变，对其中的重金属加以提炼回收，可重新作为新电池原材料使用，从而节约大量资源、降低制造成本。另外，动力电池尽管容量减至 70%—80% 以下时不再适合车用，但仍可满足通信基站、家庭储能、分布式发电、移动电源、应急电源等中小型储能设备和大型商业储能需求，开展梯次利用是完全可行的，有利于实现经济效益最大化。

**二、动力电池回收体系建设稳步推进，但仍面临一些困难制约**

为加快建立新能源汽车动力电池回收利用体系，近年来国务院及有关部门陆续出台一系列政策文件和国家标准，明确了动力电池回收责任主体，制定了动力电池回收利用拆解技术规范，积极推动建立生产者责任延伸制度。部分地方政府也出台了促进动力电池回收利用的鼓励政策，骨干企业和行业组织正积极开展相关技术研发和产业布局。

总体来看，我国动力电池回收利用刚刚起步，政策制度体系还不健全，市场化产业链条尚未形成，下一步发展面临着"五大瓶颈"。

一是缺乏法律保障。已出台政策和技术标准均为指导性文件和推荐性标准，对企业约束力有限。例如落实生产者责任延伸制度，尽管在有关法律中有原则性表述，但尚无任何强制性措施来保证生产企业承担回收责任。同时，现有法律法规对消费者履行责任义务也没有制度要求，存在动力电池随意丢弃或进入非法渠道的隐患。

二是技术工艺滞后。动力电池回收处理涉及物理、化学、材料、工程等多个交叉学科，技术路线复杂冗长，安全、环保要求很高。目前我国动力电池回收还普遍停留在废物处理阶段，工艺水平较低，有价元素高效提取、循环制造等共性关键技术的工程化和装备水平有待突破。另外，受电池一致性检测、残值评估以及安全性、可靠性技术制约，梯级利用也受到很大局限。

三是标准规格复杂。国内动力电池厂家众多，电池型号、尺寸、接口、封装和串并联成组形式千差万别，拆包过程对生产线的柔性化程度提出较高要求。而手工拆解影响电池回收成品率，也易造成电池短路、漏液，进而导致起火或爆炸，造成安全生产事故和人身财产损失。

四是经济效益不高。成本是打通市场化链条的关键。受技术水平及市场规模影响，目前报废电池检测、拆解、再成组、维护等成本甚至比采购新电池还高，拆解回收电池内的金属物质也面临同样问题，造成回收利用经济性差，企业参与意愿和动力不足。据介绍，采用机械法和湿法回收处理1吨废旧磷酸铁锂动力电池的成本为8540元，而再生材料的收益仅8110元，要亏损430元。

五是回收网络不健全。按照现行政策要求，动力电池的回收网络应由汽车生产企业负责，但我国汽车生产企业往往将责任上移至电池供应商，而电池生产企业又没有全国性的回收网络。目前国内动力电池回收利用企业数量少、规模小，产业链上下游缺乏紧密的合作机制。

### 三、有关政策建议

面对日益临近的"报废潮"，应从政策、技术、生产、消费等领域综合施策，打通"研发生产＋梯次利用＋回收处理＋循环利用"产业链条，加快建立新能源汽车动力电池回收利用体系。对此，我们建议：

一是强化法规标准支撑。借鉴发达国家经验，同时充分吸取我国手机电池、汽车蓄电池因无序回收而造成环境污染的深刻教训，宜在现有政策规定基础上，积极推动包括动力电池在内的各类废旧电池回收立法，出台一批强制性标准，落实生产者、销售者、消费者各方责任，加强对废旧电池全过程管理。督促企业落实动力电池编码等国家标准，加快建立全生命周期追溯系统，实现生产、使用、回收、利用、报废的全过程信息采集，确保废旧电池流向可循、回收可控。

二是落实激励惩戒政策。推动将动力电池回收利用纳入"废弃电器电子产品回收处理基金"支持范围，用好现有资金渠道并研究制定税收支持政策，鼓励和引导社会资本投资或设立产业基金，加大对循环利用、梯次利用的支持力度。建立惩戒机制，对未建立回收体系、未履行回收义务的企业实施惩罚，直至限制或取消生产资质。引导企业采用收取回购、以旧换新等措施，提高消费者交回废旧电池的积极性。

三是支持共性技术研发。发挥国家动力电池创新中心等科研机构作用，依托行业骨干企业促进上下游企业合作，加大关键技术攻关。在拆解方面，重点研发智能化、自动化拆解技术；在梯次利用方面，重点研发电池健康状态评估、残值评估、应用场景分析、快速重组等技术；在再生利用方面，重点研发有价元素高效提取、残余物质无害化处置等技术。同时，结合产业发展实际，加快推进动力电池结构设计、连接方式、工艺技术、集成安装等标准化。

四是加快回收利用网络建设。支持行业组织牵头，搭建动力电池生产商、电动汽车生产商及第三方回收机构的合作平台，依托现有汽车销售服务体系，建立影响力强、覆盖面广的回收利用网络，形成可持续的循环经济模式，推进电池有效回收利用。近期，可在京津冀、长三角、珠三角等地区先行开展试点，探索形成技术经济性强、资源环境友好的回收利用模式。

五是积极支持推广梯次利用。在保障安全和质量的基础上，加快在已具备较好基础的通信基站领域开展梯次利用，并积极推进电网储能、分布式储能等场景的规模化应用。同时，引导构建第三方评估体系，探索动力电池残值交易等新模式，激发回收利用市场活力。推进动力电池管理系统（BMS）接口统一与电池全生命周期信息数据共享，降低梯级利用企业应用成本。

# 三、着力营造良好发展环境

# 基层对"放管服"改革几个突出问题的反映

孙慧峰　邓　林

最近，我们到定点扶贫单位河南省淅川县调研，与县政府有关委（办、局）以及部分民营企业家代表进行了座谈，专题了解他们对"放管服"改革的感受和建议。现将主要情况报告如下：

**一、企业对简政放权、减税降费"点赞"多，地方财政压力大**

按照党中央、国务院部署和省里、市里的要求，县里扎实开展"放管服"改革，各项主要任务都得到较好落实。据了解，县所属11个委（办、局）、2个工业园（区）的权责清单已经全部在政府门户网站公开；"五证合一、一照一码"改革基本完成，下一步将按照省里部署开展"35证合一"；其他方面改革也都有条不紊推进。座谈中，基层政府和民营企业都对"放管服"改革给予高度评价。有的部门同志说，通过近几年的"放管服"改革，政府部门办事流程更加规范透明、自律意识明显加强、工作作风有效转变，"门难进、脸难看、事难办"的现象明显减少。企业反映现在营商环境明显改善了、负担也减轻了、投资信心也增强了，这些都得益于"放管服"改革释放的政策红利。

企业家们感受最直接、最明显、谈得最多的是减税降费。一家公司的负责人说，省市县三级政府在税收、用水、用电、用地、社会保险等方面都出台了减税降费措施，加上对科技企业实行创新券和研发费用加计扣除、对高新技术企业所得税减免等政策，大大增强了企业"获得感"。另一家公司的负责人说，仅营改增一项，就使企业的税费成本率从 5.15% 降到 4.62%，实实在在减轻了企业负担。

不过，县财政局的同志反映，减税降费虽然有力促进了实体经济企业发展，但县财政为此承受了较大压力。2015 年以来，县财政每年因减税而减少收入 2000 多万，因降费减少非税收入 3000 多万；同时，一些原来靠收费"养活"的自收自支事业单位，现在需要财政增加办公经费和人员工资等补贴，又使财政多支出 3000 多万。里外加起来相当于多出近 1 亿元的支出缺口，得靠自己想办法解决。这对一个财政收入只有 8.2 亿元的贫困县来说，是难以承受的。他们希望有关部门考虑县里的实际情况，加大对贫困地区基层政府的转移支付力度。

**二、基层事中事后监管责任重、能力弱，面临不少困难**

座谈中大家普遍谈到，简政放权的同时，事中事后监管的责任更重了，存在的困难和担忧主要有以下几方面。

一是缺人员、缺经费。近两年县里共承接上级下放的行政审批 47 项，但没有相应的经费和人员编制保障，导致承接能力严重不足。不仅在审批环节，事中事后监管也缺少相应的人员和经费安排。

二是"有照无证"企业增多。县工商局反映，实行"先照后证"改革后，新登记注册企业数迅速增加，这几年增速都在 50% 以上。尽管工商部门履行了"双告知"职责（即：将企业的登记信息告知相关审批部门，将需要后续办理的许可事项告知企业），但由于种种原因，很多企业实际上最后拿不到相关的"证"。比如基层很多加油站就属于这种情况。办了营业执照就对外营业了，但由于后续油品经营、安全生产、消防等方面许可证办不下来，很多都是违规经营。对于这种情况，工商部门认为应该由相关职能部门去管，但职能部门认为我没有批、责任不在我，最后导致出现监管空白。

三是打着互联网金融旗号的非法金融活动隐患较多。县里同志反映，这两年许多新注册的公司，打着互联网金融名义，以承诺高额回报吸引老百姓进行理财和投资，很多属于非法集资。这种现象在基层比较普遍，但相关部门监管相对滞后。有的甚至认为，现在去叫停可能会遇到老百姓的阻力，不如等风险完全暴露了再去管。

四是社会信用体系建设进展缓慢。县发改委同志建议，应将社会信用体系建设的任务交给人民银行、工商局来具体实施。因为这两个部门直接面对的企业最多，获得企业信用信息量最大，而发改委要获取相关信息还得与上述单位联系协调，多出了迂回的环节，不利于工作效率提升。

### 三、企业和群众对改革政策知晓度不高，宣传解读力度还需加强

基层反映，"放管服"改革措施非常密集，虽然很多内容都通过互联网进行了政务公开，媒体也进行了报道，但相对来说政策宣传和解读工作还不充分，基层群众和企业对"放管服"改革和相关政策的认知度还不太高。比如县编办反映，在制定部门权责清单征求意见过程中，由于宣传不够，很多企业和群众对权责

清单不了解、不关注，结果收到的意见和建议不多，没有达到预期目的。许多企业也反映，这几年中央和地方取消或下放的行政审批事项已经有好几批，但对于究竟哪些审批放了、哪些证取消了，社会上还不太了解。有时候看到一长串公布的取消或下放的审批事项清单，很多人也没有耐心看下去，缺少老百姓看得懂、记得住的解读。

针对这种情况，基层同志建议加大对"放管服"改革的宣传和解读力度，让群众更加了解"放管服"，积极参与"放管服"。对于已经出台的"放管服"改革举措，要认真抓落实、抓巩固、抓深化，让改革红利最大程度释放出来。

### 四、针对中小企业的金融服务不足，贷款难问题反映比较集中

座谈中所有企业一致反映，现在融资难、融资贵问题依然很突出，抵押、担保条件过高，而且银行抽贷压贷现象增加。现在中小企业融资成本普遍在月息 1 分以上，1.5 分也算正常。辛辛苦苦一年下来，许多企业 80%—90% 的利润用于支付银行贷款利息，有的甚至相当于白干，完全给银行打工了。以下几种情况现在比较普遍。

一是一些银行只愿意给企业放一年期以内的短期抵押贷款。这远远不能满足企业正常投资需求，不得不经常倒贷（将旧的贷款先还上，再向银行申请新一笔贷款），有时候还得借高利贷过渡，越倒成本越高。一旦中间哪个环节出了岔子，资金链就断了、企业就死了。很多企业就倒在"倒贷"的路上。而且抵押时效短、费用高，银行对抵押物价值每年都要重新进行评估，评估一次就要交一次费。资产抵押率原来可以达到 60% 左右，现在只有 45%。

二是有的银行不愿直接给企业贷款，而是为其办理承兑汇票（一般要求企业按承兑汇票面额的30%—50%先存入一笔保证金）。拿到承兑汇票后，如果企业急用现金，只能去办理贴现，由于多了一道手续，自然又增加了资金成本。比如一家企业想从银行贷款100万，如果是承兑汇票的形式，企业需先存入银行50万，拿到承兑汇票后去贴现还要再打个9折，最后拿到手的现金只有约90万，这样算下来，企业实际从银行得到的资金只有40万左右。每逢季末月底资金紧张的时候，想贴现却贴不出来，必须得托关系、找中介，再多出一笔不菲的手续费。

三是企业被银行逼得承担无限连带责任。有的民营企业说，我们现在真不敢自称"企业家"了，顶多算是中小民营"企业主"。我们本来成立的都是有限责任公司，但银行为了自身利益和风险控制，无限制地扩大企业法人的责任，几乎每笔借款都要求企业负责人的配偶、甚至子女签字进行连带担保，个人和家属名下所有的房产、车子都要被登记，作为贷款的担保；要求企业互相担保的情况也很多，而且也与企业负责人个人资产挂钩，严重影响了投资创业者的积极性。

大家感到，现在银行比较强势，具有很强的风险转嫁、成本转嫁能力，而实体企业则相对弱势，基本没有讨价还价的能力。有的企业家说，"希望几大国有银行能够体谅民营企业处境，给予更多支持"。还有的建议，希望银行创新信贷管理思路，扩大县级银行审批权限，因为他们在基层，对企业情况更了解。

# 减许可、推认证、强标准
# 加快转变我国质量监管模式

乔尚奎　刘军民　王晓丹

质量是强国之基、立业之本、转型之要。推进供给侧结构性改革、建设制造强国，必须要过质量关。经过多年努力，我国工业产品质量总体水平有了很大提升，但与西方发达国家相比，目前尚有不小差距。影响产品质量提升的因素有多方面，其中一个重要原因，是现有质量监管模式不能很好地适应制造业发展新形势和转型升级新要求。长期以来，准入环节的生产许可证制度是我国管控工业产品质量的重要手段，但随着环境条件变化，其作用逐渐减弱，负面效应日益显现；同时，国际通行的通过认证认可、标准体系实施过程化管理基础薄弱，作用发挥不足。应进一步加大"放管服"改革力度，减许可、推认证、强标准，加快转变质量监管模式，助推我国工业转型提质升级。

**一、偏重从准入环节管控质量的许可管理弊端凸显，需"减""转"并举进一步改革生产许可证制度**

工业产品生产许可证是我国改革开放初期，基于当时生产条件，为加强质量控制而建立的一项市场准入制度，在一段时期内，对加强产品质量和安全管理发挥了一定作用。但随着市场经济发展和生产技术水平提高，生产许可证制度的弊端和缺陷也越来越明显：一方面，许可目录过宽、管理效率较低，严重阻碍制造业提质升级。经过多轮改革，工业产品生产许可证已从高峰时的487类减少到现在的38类，但其中仍包含了325个单元、1015种产品，同时还有大量产品登记证、批准文号、规范条件等"变相许可"。有些不仅管到品种，还审到工艺、批到配方，并且流程繁琐、发证周期长，极大束缚了企业技术创新和产品升级。另外，生产许可证制度还承担着宏观调控、产业政策等特殊职能，也影响了其质量安全管理的效能。要提升产品质量，必须继续做好压减生产许可的文章。另一方面，证后监管乏力，生产许可实际上难以管住质量。在事前准入环节通过生产许可进行质量控制看似严格，但由于事中事后监管不能及时有效跟上，一些企业在申请许可时搞一套，实际生产时却另搞一套或者降低生产标准。2017年发生的西安"问题电缆"事件中，由于监管不到位，涉事企业在送检环节自行抽取样品、伪造检验报告，在生产环节偷工减料、粗制滥造，而生产许可在这些事中事后环节又难以起到把关作用，导致质量问题发生。只有减少对生产许可的依赖，"转"向更科学有效的过程控制和事中事后监管，才能确保产品质量和安全。

一要将"减类别"与"减功能"同步推进，进一步压减生产许可。要继续对现有生产许可目录深入研究甄别，下决心再取消一批生产许可事项，能取消的都应取消，并在此基础上建立目录清单，清单之外一律不得设置或行使许可管理。暂不具备取消条件的，也应实行动态管理，成熟一类放开一类。同时，要推动生产许可"去功能"。产业政策是国家引导特定产业发展的宏观政策，具有间接性、指导性；生产许可则是微观行政管理措施，具有直接性、指令性，若将其作为产业政策工具，就容易抑制市场活力，也有失公平。应厘清定位，逐步剥离生产许可附加的产业政策功能，使其更聚焦于质量安全管控。

二要将外部评价与企业自律紧密结合，加快质量管理模式向国际通行的合格评定转变。国际上对产品市场准入和质量管控，通常采取"合格评定＋后市场监督"模式，其中合格评定包括企业自我声明和第三方认证检测，实践证明这种模式对提高产品质量具有良好效果。应借鉴国际通行做法，加快推进符合条件的生产许可转为强制性认证。同时，抓紧制定转换后的管理规范和技术规则，确保转而不乱、转而有序。积极引导企业自我声明并公开产品和服务标准，并将标准实施情况纳入质量信用记录，鼓励社会监督，着力构建全社会质量共治机制。

三要将"双随机"抽检与重罚追责"双剑"并用，全面加强事中事后监管。对进入市场的产品，加大"双随机"抽查监管力度，扩大抽检覆盖面，增加重点产品抽查频次。同时，健全并加紧落实缺陷产品召回和惩罚性巨额赔偿制度，一旦发现质量缺陷和风险危害，立即强制下架并要求商家召回，对涉事企业予以重罚，对相关责任人进行严厉问责。2017年3月，日本高田公司因汽车安全气囊产品有设计缺陷且存在篡改测试数据等行为，被美国司法部处以10亿美元高额罚金，直接导致已有84年历史的高田公司破产。只有把随机抽查和重罚的"利剑"高悬，才能让企业不敢心存侥幸、铤而走险。

**二、国际通行的质量管理认证制度发展相对滞后，亟须提升其品质化、规范化水平**

与生产许可不同，认证认可主要通过具备资质的第三方机构用市场化评定方式来管控产品质量，以强制性认证"保底线"、自愿性认证"拉高线"，促进企业改进质量管理。我国自 20 世纪 80 年代引入认证制度以来，目前已有认证机构 363 家、检验检测机构 3.3 万家，累计颁发有效证书 167 万余张，获证组织 61 万余家（其中获 ISO9000 质量管理体系认证约 43 万家），证书及获证组织数量连续多年居世界首位。但从总体上看，我国认证行业发展大而不强的特点仍非常突出。一是获证企业数量少，认证采信度不高。企业获取认证的积极性还比较低，目前全国 2700 多万家企业中，认证覆盖面尚不足 3%。同时，国家和地方层面针对认证的采信制度比较少，也制约了认证认可的充分运用，如去年建立的统一绿色产品认证制度就因为没有明确的采信安排而难以落地。二是认证体系尚不完善，认证机构能力有待加强。现有认证认可体系、评价标准、方法、能力都难以适应中高端、多样化的质量评价要求，对机器人、无人机等新兴产品领域认证拓展比较迟缓。我国认证机构与国际先进同行相比，在技术实力、品牌影响等方面尚有较大差距，"小散弱"、同质化竞争等现象较普遍。目前，我国境内的外资认证机构数虽不足 1%，营业收入却占到国内认证总收入的 8%，并且占据着高端市场；我国海外工程项目 85% 以上的检测认证业务也基本由国外机构把持。三是认证市场不规范，滥用认证和违规认证现象时有发生。一些地方和部门出台的"认证"类评价过多过滥，有时还强制指定实施机构；一些行业协会、社团组织也以认定、审定等名目违规从事技术评价活动，使企业不堪重负。有的认证程序繁杂随意、证后监督薄弱，甚至存在花钱买证、故意造假等不法行为，这些都严重损害了认证制度的公信力。必须进一步深化改革、完善制度、加强监管，推动认证认可行业不断提升品质、实现有序发展。

一要助升级、保底线，积极推动认证体系扩展完善。紧紧围绕提高中国制造水平，大力研发拓展机器人、物联网等新兴产品认证，同时补齐绿色产品、服务领域等基础性认证的短板，加快建设既能满足质量安全底线要求、又能引领和支撑质量技术提升的认证认可体系。

二要促整合、上水平，不断提升认证行业规模能力。对标国际先进，加大行业整合力度，加快组建产学研用一体化认证联盟，重点培育发展一批技术能力强、服务水平高、规模效益好的认证集团，打造具有国际影响力的检验检测认证品牌，推动我国向世界认证认可强国迈进。

三要强约束、严监管，切实规范认证认可机构发展。建立健全并严格落实"认证签名"责任制和认证全过程追溯机制，督促认证机构跟踪监督获证产品的质量状况，确保持续符合标准要求。推动落实认证机构对所认证产品质量承担连带法律责任。完善年度报告、信息披露等后置程序，鼓励认证质量同业举报，加大对违规执业机构和从业人员处罚力度，严厉打击虚假认证、买证卖证等违法行为，提高认证公信力。

四要少干预、多便利，进一步提高认证工作效率。在推进认证认可事业发展中，国家和地方层面作出专门的采信制度安排是必要的，但也要严防从部门管理便利、地方行业保护、关联企业利益等出发，滥设"认证"类评价及强行指定实施机构等行为。要继续清理和整合现有认证检测评价事项，加快推动认证机构与政府部门彻底脱钩，强化认证第三方属性，健全市场化运行机制，切实保障企业的认证自主权。

### 三、在质量管控中起基础性作用的标准体系建设支撑力和主导权均不足，应积极推进"增供给"与"走出去"

"得标准者得天下"。标准不仅是生产许可、认证认可等质量管理手段的根本依据，也是当今各国产业竞争、技术竞争抢占的战略制高点。近年来，我国标准化工作进展较快，国家标准、行业标准和地方标准总数已达 12.4 万项，企业标准备案数 100 多万项，覆盖经济社会各领域的标准体系基本形成。但由于起步较晚，标准体系建设整体水平还不够高。一是标准供给数量不足、质量不高。国家、行业标准制定周期较长，一线企业参与较少，很多标准滞后于产业快速发展需要，新兴产业标准严重缺乏；一些基础性、公益性标准的制修订工作进展缓慢。另外，现有标准体系还存在数据打架、交叉重复、权威性不足等问题，甚至有的企业标准低于行业标准。二是在国际标准制定中话语权还较弱。我国近年来不断加强对国际标准化活动的实质性参与，主导制定的国际标准已达到 367 项，特别是 2016 年中国参与制定的国际标准数突破了新增总数的 50%，主导的标准提案数占到总提案数的 7.8%。但总体上看，我国在国际标准制定中的话语权和影响力仍不足，由我国主导制定的国际标准仅占总数的 1.2%，这与我国作为世界第二大经济体和第一大货物贸易国的地位很不相称。标准不强，不仅成为"中国制造"提升质量、迈向中高端的"瓶颈"，也会使我国产业未来发展受制于人。应加快制定实施国家标准化战略，对内强体系、对外拓合作，努力实现从"标准跟随"向"标准引领"的跨越。

一要紧扣新旧动能转换，提高标准制定效率和质量。应及时把握技术变革和市场需求变化，加快新兴领域标准研制，提高标准制修订的时效性，推进技术进步与标准规范的良性互动，以标准引领新产业新业态发展壮大。在传统制造领域，也应大力推进标准提档升级，以标准硬约束淘汰落后产能、支撑产业转型。

二要优化标准供给结构，重点发展团体标准和企业标准。坚持开门定标准，充分吸收企业、行业组织、科研单位参与国家标准和行业标准制定，使标准更加符合行业发展实际并引领产业升级。在技术创新活跃、市场化程度高、标准需求量大的领域，要大力培育发展团体标准；同时，加大政策支持，鼓励企业做标准领跑者，创造更多优质供给，着力构建层级丰富、配套衔接的标准供给体系。

三要争取国际标准制定主导权，积极推动中国标准"走出去"。聚焦高铁、核电、电子商务、移动支付等我国具有制造能力和技术市场优势的领域，按照国际通行的方式、程序、规范，加大自主标准研发和国际推广力度，努力将技术优势转化为标准优势。同时，把握国际合作契机，将标准合作纳入国家对外经济合作重大战略，强化中国标准采用、标准互认、区域标准共建，加快推进与沿线国家质量基础设施的互联互通、融合发展，积极扩大中国标准的影响力。比如，随着我国在高铁动车组及关键装备核心技术上的不断积累，"复兴号"254项重要标准中，中国标准已经占到84%，这有望成为中国标准走向世界的重要突破口之一。

# 用好缺陷产品召回制度
# 加强事中事后监管

李　钊　马　波

缺陷产品召回作为一项国际通行的质量安全监管制度，是消除产品安全风险、落实企业质量责任、保护消费者合法权益的有效手段。近年来，我国缺陷产品召回工作从无到有、发展迅速，在取得长足进步的同时也面临着法律、制度、技术等方面的短板制约。建议进一步加大支持力度，加快建立覆盖范围更广、执行效力更强的缺陷产品召回制度，为转变质量监管职能、加强事中事后监管提供有力支撑。

## 一、国内外基本情况

缺陷产品召回制度起源于美国。1966 年，美国通过《国家交通与机动车安全法》，率先在汽车消费领域建立召回制度；1972 年，又颁布《消费品安全法》，将召回范围扩大至一般消费品。经过几十年发展，美国已形成较为完备的召回法律体系，建立了广泛信息采集、部门分工负责、风险分级管理的召回工作模式，成为政府实施质量安全监管的重要途径。2016 年，美国召回各类汽车达到创纪录的 5320 万辆，较上年增长 7%、连续三年超过

5000 万辆；实施消费品召回 332 次，涉及各类产品上亿件。20世纪 60 年代以来，欧盟、日本、澳大利亚、韩国等国家和地区纷纷仿照美国，相继建立了严格的缺陷产品召回制度。

相对于发达国家，我国缺陷产品召回工作起步较晚。2004 年，质检总局出台《缺陷汽车产品召回管理规定》，正式启动这项工作。此后，相关法规制度和工作体系逐步建立，召回范围由汽车延伸至消费品、食品、药品、化妆品、医疗器械等多类产品，工作力度持续加大。以汽车和消费品为例，截至 2017 年 6 月，我国共实施汽车召回 1440 次、涉及车辆 4145 万辆，实施消费品召回 851 次、涉及产品 1684 万件，妥善处理了大众汽车 DSG 变速器、高田气囊、宜家"夺命"抽屉、三星 Note 7 手机等重大召回事件，消除了大量安全隐患，有效维护了消费者人身财产安全。

从实践情况看，缺陷产品召回与传统监管手段相比具有明显优势。一是力度更大。行政处罚力度有限、违法成本过低，是我国质量监管领域长期存在的短板。而企业实施产品召回的成本巨大，远远超出行政处罚甚至惩罚性赔偿，足以令任何企业不敢轻视。例如，2016 年全国汽车生产企业为实施召回投入的直接费用超过 210 亿元，迫使企业纷纷成立专门机构，主动提高质量水平，严格预防缺陷隐患。二是效率更高。有别于监督抽查的"大海捞针"，产品召回根据质量线索和技术分析，对缺陷产品实现"精准打击"，投入少、效果好。据初步测算，10 多年来中央财政对汽车召回每投入 1 元，相当于为社会挽回直接经济损失 270多元。三是范围更广。受条块及地域限制，以往问题产品在某地被处罚，在其他地区还可以接着卖。产品召回则要求企业对出现质量缺陷的同一批次、甚至相近产品，无论是销售到国内还是国外，都要全部召回。特别是，随着"放管服"改革持续深入，监管部门加快转变职能，亟待解决事中事后监管抓什么、怎么抓的问题。缺陷产品召回在我国已具备较好的工作基础，是进一步加强事中事后监管的有效抓手，可在保障产品质量安全、落实企业主体责任等方面发挥更大作用。

## 二、存在的问题与原因

总体来看，我国缺陷产品召回工作只有短短十几年历史，目前仍处于探索完善阶段，很多方面与发达国家及我国实际需要相比都还有较大差距。在国际上，我国作为众多跨国企业的最大海外市场，在全球大规模召回中经常被"漏掉"。美国强生公司曾经在 51 次产品召回中有 48 次将我国排除在外。在国内，产品召回主要集中在汽车、食品、药品等少数领域，其他行业还不常见。即便在汽车行业，我国新车销量早在 2009 年就超过美国成为全球第一，但自 2004 年建立缺陷汽车召回制度以来的全部召回数量还不及美国去年一年。产生这些问题的原因主要包括以下几个方面。

一是召回立法层级和约束力不够。我国消费品召回之所以经常遭遇"中外有别"尴尬，不在于各国标准有多大差异，或者我国标准比国外的低多少，主要是我国没有一部具有全国统一效力、覆盖产品领域广泛的消费品召回法律规定。目前，我国消费品召回立法除《缺陷汽车产品召回管理条例》是国务院行政法规外，其他均为部门规章或规范性文件，影响了这项工作的权威性和系统性，难以形成有效的威慑力，导致有些企业心存侥幸、频频抵赖。

二是企业主体责任落实不到位。企业是市场的主体，也是质量的责任主体。但多数生产经营企业召回意识淡薄，缺乏履行召回义务、保护消费者权益的主动性和自觉性，甚至对召回存在误解，担心会影响企业声誉、损害企业利益。实际上，发达国家往往将召回缺陷产品看作企业主动承担责任、避免重大损失的自救行为，有助于维护品牌形象、提高竞争力。

三是监管工作体系还不健全。以缺陷汽车召回为例，我国《缺陷汽车产品召回管理条例》规定，质检部门负责全国缺陷汽车召回的监督管理，有关部门在各自职责范围内负责相关监管工作。但由于缺乏有效的信息共享和协调联动机制，大量的产品投诉、产品伤害、事故等信息分散在不同的地方和机构，质检部门难以及时充分获取，影响了召回工作时效性。

四是技术支撑保障能力薄弱。产品召回工作具有很强的技术性，需要大量的工程分析、事故调查等缺陷认定技术作为支撑。目前，美国从事汽车产品召回的专业技术人员多达350人，年均工作经费超过1亿美元，而我国质检总局缺陷产品管理中心仅有30多人，每年工作经费不足2000万元。同时，该中心是非常设办事机构、非独立法人单位，中心人员的法律身份常受到企业质疑，妨碍调查正常开展。

五是社会公众意识有待提高。目前，产品召回在很多领域还是新鲜事物，消费者对召回制度不了解，不知道通过什么渠道反馈相关信息，不会运用这个有效手段来维护自身合法权益。例如，缺陷产品管理中心每年从其网站平台上可以获取2万条汽车缺陷线索，而关于消费品的有效信息一年不过四五百条，用户的信息反映不上来，缺陷调查便缺乏启动依据。

### 三、有关政策建议

加强和改进缺陷产品召回工作，应坚持立法先行、企业主体、政府监督、社会共治原则，将其作为质量安全事中事后监管的重要手段，在以下几个方面加大推进力度。

（一）健全缺陷产品召回立法。加快推动《产品质量法》修订，增加缺陷产品召回制度的相关内容，作为一项产品安全监管制度从法律层面确认和规范下来，统一缺陷产品涵义，明确企业责任义务。研究制定《缺陷消费品召回管理条例》，把涉及人身财产安全的消费品全部纳入召回管理范围，明确召回的责任主体、召回义务、召回程序、监管职责和法律后果等。

（二）严格落实企业主体责任。健全责任明确、逐级倒逼的质量安全责任链条，督促企业严格执行重大质量事故报告及应急处理制度。加大召回实施和监督力度，对拒不履行召回义务、不配合缺陷调查、瞒报误报相关信息的企业，要依法给予严厉处罚，支持有关方面对涉事企业进行集体诉讼、公益诉讼，使其付出巨额惩罚性赔偿，大幅提高质量安全违法成本，促使企业千方百计避免缺陷、改进质量。

（三）完善召回管理工作机制。按照"统一协调、分工负责"的原则，建立由各主管部门牵头、相关部门共同参与的缺陷产品召回管理联席会议制度。在更大范围推动缺陷产品信息共享，把分散在各地区、各部门的信息汇集起来，提升信息分析、缺陷调查能力。加强缺陷产品召回技术机构能力建设，加大资金保障力度，补齐人员、装备和实验室等技术力量。健全省、市级召回管理机构，夯实召回工作基础。

（四）优化缺陷产品召回社会环境。广泛宣传缺陷产品召回工作，帮助企业和消费者更多了解、正确对待、更好运用这项制度。充分发挥消费者协会等社会组织作用，积极参与到缺陷产品召回工作中来。探索建立缺陷产品召回保险等市场化配套机制，帮助企业及时、妥善履行好缺陷产品召回法定义务。

# 改革银行账户开立许可制度
# 破解新设企业开户难题

乔尚奎　宋　立　冯晓岚　刘军民

近年来，我国大力推行商事制度改革，企业开办注册效率大幅提升，但企业特别是中小企业到银行开户难、用时长问题仍较突出。"注册容易开户难"成为营商环境改善的制约因素，亟须采取切实措施加以解决。

## 一、核准制下企业开户手续繁琐，耗时较长

目前，我国对企业在银行开户分别实行核准制和备案制。就企业最常用的两类账户——基本存款账户（以下简称"基本户"）和一般存款账户（以下简称"一般户"）而言，基本户需要核准，而一般户只需备案。企业反映开户难、开户慢，主要体现在开立基本户上。

基本户具有唯一性，是开立一般户、专用存款账户和部分临时存款账户的先决条件，常被视为企业的"金融身份证"。基本户拥有一般户所不具备的现金支取功能，有被一些"皮包公司"用于洗钱、逃税、逃废债、恐怖融资等目的的可能性，存在一定风险隐患。鉴于此，现行开立基本户实行了严格的审核。同时，

目前新设企业办理基本户开户所需证明文件较多、手续繁琐、各银行要求也不统一。一般情况下，企业需提交包括法人代表身份证原件、营业执照正副本、税务登记证、单位财务章等十五六项材料物件，开户基本流程包括企业填写开户申请，商业银行审核、报送人民银行分支机构核准并发放开户许可证后，企业方可开户，由此导致新设企业开立基本户耗时较长。尽管按现行规定，在资料齐备情况下企业开立基本户应在 7 个工作日内完成，但实际往往需要 2 周甚至 1 个月以上。从国务院第四次大督查对 18 个省（区、市）营商环境所做的抽样调查看，企业办理银行开户许可证平均需要 3.9 个工作日，约占开办企业平均总用时的 40%。一些地方用时更长，如武汉市、西安市银行开户平均需要 19.6、12.6 个工作日，重庆市部分企业开户甚至要 1 个月以上。

## 二、企业开户难开户慢的原因和主要弊端

据了解，其原因主要有以下四个。一是商业银行控制开户总数。企业账户业务复杂、占用客户经理精力较多，一些商业银行因此对客户经理每月新开的企业基本户实行上限控制，申请企业较多时只能排队等待。二是商业银行对小微企业开户激励不足。一些企业反映，部分金融机构倾向"垒大户"，通过最低日均存款额等各种"软钉子"把小微企业拒之门外。对预计存活时间短、交易不活跃或者业务量小、对银行利润贡献少的企业，客户经理也不太愿意为其开户。三是商业银行图求压缩成本。部分银行特别是开户量小的银行不愿为个别企业开户单独进行实地调查，也不愿专门派人逐笔去人民银行办理核准，而是等申请开户企业累计一定数量后才"批量"处理，延长了企业的等待时间。如果开户银行不需要向人民银行报送核准材料，则无此成本。四

是企业数据信息尚未互联互通。我国企业信息包括公共信用信息（企业基本信息）和商业信息（企业债务信息）等，这些信息互相分割，并未联通。银行反映，部分地区工商部门信息系统与金融机构、人民银行的账户管理系统尚未对接，企业信息在登记审核过程中需多次重复录入，降低了开户效率。

由此带来的弊端显而易见。一是拖累企业开办效率。世界银行发布的《2018 年营商环境报告》显示，2017 年我国开办企业效率指标排在第 93 位，平均用时 22.9 天，银行开户效率低是其中一个制约因素。相比之下，开办企业效率指标排在第 1 位的新西兰仅需 0.5 天，排在第 6、第 7 位的新加坡、澳大利亚也只需 2.5 天。二是影响金融服务及时性。数据显示，2016 年全国单位银行结算账户、基本存款账户分别比上年增加 500.44 万户和 447.24 万户，远低于 2016 年新登记市场主体数 1651.3 万户，也低于当年新登记企业数 552.8 万户。究其原因，除了一些长期无交易的"睡眠"银行账户被注销外，也有大量新设企业未能及时获得银行开户服务，一定程度上影响了"双创"活力。三是加重企业财务负担。有的商业银行借机"立威"，谋求与企业打交道时的优势地位；有的银行收取账户管理费、柜面保管回单服务费等费用，每项从数百元至上千元不等；有的银行在开户时捆绑搭售金融产品和服务，加重了新设企业的负担。

### 三、改革企业开户许可势在必行

对企业开立基本户进行核准，初衷是为了防止企业利用银行结算账户进行违法犯罪活动，对完善金融统计信息、筑牢金融安全屏障也有一定作用。但是，在金融科技蓬勃发展、身份验证方式日趋多样的今天，对企业开户是否一定要由人民银行进行核准，需要加快研究。

从法律依据看，企业在银行开立账户属于市场主体之间的商业行为，应主要通过合约和法律来规范，不必要以行政许可方式来核准。根据《行政许可法》规定，行政许可由法律和行政法规设定，而设置"开户许可证"的依据是《人民币银行结算账户管理办法》，属于部门规章，法律层级不够，设置许可存在明显的法律依据缺陷。

从国际经验看，对企业开户进行核准并非通行做法。在主要发达国家的银行开户实践中，一是开户自主权由商业银行掌握。商业银行可根据自己的业务侧重、风险偏好选择客户，提供差异化金融服务。如澳大利亚的银行根据企业信息完备程度打分，分值越高，企业享受的账户服务就越多。二是账户管理责任主要在商业银行。英国的银行在开户前、开户后都要对企业进行尽职调查，当发现客户从事行业、信用记录存在疑点时，可以拒绝与客户建立或维持业务关系。三是可通过多种方式核验企业信息。美国的商业银行可以根据企业法人代表和股东的社会保障号查询税务、司法等各类信息，从而决定是否为该企业开户。四是企业开户权利由制度保障。如法国有规定，商业银行可依据合理理由拒绝为企业开户。但如果同一企业被任意两家商业银行拒绝开户，可向法国央行申请，由央行指定一家商业银行为其开户。

从我国现实看，企业开户的主导权交给商业银行有较大的现实可行性。一是我国目前查询自然人信用信息和企业基本信息已经比较便利，有条件、也有能力采取多种手段验证企业账户信息的真实性。二是商业银行自身可以通过交叉验证、"双人四眼"的方式，减少账户信息审核的主观性。三是企业的开户银行与企业往来频繁，掌握信息及时准确，便于更加有效地实施事中事后监管。

## 四、政策建议

从"放管服"改革的大趋势看，有必要改革现行的银行账户开立制度，优化企业开户流程。

第一，取消开户许可，改为开户备案。从国外经验看，对企业账户的管理可以通过"备案＋事中事后监管"的方式实现。建议取消人民银行对企业开立基本户的许可，把开户核准权交给商业银行。商业银行审核企业材料无问题后，可直接为企业办理开户，并在规定时间内报人民银行备案。备案环节也要优化流程，提高办理效率和便利度。

第二，落实普惠金融，改进考核方式。从数量上看，新设企业大部分是小微企业。虽然目前银监会对金融机构服务小微企业有一定考核要求和激励措施，但在金融机构看来，利润、存贷款仍是"大头"，直接影响机构业绩和员工收入，是比小微企业开户数更加重要的考核指标。鉴于此，建议把新设企业开户数纳入普惠金融服务考核范围并赋予适当权重，对金融机构要考核新设企业开户办理时间和投诉率，要求金融机构对员工考核开户总数而不是"大户数"，以提升金融机构的普惠金融意识，更好地服务小微企业。

第三，严守相关规定，规范开户行为。监管部门要对商业银行为新设企业开户建立激励和惩戒措施，督促商业银行深挖潜力、优化流程，提高服务质量和客户满意度。同时，严格执行"七不准、四公开"，禁止商业银行借机对开户企业提出存贷款、购买金融产品或服务、支付额外费用等不合理要求。加大现场检查力度，对违反上述规定的，要对商业银行及相关负责人做出处理；情节严重的，人民银行有权停止对该金融机构开立基本户的备案。

第四，聚焦事中事后，强化持续监管。企业开户改为备案后，人民银行应强化对银行账户信息的持续监管和动态监测，重点加强对大额及可疑交易的报告和监控，及时发现和查处洗钱、诈骗、非法融资、套现等违法违规活动。严格落实账户年检制，及时掌握存款人基本情况的变化。同时，建立对商业银行报送银行账户信息的验证机制，对违规开立、虚假开立、匿名开立银行账户的行为予以严厉惩处。

第五，推行网上开户，打破信息壁垒。建立企业开户管理电子系统，鼓励企业网上办理银行开户，由商业银行审核企业资料的真实性与合规性，由人民银行在后台对企业数据进行动态监测，全面推进企业开户电子化。减少甚至消除信息不对称，是提高银行账户管理有效性的必备要件。应尽快建好国家公共信用信息中心，实现企业公共信用信息和企业债务信息的互联互通、共享共用。推动全国的工商、税务、司法等部门与金融机构进行数据对接，既能避免企业信息反复录入造成的重复劳动，也有助于提高企业数据质量，确保信息真实准确。

# 国有资本开展创业投资
# 亟须打破繁琐僵化的制度性壁垒

王　巍

创业投资是指向处于成长阶段的创业企业进行股权投资，以期所投资企业发育成熟后，通过股权转让获取资本增值收益的投资方式，有利于实现技术、资本、人才、管理等创新要素融合，也能对大众创业、万众创新起到积极促进作用。其中，国有资本开展创业投资更是实现国家产业战略、增强国有企业竞争力、培育发展新动能和改造提升传统动能的重要途径。2016年国务院出台促进创业投资持续发展的若干意见（国发〔2016〕53号），进一步优化了发展环境。但从实际情况看，由于现行体制障碍，一些鼓励政策很难落地，尤其是国有资本开展创业投资面临诸多困境。最近我们与部分国有创投机构就此问题进行座谈，并研究了一些创投公司的典型案例，现将有关情况报告如下。

**一、当前国有资本对创业投资或者靠打擦边球、或者只能当旁观者**

数据显示，截至2016年，国内股权投资机构超过1万家，管理资产超过7万亿元，我国已成为全球第二大股权投资市场。

尤其在创业投资领域，充裕的资金竞相追逐好的项目和有前景的企业，市场极其活跃。但据业内人士反映，目前大多数社会资本偏好以"炒股"心态对待创业投资，有战略眼光的价值投资者少，快进快出的短线交易者多；需要投入重金的技术创新企业频遭冷遇，讲故事、赚快钱的模式创新项目备受追捧，甚至助长了部分风口行业泡沫化成长。

与社会资本相比较，不少国有资本拥有渠道和资源多、专业化程度高，有意愿有能力做长期的战略投资者，但由于一些不合理的政策限制，使其开展创业投资的积极性受到影响。据了解，目前大部分国有资本都选择作为有限合伙人参加社会资本设立的创投基金，这样做虽然能在一定程度上绕开现行国资监管体制约束，通过"打擦边球"的方式减少政策限制，但却会使国有资本投资分散并处于从属地位，除了获取少量分红和管理费用外，对所投项目缺乏话语权，难以实现国有资本投资运营的战略目标。

另一方面，很多创业企业考虑到一旦接受国有资本注资，就必须按照国资审批和监管程序办理相关事项，极有可能对今后的再融资和经营发展产生不确定性影响，因此对国有资本抛出的橄榄枝，创业企业经常敬而远之、并不"领情"。这种氛围下，在不少优质创投项目面前，很多国有资本只能无奈驻足成为旁观者，错失发展良机。

**二、国有资本开展创业投资主要面临四重体制壁垒**

据企业反映，由于现行国有资产管理体制中有关规定与创业创新领域的新形势不相适应，国有资本开展创业投资全过程中都面临不同程度的政策障碍，制度性交易成本远高于其他市场主体。

一是审批冗长、决策落伍。按照现行国有资产管理相关规定，国有资本投资创业企业前要开展审计和资产评估，并到国资监管部门进行核准或备案，实际操作过程需要较长时间，而多数高科技创投项目市场敏感度高、投资窗口期转瞬即逝。同时，监管部门对国有投资对象的估值方法比较僵化，对轻资产、高成长的创新企业也按照重资产的传统工商企业同等对待，往往因为忽视无形资产和增值潜力造成估值过低，导致投资失败。

二是考核严苛、监管过度。防止国有资产流失、实现保值增值无可厚非，但也要看到，创业投资作为风险投资，具有高风险、高回报、周期长的特点，投资项目的平均周期在 3—5 年，成功率在 20% 左右，早期项目周期更长，风险更大，对其收益的考核应尊重规律、实事求是。而目前国有资本经营考核强调对单个项目收益和年度收益目标的实现。即使整体盈利，若单个项目造成损失，也容易成为审计问题而被追责，因此导致国有创投倾向比较保守，一般更多投资于成熟期项目，不愿支持种子期和初创期企业发展。

三是政策脱节、激励不足。创业投资能否成功，关键不在资金而在于人才。目前由于国企薪酬制度限制，国有创投机构从业者薪酬普遍低于市场平均水平，导致大量人才流失。除此之外，业内人士还在意另外两方面因素：一方面，现行政策规定，国有资本在有限合伙制的创投基金中只能做有限合伙人（LP），而不能做普通合伙人（GP），也就是说只能投入资金，而没有所投项目的经营管理权，因此国有创投人员个人价值无法体现，团队缺乏激励；另一方面，非国有创投机构为了保证个人和团队利益一致，通常都会推行"跟投机制"，允许甚至强制投资经理在所负责项目上投入个人资金。而国有资本开展创业投资中则明文禁止职工跟投，依据是 2008 年出台的国有企业职工持股、投资相关规定，因而缺乏共享价值、共担风险的激励约束机制，影响项目投资效益。

四是退出不畅、收益不稳。成功退出是创业投资实现价值增值和资本回报的关键一环。目前国有资本退出，除个别符合特定条件可直接协议转让的以外，大部分只能通过证券交易所股权交易或产权交易所挂牌交易。但据了解，依照证券行业规定，上市企业中含有国有股的，须按首次公开发行时实际发行股份数量的 10%，将国有股转由社保基金会持有，国有股权达不到 10% 的，则按实际持股数量转持。由于创业投资中一般国有资本所占股份比例较小，多数情况下达不到 10%，若按规定转让，则会严重影响国有资本投资回报。2010 年，有关部门出台专门政策豁免了中小企业（指职工人数不超过 500 人，年销售总收入不超过 2 亿元，资产总额不超过 2 亿元的企业）国有股转持义务，但始终未对较大规模的创业投资提供豁免的政策支持。因此现实中，国有资本通过证券交易所股权交易实现退出难度较大，一般只有产权交易所挂牌交易这一条通道。据企业反映，目前产权交易所挂牌交易程序复杂，动辄两三个月，导致成本极大增加，同时估值又往往偏低，不能体现项目市场价值，也不利于国有资产的保值增值。同时，国资背景导致的退出环节不畅和耗时过长，将会对所投创业企业后续融资和发展产生重大不利影响，因此也是众多创业企业从一开始就不愿与国资合作的主要动因。

### 三、政策建议

座谈中企业反映，当前创业创新热潮涌动、新技术新模式新产业蓬勃兴起，各类资本都有开展创业投资、分享未来发展红利的内在冲动。市场所需、政策所向，建议进一步细化、落实国发〔2016〕53 号文件精神，在完善国有资产管理的基础上，针对国有企业、国有资本开展创业投资面临的新形势、新问题和差异化需求，量身定制适当的监管方式和支持政策，尽快拿出管用的改革试点方案，为市场主体松绑减负。主要有以下几个要点。

一是审批上，要坚决取消不必要的核准环节，进一步简化审计、评估、备案程序，大幅缩短时限以满足创业投资需要，并尽可能将相应决策权从监管部门下放到企业集团，更好体现市场主体责任。尤其在资产评估方面要更新观念，借鉴业内普遍采用的市场估值法，充分考虑创新企业的无形资产和增值潜力，真实反映其市场价值，避免价格扭曲导致的交易风险。

二是监管上，要松紧适度，既注重国有资产保值增值，也要以"鼓励创新、宽容失败"为导向，建立适应创投特征的国有资产审计、考核体系，尽快取消国有创投企业年度考核和单个项目考核，监管重点应当更加关注整体投资组合效益和长期回报，从而引导国有资本聚焦战略重点，强化对种子期和初创期项目的投入，实现价值投资和长期投资目标。

三是激励上，要放开现行政策限制，允许一些符合条件的国有资本成为创投机构中的普通合伙人（GP），通过行使经营管理权利，获得相应回报。要比照行业规则，调整完善国有企业职工持股、投资政策，允许国有创投投资经理进行项目跟投，探索实行管理团队强制跟投制度。要建立市场化的薪酬机制，努力吸引和留住优秀创投人才，打造一批有竞争力的国有创投企业。

四是退出上，允许国有资本开展创业投资的项目通过新三板进行股权转让，并简化资产核准或备案程序。降低协议转让门槛，只要符合一般条件，国有资本就可以按照投资协议约定实施退出。鼓励国有创投机构以并购重组的方式实现市场化退出。在上市过程中，依法豁免国有创投企业和国有创投引导基金的国有股转持义务，或者合理调整转持比例。

# 着力打造全程留痕、阳光透明的
# 公共资源交易平台

乔尚奎　刘军民

整合建立统一交易平台，是规范公共资源交易活动的重大制度创新，也是制度反腐的重要抓手。近期，我们对这项改革进展较快的试点省区和有关地市的公共资源交易平台整合及运行情况做了调研。相关情况报告如下。

**一、统一公共资源交易平台发挥了防范寻租、规范秩序、增收节支、转变职能的综合成效**

2015 年 8 月，国务院办公厅下发了《关于整合建立统一的公共资源交易平台工作方案》，各地按照要求，在有序整合资源、统一制度体系、完善交易机制、规范平台服务等方面勇于探索实践，全国各类公共资源交易市场从 4103 个整合到 1403 个，减少幅度达 65%，初步形成了交易从分散到集中、规则从分立到统一、信息从分割到共享、系统从分设到联通的新格局，阶段性改革目标基本实现。

一是有力推动了制度反腐。公共资源交易是行政配置资源和市场机制作用的交汇领域，腐败问题向来易发多发。统一的公共资源交易平台通过阳光运作、网上竞价、在线交易，使每一个交易步骤、每一个工作环节、每一个操作流程都留痕留印，实现过往可溯、进度可查、责任可追、风险可控，有效避免了传统交易方式中的人为干扰、相互串通、暗箱操作等乱象，净化了交易环境。比如，广西玉林市将土地产权出让和公车拍卖等公共资源交易全部推到网上，任何自然人和企业都可通过网上申请竞购、网上缴纳保证金、远程参与竞价，有效避免了竞买现场的人为干预。广东广州市公共资源交易中心运用信息技术，通过网上报名、电子化资审、在线开标评标等，实行全封闭式电子化运行，最大程度减少了人为操作，压缩了权力寻租空间。

二是进一步规范了市场秩序。统一平台改变了长期以来公共资源交易碎片化的格局，促进了统一开放、竞争有序的现代市场体系加快形成。广东省统一规范服务标准，由市场主体自主选择依法设立的交易平台，无需任何审批审核，实现入场交易"零障碍"，营造了公平有序、充分竞争的交易环境。贵州省利用公共资源交易大数据，开展数据关联比对和智能分析，动态监测平台运行，实时预警和处置"围标串标陪标"等扰乱市场秩序的违法违规行为。

三是促进了增收节支减负。统一的公共资源交易平台，实现了从分散交易到集中交易、从依托有形市场到电子化平台的转变，极大提高了交易效率，促进了增收节支。比如，山东省2016年通过统一平台进行的公共资源交易实现增收节支552亿元，占全省一般公共预算收入的9.4%；广东省南方产权交易中心近三年各类公开挂牌项目平均增值28%，最高增值达1641%；贵州省一项铝土矿探矿权挂牌出让经过交易平台多轮充分竞价，最终溢价超过90倍。此外，统一整合的交易平台不仅避免了重复建设，也通过流程电子化减轻了交易主体的负担，如宁夏每年减少直接成本 3.92 亿元，为各方节约交易成本 80% 左右。

四是推动了政府职能转变。公共资源交易平台通过"管办分开、管采分离"，使行政部门工作重心从事前审批管理更多转到事中事后监管上来，成为推动政府职能转变的重要抓手。从调研情况看，不少地方通过理顺体制、完善机制，创新监管方式，实现了现场监管向智能监管、单一监督向立体监督的转变，监管的针对性和有效性显著提升。山东济宁市构建了"一委、一办、一中心"的组织架构和工作体系，形成了公共资源交易服务、监督管理相互分离的体制，较好地解决了"九龙治水"和行业部门既当"裁判员"又当"运动员"的同体监督问题。同时，统一交易平台通过简化优化流程，压缩交易环节，服务效能不断提高。湖北省依托平台开展"一窗式、一站式"服务，由"现场跑"变为"网上办"，避免了市场主体重复提交材料、反复跑流程之繁琐。广东省充分整合资源，依托网上办事大厅率先建成公共资源交易"一号、一网、一窗"的统一平台体系，实现市场主体一地注册、数字证书交叉互认。

## 二、要在拓展覆盖范围、完善平台服务功能上下功夫

全面覆盖是统一规范公共资源交易市场的必然要求，碎片化交易妨碍市场统一、不利公平竞争、降低交易效率，也容易出现监管漏洞和盲区。从各地情况看，普遍将工程建设招投标、政府采购、国有产权交易、国有土地使用权和矿业权出让等四大板块整合纳入统一的公共资源交易平台，广西玉林市、山东济宁市等地还将药品和医疗器械采购、国有产权、林地使用权、水域养殖权、罚没财物处置、公务用车、城区路桥冠名权等纳入公共资源

交易平台，江苏南京市、山东青岛市将PPP项目纳入交易平台。但也要看到，公共资源品类繁多、数量巨大，仍有不少游离于平台之外，统一的交易平台和制度覆盖范围需进一步拓展。不少地方反映，交易平台的法律地位尚不明确，对各类公共资源要求"进场交易"缺乏强有力的法律约束，个别部门、机构以各种理由规避进场交易。

对此，要按照"应进必进、平台之外无交易"原则，进一步拓展平台交易覆盖范围，把凡是涉及公共资金、公共资产、公共资源的交易和配置，都依法纳入统一交易平台。一是以制度规范"推"全覆盖。在不断总结实践的基础上，加快论证具备条件应进入统一交易平台的公共资源项目，当前要有序推进机关事业单位资产处置、特许经营权出让、PPP项目、碳排放权、排污权、农村土地产权等项目纳入平台交易。建立公共资源交易目录及其实施制度，对列入目录的项目必须进入平台。同步推动公共资源交易立法进程，强化制度法制约束力。二是以优质服务"促"全覆盖。要不断丰富和完善统一交易平台的服务功能，制定全国分类统一的公共资源交易规则和服务标准，为交易主体提供信息发布、统一认证、资质查询、专家资源共享、开标评标、跟踪查询、智能分析等全方位优质服务，以强大的功能和效率优势，把统一平台打造成为吸引各类公共资源"入场交易"的强磁场。

### 三、要在理顺体制机制、促进监管协同上下功夫

体制机制是关乎公共资源交易平台有序运行的根本性问题，体制机制不顺必然掣肘统一平台的健康发展，也不利于加强全面协调监管。从调研情况看，一些地方公共资源交易监督职能分散在各行业部门，多头监管和监管缺失的问题并存。山东省反映，

有的地方平台整合后，监管权限依然分散在各相关部门，仅招标投标工作的监督管理部门就多达十几个，他们分别制定本部门、本行业的制度规则和监管规定，政出多门等问题未根本扭转。同时，一些地方平台定位不准，与行政主管部门、综合监管部门、政府采购机构的职责未完全理顺，在对交易投诉、质疑、举报等问题处理中常出现推诿扯皮现象。有的交易平台仍违规设置审批或备案，给企业入场交易设置障碍。有的地方平台交易管理越俎代庖，干涉甚至排斥行政监督，俨然异化为"二政府"。

对此，要加快完善体制机制，促进监管协同。一方面，要按照"管办分开、管采分离、采监分离"的原则，推动各地进一步理顺管理体制，取消各类交易机构与行业管理部门的隶属关系，切断行政权力插手公共资源交易的链条，实现决策权、执行权、监督权既相互制约又相互协调。要明确公共资源交易平台的职能定位，坚持公共服务的基本定位，专注为各类市场主体提供公开透明、优质高效的公共服务。另一方面，要加快建立健全部门协同监管工作机制，统筹协调线上监管与线下管理、交易环节监管与事前事后监管，全面推行信用监管、智能监管和大数据监管，提高监管效率，同步开设监察、审计监管通道，建立联动执法机制，形成立体式、全方位综合监管格局。

**四、要在打通信息孤岛、提高平台运行效率上下功夫**

资源共享、信息互通是公共资源交易平台的价值内核和制度精髓，也是充分发挥统一交易平台功能、实现全程留痕的关键所在。离开这一点，所谓的"统一整合"无异于"貌合神离"。从调研情况看，一些地方公共资源交易信息系统各自为政、重复建设、信息分割等问题仍较突出，政府部门间、层级间数据交换存在壁垒、共享渠道不畅通，特别是市场主体注册、资质资格、信用等信息难以共享，市场主体为此不得不多地重复提交材料、重复注册申请，增加了制度性交易成本。这里面原因，有的是"不想共享"，一些地方和部门把信息和数据作为固化部门利益和掌控行政资源的重要手段，刻意抵触资源整合、信息共建共享；有的是"不能共享"，一些地方电子化建设滞后，系统不兼容、标准不统一、接口不一致，汇总的各类数据格式和内容不统一，数据质量较差。

对此，必须下大力气破除信息壁垒、打通信息孤岛，形成横向互联、纵向贯通的公共资源交易网络平台，打造统一集约、开放透明、便捷高效的一网式交易，不断增强市场主体对改革的获得感。横向，要推进政务信息的深度融合、互联共享，畅通交易平台与行政审批、行政主管、综合监管部门之间电子数据的实时传递、及时交换渠道，实现交易、服务、监督平台的无障碍互联互通。纵向，要加快推进国家、省、市三级公共资源信息平台系统对接、互联互通，进一步加强区域协作，推进全国范围内主体注册信息共享、数字证书互认，尽快实现"一地注册，全国漫游，处处通用"。

# 农民工等返乡创业的成效、问题和建议

刘 力 张凯竣

农民工等返乡创业是大众创业、万众创新的重要组成部分。近日，我们赴农民工等返乡创业大省河南、四川进行了调研。总体感到，农民工等返乡创业发展势头良好，成效明显，但也面临不少困难，需要提高认识，加强扶持。现将有关情况报告如下。

## 一、农民工等返乡创业取得扎实成效

我们调研发现，近年来，河南、四川两省农民工等返乡创业规模迅速扩大，经济社会等综合效益显著，成为推动以创业带动就业，促进中西部地区工业化、城镇化、农业现代化，缩小区域城乡差距，解决农村贫困和留守儿童等社会问题的重要力量。

一是创业带动就业效应显著。返乡创业既能够解决农民工等自身就业问题，也能够发挥创业带动就业的倍增作用，实现了由"输出一人致富一家"的打工效益向"一人创业致富一方"的创业效益转变。截至 2017 年 3 月底，河南省返乡创业人数累计达81.4 万人，创办企业 41.8 万个，带动就业 389.8 万人。四川省返乡创业人数累计为 42 万人，创办企业 4.5 万个，带动就业 142.9万人。返乡创业还激发了当地大众创业、万众创新内生动力，带动了全社会的创新创业热潮，基层草根成为"双创"大潮的生力军，农村地区成为新的"众创空间"。四川省眉山市目前返乡创业已有5.6万余人，创办各类企业1万多家，去年带动新登记个体工商户、民营企业分别增长14.6%和23.8%。河南省汝州市吸引1.2万名外出务工人员返乡创业，带动各类市场主体数量从2014年的1.5万户增加到2016年的3.5万户，注册资本金从320亿元增加到近700亿元。

二是促进农村经济转型升级。外出务工人员返乡不仅带来了资本，还带来了现代农业科技、城市消费信息和先进经营理念，让中西部农村地区搭上了"互联网+"的快车，有力促进了农业的市场化、产业化和一、二、三产业融合，带动了农村电商、乡村旅游等农村新业态、新模式的发展。河南省汤阴县返乡农民工创办的一家种植专业合作社，种植基地占地1300余亩，拥有41栋果蔬大棚、1栋智能连栋温室，解决本村及周边就业260人，有效促进了果蔬等优势特色产业规模化发展。四川省仁寿县返乡农民企业家创立的一个农业开发有限公司，瞄准市场需求，强化研究开发，重视电商平台，成为国内第一家从事枇杷深加工和唯一获得国家枇杷饮料项目发明专利的企业，年销售额达1.6亿元，占据了全国枇杷深加工产品市场近50%的份额。四川省简阳市依托本土羊肉汤、晚白桃、草莓、红樱桃等特色资源，利用"互联网+农产品"拓展销售渠道，吸引大量外出务工人员返乡发展电商，2016年全市农村电商交易额达1.6亿元，农产品网上销售额超过7000万元。

三是走出内陆县域工业化新路子。内陆地区县域工业化一直是我国经济发展的难题，除个别资源富集地区外，绝大多数县域工业化都没有形成气候，招商引资效果普遍不理想。内陆地区返乡农民工等长期在沿海发达地区务工，不少人还办了企业、当了老板，他们顺应产业梯度转移趋势，积极在家乡投资办厂，还"现身说法"，以"老乡"引"老外"，有力推动了内陆县域工业化进程，在许多地区甚至成为县域工业化的主要途径。河南省鹿邑县吸引近百家羊尾毛加工企业主回乡创业，并带动国外知名企业入驻，形成了年产值超过 35 亿元的化妆刷产业集群，还建立了国家级质量检测中心，掌握了行业标准话语权，被中国轻工协会评为"中国化妆刷之乡"，成为国内新的化妆刷制造中心。河南省汝州市先后吸引 1.2 万名汝州籍在外人员回乡创业，带动一大批产业项目落地，实现了机绣纺织、汽车装备、智能终端、生物医药等产业的"无中生有"，工业化水平显著提升。

四是有力推动农村脱贫攻坚。发展产业、获得就业是实现农村脱贫致富的根本途径。返乡创业通过"公司加农户、市场连农户"等利益联结机制，为农村贫困劳动力提供了参与产业发展、实现就地就业的机会，成为促进农村脱贫致富的重要力量。河南省平舆县一家生产休闲用品的返乡创业企业把厂区集中生产和农村分散加工相结合，以计件工资方式积极吸纳残疾人等农村贫困劳动力就业，有效解决了 1500 多人的脱贫问题。河南省新县西河湾村返乡农民工成立了农民种养殖专业合作社，发展乡村旅游、原生态精品农产品等产业，全村 410 名贫困村民中已有 362 人成功实现脱贫。四川省罗江县盘龙镇返乡农民工发展花椒产业园，采取股权量化、以股分红的方式，实现 2 个贫困村整体"脱帽"，覆盖 256 户 569 人，全镇贫困户户均增收达到 6000 余元。

五是为解决农村留守儿童等社会难题开辟了新途径。以往外出农民工长期背井离乡、抛家别子，出现了大量的留守儿童、空巢老人，农村"空心化"问题突出。在返乡创业带动下，农民既可以在当地就业，也能够兼顾到抚养子女和赡养老人，长期困扰农村发展的留守儿童、空巢老人等社会问题得到有效解决。河南省孟州市莫沟村 50 多个村民返乡创业，有的利用当地旅游资源开办家庭宾馆、农家乐餐馆，有的经营村淘店销售农副产品，既实现了发财致富，又实现了家庭团聚，老人满意、孩子高兴、夫妻和谐、社会安定。

**二、河南、四川推进农民工等返乡创业的主要经验**

近年来，河南、四川两省在支持农民工等返乡创业方面进行了积极探索，出台了一系列行之有效的措施，值得借鉴和推广。

第一，优化政府服务。一是把支持农民工等返乡创业作为深化"放管服"改革的重点，放宽经营场所登记要求、注册资本登记条件和经营范围，为农民工等返乡创业投资开辟"绿色通道"，并提供注册登记、政策咨询、创业指导、社保关系接续和优惠政策介绍等"一站式"服务。河南省永城市 29 个乡镇都设立了农民工返乡创业服务中心，为返乡创业人员提供完善的日常服务。二是积极构建创业平台。河南省加强产业集聚区、商务中心区和特色街区建设，为返乡创业人员解决厂房、用地等问题。河南省宜阳县农民工返乡创业园吸纳返乡创业人员 135 人，创办企业 22 家。四川省把电商作为返乡创业人员的重要平台，全省县乡村三级电商服务站点覆盖率分别达到 79.2%、50.2%、15.2%，2016 年有 3.6 万余名农民工通过互联网创业成功。三是有效开展创业培训。四川省财政设立 2000 万元的返乡创业培训资金，2016 年共举办返乡创业示范培训班 184 期，培训返乡创业人员 1.9 万人次。四川省眉山市组建 200 多人的创业导师团队，全天候服务返乡创业者，仅电子商务创业免费培训就有 1 万多人，其中 4000 多人成功创业。河南省孟津县组织由当地企业家、创业成功人士和政府工作人员构成的"创业指导师志愿团"，实行结对帮扶，为返乡创业者提供业务指导和咨询服务。

第二，创新资金扶持。一是加大财政支持力度。对返乡创业人员给予培训、房租水电物业等补贴，对返乡创业培训示范基地、示范县、示范园区和示范项目实施定向减税和普遍性降费政策，并给予奖补。河南、四川都设立了返乡创业投资基金，吸引社会资本参与，委托专业化团队管理，着力补齐资金短板。二是创新返乡创业的担保贷款政策。各地将农民工纳入创业担保贷款政策扶持范围，通过优化审批流程和财政贴息等措施，鼓励金融机构向返乡创业人员发放担保贷款。截至 2016 年底，河南、四川累计发放创业担保贷款分别达 861 亿元、282 亿元。三是拓展信贷融资渠道。鼓励金融机构改进金融服务，创新金融产品，加强对返乡创业的信贷支持。四川省通过建立小微企业信息化信用体系，引导金融机构加大对返乡创业企业等信贷投放力度，搭建基于互联网的融资对接和信用信息共享平台，帮助小微企业解决融资难题。河南省新乡市推行"政策贷款＋商业贷款"组合模式，在创业担保贷款基础上，返乡创业人员可再申请一笔 20 万元的商业贷款，2016 年全市新增返乡创业贷款 4.1 亿元。

第三，依托优势资源。河南、四川两省发展返乡创业均紧紧围绕当地资源优势，以当地自然资源为基础，以外出农民工等人力资源的产业分布为依托，着力打造特色优势产业集群。河南省鹿邑县打造化妆刷产业集群，依托的是当地两大优势：一个是近 40 年尾毛加工的历史传统，另一个是国内化妆刷行业从业人员 80% 以上均为鹿邑人。河南省汝州市有 5 万多人在全球机绣纺织中心浙江柯桥办厂或打工，该市充分利用这一优势，累计引回 160 多家机绣企业、1300 余条生产线和近万名产业工人，正在成为全球新的机绣纺织中心。河南省平舆县吸引返乡创业人员发展防水工程产业集群，依托的也是当地外出农民工占全国该行业从业人员 1/3 的优势。四川省仁寿县则依托国家 4A 级黑龙滩风景区、三岔湖仁寿景区和天府花海观光农业园区等旅游资源，组织返乡农民工大力发展都市近郊观光旅游农业，已创办家庭农场 525 家，星级农家乐 35 家，2016 年实现旅游收入 69.5 亿元。

第四，健全城市功能。良好的生态环境、完善的基础设施、便捷的公共服务，是企业安心返乡、放心创业的重要保障。河南、四川两省在吸引农民工等返乡创业的过程中，重视基础设施和公用事业建设，着力提升城市道路、市政设施、通信网络等覆盖范围和服务质量，完善教育、医疗、养老、文化等公共服务体系，加强市容市貌管理和生态污染整治，为返乡创业者打造良好的生产生活环境。河南省汝州市在城区新建了 26 所中小学、幼儿园，优先保障农民工子女入学；实施 17 个棚户区改造项目，合理调控房价，让返乡农民工能够住有所居。河南省鹿邑县实施黑臭水体综合治理，新建 50 个街头公园、12 个商贸综合体、6 所中小学和 3 座三级标准医院，不断完善城市功能，提高吸纳承接能力。四川省仁寿县投资 32.5 亿元建设由中央水体公园、仁寿城市湿地公园、文化公园、响水六坊公园组成的城市水体文化长廊，开发建设城市商业综合体，既为返乡农民工提供了新的投资和就业机会，也改善了城市生态环境，优化了配套服务，增强了对返乡创业者的吸引力。

第五，强化精神激励。长期以来，农民工属于相对弱势群体，对社会的尊重认同有着强烈渴望。河南、四川两省针对农民工的这一诉求，注重健全精神激励机制，着力提升返乡创业农民工的社会地位，增强其荣誉感和自豪感。一是宣传表彰先进。广泛评选和隆重表彰返乡创业中涌现出来的先进个人、先进企业和先进集体，引导全社会尊重、关爱和支持返乡创业，激发广大外出务工人员返乡创业热情。四川省眉山市每年召开创业明星、创业新星表彰大会，先后表彰优秀返乡创业者270名，发放奖金500多万元。二是给予政治荣誉。将优秀返乡创业人员推荐为党代表、人大代表、政协委员等，让他们在政治上受尊重，精神上有荣誉，社会上有地位。河南省新县有200多名返乡创业人员相继被选为市、县、乡党代表、人大代表和政协委员，促进了返乡创业的蓬勃发展。

### 三、当前农民工等返乡创业面临的主要问题

从调研情况看，农民工等返乡创业尚处于起步阶段，在规模迅速扩大、发展势头整体良好的同时，也存在一些亟待克服的困难和障碍。

一是融资渠道狭窄。资金不足是农民工等返乡创业面临的最大瓶颈。农民工创业企业普遍规模不大、实物资产较少、抗风险能力较弱，在缺乏抵押物、没有担保机构或担保基金分担风险的情况下，银行发放创业贷款的积极性普遍不高。目前尽管有政府创业担保贷款支持，但往往需要有财政直发工资人员做担保，有的农民工难以找到合适的担保人。另外，中西部地区财政普遍困难，政府对农民工等返乡创业的资金支持非常有限，远远无法满足发展需要。

二是人才支撑不足。改革开放以来，从普通工人、大中专毕业生到高级技术人才，均存在"孔雀东南飞"现象，中西部地区人才存量严重不足。农民工等人员返乡创业的地点又大多位于

县城或村镇，工作条件、工资待遇、生活环境等都缺乏足够吸引力，外地人才不愿来、本地人才又留不住。在调研中，很多返乡创业者反映，企业生产、管理、营销等人才和熟练工人均存在较大缺口，制约了企业的生产经营和持续发展。

三是产业配套缺失。内陆地区中小城市工业化水平不高，上下游配套产业的发育度低，许多零部件和生产服务仍需要从沿海发达地区采购，导致农民工返乡创业生产经营成本很高。河南省新县的一家玩具厂反映，当地没有玩具配套产业，像螺丝帽等零部件都要跑到广东佛山采购。同时，中西部地区交通基础设施落后、物流业不发达，由于零部件大量外购、产品销售又主要面向发达地区和国际市场，返乡创业企业的物流成本大大高于沿海发达地区。

四是基础设施和公共服务落后。与沿海发达地区相比，一些中西部中小城市基础设施落后，就学、就医、养老等公共服务水平较低。尽管有的市县在这方面较为重视，设施条件得到了明显改善，但其他地方的情况都普遍不理想，不少县市甚至连一所高水平医院都没有。外出农民工等人员长期在沿海发达地区生活，对一些中西部中小城市基础设施和公共服务的落后不便已不适应，这在很大程度上限制了部分外出人员回乡创业的积极性。

五是政策扶持效力不高。首先是概念界定不清晰。目前相关政策中对于"返乡"的定义比较模糊，各地执行政策的边界不统一，窄的只限于原籍农村，宽的则覆盖到户籍所在的地级市，影响了政策落实的公平性和覆盖面。其次是碎片化严重。近年来国家支持创新创业的资金很多，包括中小微企业发展资金、科技创新资金、大学生创业基金、青少年创业基金等，但这些资金分散在不同部门，缺乏统筹协作，无法形成合力。再次是落实不到位。尽管国家和地方出台了很多支持返乡创业的政策，但缺乏具体实施细则，针对性、操作性不强。河南省内一项调查显示，超过 1/3 的农民工创业者认为自己没有享受到有关扶持政策。

### 四、推进农民工等返乡创业工作的对策建议

第一，进一步明确返乡创业在工作全局中的战略地位。农民工等返乡创业工作关联度高、综合性强，关系到城乡区域协调发展、农村脱贫攻坚和社会安定等方面，现在正呈现良好发展势头。农民工等返乡创业符合国内产业梯度转移趋势，空间大、潜力足，发展前景广阔。建议进一步明确返乡创业在工作全局中的战略地位，切实提高思想认识，搞好顶层设计，健全促进政策，强化督促落实，加快返乡创业发展，并最大限度发挥其在经济社会发展中的综合效应。

第二，完善返乡创业的配套政策体系和运行机制。在企业创办、用地、税收、金融、财政、人才、技术创新等方面出台具体支持措施并明确适用范围，形成相互配套、互相补充的创业扶持政策体系。以《鼓励农民工等人员返乡创业三年行动计划纲要（2015—2017 年）》为基础，制定农民工等返乡创业的专项发展规划，并与《"十三五"促进就业规划》等相衔接，提出返乡创业企业数量、就业人数、创业贷款、公共服务等目标任务，纳入目标管理并明确牵头部门和责任单位。加强发改、农业、人社、住建等涉及返乡创业工作部门的统筹协调，避免各自为战，形成工作合力。

第三，多措并举解决融资难题。建议设立中央财政支持农民工返乡创业引导资金，加大对返乡创业的资金支持力度，同时把对高校毕业生和就业困难人员的优惠政策扩大到农民工等返乡

创业群体。加强农村信用体系建设，推进农村"两权"抵押贷款试点，放宽返乡创业人员贷款抵押物范围，健全农村信贷担保体系，努力解决返乡农民工创业贷款中"担保难、抵押难"问题。鼓励商业银行、尤其是农村信用合作社等大力发展普惠金融，向返乡创业人员提供低息或无息贷款，特别是要尽量保障农民工等在返乡创业初期有稳定的资金来源。持续推动农村金融产品和服务方式创新，鼓励金融机构"量身定做"特色金融服务，满足返乡创业者的多样化金融需求。

第四，在国家层面开展返乡创业典型的宣传表彰活动。荣誉奖励、政治待遇等精神鼓励对于返乡创业人员的激励效果十分明显，一些成功的创业故事往往引起口口相传，激发起更多人的创业热情。建议参照各地成功经验，组织开展国家层面的表彰奖励活动，评选国家级"农民工返乡创业之星"，广泛宣传成功创业典型，讲好群众身边的创业故事。同时，在全国人大代表、政协委员中适当增加农民工返乡创业成功人士的数量，让返乡创业人员充分感受到国家层面的政治荣誉感和社会认同感，推动形成全社会支持返乡创业、尊重返乡创业者的良好氛围。

第五，加大对中西部地区中小城市公共设施建设的支持力度。基础设施落后、公共服务质量不高，不仅是当前不少中西部中小城市经济社会发展中的一个短板，也是吸引农民工等返乡创业的一大制约。建议中央财政进一步加大对内陆地区中小城市基础设施和社会公共事业建设的支持力度，在规划制定、政策扶持、项目审批核准和资金安排等方面给予适当倾斜。同时，出台符合中西部地区中小城市特点的 PPP 政策，注重健全投资风险防范机制，尤其要禁止"新官不理旧账"行为，增强对社会资本参与城市基础设施和公用事业建设的吸引力。

# 关于城市地下综合管廊建设的分析及建议

李宏军　李逸浩

　　城市地下综合管廊是科学利用地下空间、筑牢城市"里子"、提高城市发展水平的重大基础工程，在我国尚处于起步阶段。近期，我们在借鉴国际经验的基础上，就城市地下综合管廊建设情况，进行了调研分析，并提出有关政策建议。

## 一、城市地下综合管廊建设的基本情况

　　城市地下综合管廊，又称"共同沟"或"综合管沟"，可以"立体式"布置电力、通信、给排水、热力、燃气等市政管线，是加强城市基础设施建设的重要举措。推进城市地下综合管廊建设，不仅有利于保障城市安全、完善城市功能、美化城市景观，逐步消除"马路拉链""空中蜘蛛网"等问题，而且有利于带动有效投资，扩大公共产品供给，促进城市集约高效和绿色发展。

　　城市地下综合管廊源于 19 世纪的欧洲，至今已有 180 多年的历史。1958 年我国在天安门广场改造工程中建设了第一条地下综合管廊。但就全国而言，一直发展缓慢，到 2000 年全国建成管廊总长度仅 20 多公里。近年来，党中央、国务院高度重视城市地下综合管廊建设，连续两年将其列入《政府工作报告》任务

目标，提出每年开工建设管廊 2000 公里以上，中央财政累计支持近 180 亿元。截至 2017 年 7 月份，全国已建成管廊 997 公里，在建管廊超过 3000 公里，管廊建设城市已由 2015 年底的 28 个快速扩大到现在的 203 个，另有 250 多个城市正在规划建设。

通过这几年的实践，各地普遍反映管廊建设避免了线路铺设的反复施工，减少了维护成本，实现了"一次投入、长期受益"，提高了管线安全保障水平。比如，去年"莫兰蒂"台风对沿海地区架空的电力、通信线路造成重创，而入廊管线却安然无恙。这进一步加深了城市政府对推进管廊建设重要性的认识，增强了行动自觉。在实践中，各地也探索出了一些好的做法。有些城市结合"多规合一"，更加重视规划建设统筹。建立部门间工作协调机制，统筹各类管线综合规划，推动管廊建设与道路建设、地下空间开发、地铁建设、海绵城市建设等相衔接，实现了地上发展与地下开发一体化推进。有些城市结合投融资体制改革，主动吸引社会资本参与。将推广运用政府和社会资本合作（PPP）模式作为重要举措，探索出管线单位入股、施工企业入股、管线单位＋施工企业入股等多种模式。据统计，在目前 25 个试点城市的管廊建设项目中，PPP 模式占比达 86%，带动社会投资 700 多亿元。

面向未来，城市地下综合管廊建设潜力巨大。随着城镇化深入推进和社会文明程度的不断提高，人们对城市功能和地下空间开发要求越来越高，对"下水道是一个城市的良心"的认识日益加深。有专家分析，我国城市地下综合管廊建设将进入快速发展时期。事实上，这方面与发达国家相比差距仍然很大。比如，北京、上海的管廊长度只有一二十公里，而东京有 126 公里、莫斯科有 130 公里。无论是增量新建还是存量改造，我国管廊建设任务都很重。在新增道路配套建设上，去年全国新增城市道路超过

1 万公里，其中干道超过 3000 公里，如果所有新增干道配套建设管廊，这个量不算小。在存量道路改造上，截至 2016 年底，全国城市道路超过 37 万公里，每年若按 1% 比例改造并配套建设管廊，建设长度将超过 3000 公里。

### 二、城市地下综合管廊建设中存在的问题

总体上看，我国城市地下综合管廊建设具有明显的尝试性特征，存在一些值得重视的问题。据反映，主要有三个方面。

一是民间资本进入难。城市地下综合管廊一般设计寿命在百年左右，带有公共产品性质，投资大、回收周期长、收益率较低。民营企业融资成本相对较高，一般不愿进行长期投资，这是民间资本较少进入管廊建设的主要原因之一。与此同时，相应法律法规缺乏有力支持，管廊有偿使用制度和产权登记政策不明确，入廊和运营收费机制没有建立起来，导致民间资本准入有门槛、运营有困难、收益没保障，"想进的进不去""能进的不愿进""已进的不踏实"。从已有管廊建设项目看，虽然采用 PPP 模式较多，但民间投资比例却不高。

二是入廊协调难。目前市政管线建设管理由众多部门承担，而且各自独立，缺乏有力协调机制，管廊建设管理也没有设立统一的主管部门。电力、通信、燃气等都有自己的专业管线公司，已自成体系，协调入廊难度较大。虽然有关文件规定，"城市规划区范围内的各类管线原则上应敷设于地下空间，已建设地下综合管廊的区域，该区域内的所有管线必须入廊"，但在具体操作中难以有效落实。据反映，地方电网公司架设电力管线属于固定资产投资，而一旦入廊就变成了租借费用，财务列支发生变动。电力管线是管廊使用的大头，占总费用的 30%—40%，这些看似

微小的"细节"，有时就成了阻碍管线入廊的"大山"。对于天然气等管线，由于入廊技术标准要求严，建设成本较高，入廊费用也较高，相关企业不愿入廊。

三是资金筹措难。城市地下综合管廊建设一次性投入高，据测算每公里平均成本约为1亿元，地方普遍反映资金压力较大。近期，有关部门为规范地方债务，明确政府购买服务范围不包括管廊工程项目，进一步加大了各地资金筹措压力。目前，中央支持管廊建设的资金主要有两部分：试点城市专项资金和抵押补充贷款（PSL）。从试点城市专项资金看，2016年中央财政预算专门安排了三年期补助资金，支持25个试点城市的管廊建设；补助资金数额按城市规模分档确定，直辖市每年5亿元，省会城市每年4亿元，其他城市每年3亿元。这种定额分配的方式，不利于调动各地多干多得的积极性。从抵押补充贷款看，相对于每年2000多亿元的管廊建设投资总量，政策性信贷额度仍显偏少。此外，PSL资金使用也存在一定的结构性问题，很多需要资金支持的中小城市，往往限于财政预算"天花板"，申请难度较大；而一些财政收入充裕、符合条件的大城市，受PSL资金申请程序繁杂的影响，宁愿从当地城市商业银行或国有商业银行融资，而不愿申请利率更低的PSL贷款。

### 三、发达国家建设城市地下综合管廊的主要做法

早在19世纪，法国、英国、德国等国就开始兴建城市地下综合管廊，到20世纪，美国、日本、俄罗斯、西班牙等国也开始建设。经过100多年的实践和改良，发达经济体在管廊规划设计、施工技术、运营管理等方面积累了丰富经验，探索出多种成功模式。概括起来主要有三种。

一是多主体合作的日本模式。1926 年日本在东京市中心开始建设第一条地下综合管廊，1962 年日本政府宣布禁止开挖道路，随后在 1963 年制定出台了《关于建设共同沟的特别措施法》，1993—1995 年进入管廊建设高峰期。日本是世界上城市地下综合管廊建设最快、规划最完整、法规最完善、技术最先进的国家，其经验可归纳为三点。首先是立法优先。日本以法律形式明确必须建设管廊的城市道路范围，以及管廊建设的管理主体、管理流程等；规定管廊的相关费用，重点明确建设费、维护管理费的分担原则与计算方法，以及中央、地方政府的政策性补贴、收入归属等。其次是整体规划。日本确立了专门的管廊管理部门，由都市建设局统一制定规划和方案，并将管廊与地铁、综合体等地下工程统一纳入城市地下空间规划，形成共同化、综合化发展，这也是日本地下空间利用的主要特征之一。再次是共筹资金。地下综合管廊的建设资金由道路管理者和各管线单位共同承担，其中后者承担全部工程费用的 2/3 左右。管廊的后期运营管理，由道路管理者与各管线单位共同参与。在政府出资方面，国道地下的管廊建设费用主要由中央政府承担，地方道路地下的管廊建设费用由地方政府承担，同时明确地方政府可申请中央政府的无息贷款。

二是定位公共产品的欧洲模式。欧洲是地下空间开发利用的先行者，城市地下综合管廊建设起步较早，至今已形成相当大的规模。最为典型的城市是法国巴黎，1833 年开始建设世界上第一条地下综合管廊，目前管廊长度超过 2000 公里，并形成与地铁、地下商场、地下博物馆并存的巴黎"地下城"，已与市民日常生活融为一体。在工程建设上，由于欧洲国家着手早，初期建设费用不高，而且城市地下综合管廊大多被视作公共产品，其建设费用由政府承担，建成以后产权归政府所有。比如英国伦敦，目前已建成管廊 20 多条，经费完全由政府筹措，产权也归伦敦市政府所有。在运营管理上，政府主要采用出租的形式回收部分投资，国家对租金数额没有明确规定，每年也不固定，而是由管廊所在地议会决定。类似于日本模式，欧洲模式也有较为完善的法律体系作保障，通过法律程序以及行政约束来保证管线必须入廊。

三是明确分工的新加坡模式。20 世纪 90 年代末，新加坡在滨海湾开始建设城市地下综合管廊，全长 3.9 公里，集纳了供水管道、电力和通信电缆，还有垃圾收集系统。新加坡管廊建设运营的分工很明确，国家发展局作为唯一业主，主要负责建设资金筹措；市区重建局作为管廊的政府代表，负责管廊建设与质量管理；有政府背景的 CPG 公司是管廊运营管理唯一的主导公司，负责运营管廊内设备并收取费用。新加坡管廊的建设费用由政府全部承担，入廊单位分担运营与维修费用。管廊运营与维修费用又分为固定费用和特例费用两部分，固定费用根据管线单位所占管廊空间的大小，在每月平摊费用的基础上进行微调，特例费用根据管线单位的使用情况而定。

总体来看，各国在推进城市地下综合管廊发展上，建设前大都有科学的规划论证和完善的法规支持，建设中政府资金起到了重要作用，后续运营管理则由多方共同参与。

### 四、推进我国城市地下综合管廊建设的建议

第一，进一步完善管廊建设运营制度和政策。借鉴国外经验，加快我国城镇地下管线管廊立法进程，明确管廊产权登记等政策措施。健全管线入廊、运营等收费和价格政策，确保项目有

合理稳定收益。着力破除市场准入壁垒，规范合作关系，保障社会资本方利益，吸引民间资本在内的社会资本共同参与管廊建设。创新投融资模式，鼓励各地积极引入 PPP 模式，探索移交—运营—移交（TOT）、建设—运营—移交（BOT）、建设—移交（BT）等多元化管廊建设运营模式。在总结现有试点经验的基础上，进一步扩大管廊试点城市范围。

第二，加大管廊建设资金支持力度。在城市地下综合管廊建设初期，中央财政资金的引导和撬动作用尤为重要。有专家认为，中央资金的有效投入，既能缓解地方资金筹措难的实际问题，又能给社会资本以信心，是持续推动管廊建设的关键。建议进一步加大中央财政资金投入，参照棚户区改造方式，适当提高管廊建设对地方的补助比例。调整中央资金补助方式，依照"多干多得"原则，按照管廊建设公里数补贴。扩大 PSL 授信额度，改善服务水平，进一步加大政策性信贷支持。

第三，加强管线入廊统筹协调。坚持规划先行，根据城市定位和发展目标，提前做好城市地下空间利用规划，因地制宜布局管廊建设。按照增量不拖欠、存量加快推的原则，重点推进城市新区、各类园区、成片开发区新建道路的配套管廊建设，切实提高配建比例。严格法规和政策要求，已建设管廊的区域，该区域的所有管线必须入廊。建立健全管线入廊协调机制，加强顶层设计与协调，加快制定天然气、污水等管线入廊技术标准，明确管廊消防审批或备案程序。根据实际需要确定标准和安全要求，既不能定得过低而影响工程质量，也不能定得过高导致成本大幅上升而妨碍管线入廊。修订电网企业财务办法，解决电力线路入廊难问题。优先鼓励入廊管线单位参与组建管廊项目公司，更好调动管线入廊积极性。借鉴国外经验，综合考虑管线占用空间、维护成本、运营状况等各种因素，合理确定管廊运行费用分担比例。

第四，创新管廊落地推进机制。明确城市政府是管廊建设管理工作的责任主体，强化绩效考核，加强督查问责，探索奖励和约束并行的奖惩机制。在分配各地管廊建设指标时，创新思路和方式，既考虑各地自主申报的实际情况，又要统筹全国管廊建设的总体任务，明确地方管廊建设主管单位、建设单位、使用单位等各方权责，避免互相推诿。各地管廊建设项目统一列入全国城市地下综合管廊建设项目信息系统，以便跟踪评估，避免"只开工、不收工"现象。

# 大运河保护和管理工作亟待加强

马志刚　刘学谦　詹文宏　李赶顺　杨多贵

横贯南北的中国大运河是老祖宗留给我们的宝贵遗产，海内外闻名遐迩，但至今为止却没有围绕运河形成一条有影响力的文化带、经济带。近期，我们走遍大运河两岸 8 个省、直辖市的 58 个遗产点和主要河段，通过座谈会、实地考察等形式对其保护、开发和管理状况进行了调研，从一个侧面对这个问题有了初步认识。现将主要情况汇报如下：

## 一、大运河保护、开发和管理总体状况不容乐观

2014 年 6 月大运河正式列入世界文化遗产以来，运河沿岸掀起了一股保护与开发热潮，极大地促进了各界对运河文化遗产的价值认同，一些河段和遗产点发挥出较大的社会价值和经济效益。但同时在调研中也发现了一些值得高度重视的问题。

规划碎片化问题突出。目前各地保护、开发和管理基本上属于"切段式"的。沿岸大部分省市县，几乎一个地方一套办法，城城有规划、县县有方案，甚至一届政府一个思路。京津冀段大运河，本是南北运河的主要流经地和交汇点，是三地共兴共荣的联心之河。但三地之间并没有形成有效的协调机制，尚处于"各

132

扫门前雪"状态。开发碎片化也非常明显。运河申遗成功后，旅游成为热线，但眼下主要仍是"点状游"，远没形成运河的"全域游"。运河文化的挖掘、展示碎片化问题同样严重。目前沿岸城市对运河历史文化的挖掘，大都停留在本地化上，运河文化带在现实中仍是一条被割裂的文化带。

轻保护问题突出。片面重视经济开发、忽视对历史文化资源的挖掘和保护，是大运河全流域面临的共性问题。甚至一些地方，完全根据开发需要来确定保护什么、不保护什么，建设什么、不建设什么。不少经济欠发达地区，更是出现了"世界级文化遗产，村镇级保护水平"的现象。在南运河某段的分洪闸北侧，有清乾隆御题石碑一座，保护措施仅是当地村民垒起的几块砖。在山东聊城举行的座谈会上，众多专家都呼吁，这样长此以往搞下去，不仅会削弱大运河的历史文化价值，还会摧毁其本身固有的经济功能和由此带来的比较优势。

环境污染问题突出。一些运河沿岸地区申遗成功后，放松了管理，向运河倾倒垃圾、排污现象再现，并有加重迹象。受访居民称能经常见到有多条排污口向运河汇集，使得部分河段水质较差。据某地环保局2016年12月15日数据，该地某段北运河水质属于Ⅴ类水质，仅适用景观用水，连养鱼的水质要求都达不到。污染问题还与断流问题交织叠加，某地200多公里运河基本断流。当地居民抱怨说，这里的河段要么没水，要么成了人人避而远之的"臭水沟"。

管理体制不健全问题突出。在调研过程中我们发现，作为"活态"遗产的大运河缺乏一套完善、科学的分工保护管理体制，运河遗产保护属于文保部门，管理属于水利部门，开发和受益却又更多属于当地，保护、开发和管理之间存在管理理念、利益驱动等现实矛盾与冲突。有水利部门的同志表示，从运河作为正在使用的水利工程角度说，对河道改造、拓宽，实施弯道取直，是必要的；但该地文保部门同志则认为，作为世界文化遗产，对运河河道的改造、取直，是绝对不可以的。

**二、造成大运河保护、开发和管理困局的主要原因**

大运河在保护、开发和管理过程中出现的问题，各方面认为主要是由以下原因造成的：

**认识和经验不足。** 各地对大运河遗产的历史文化价值认识不足、重视不够，结果"身在宝山不识宝"。北京市作为京杭大运河段的起点城市，明确提出要建设"大运河文化带"，杭州市也提出了相似的战略，并取得初步成效，但还没有上升到国家战略层面。而且，大运河作为"活态"的世界文化遗产，无论是申遗还是之后的保护，在国内都没有现成做法可循，各地普遍缺乏经验。

**政策法规滞后。** 重视对运河文化遗产的申遗，忽视申遗成功后的政策法规跟进，是引发上述问题的另一个重要原因。大运河申遗前，国家制定了"大运河遗产保护与管理总体规划"，但申遗后文化遗产数量迅速增加、覆盖面更加广泛，规划中的有些内容已跟不上形势的变化。这几年来，国家并没有出台相关的政策措施。

**统一协调管理机制缺位。** 大运河沿岸省市县都建立起了河长制，但是国家层面还缺乏一个总协调机制。申遗时国家13个部门和有关省市齐心协力，申遗成功后谁来统一协调管理并没有明确，导致基层运河保护出了问题，不知道找谁管。地方各自为政，独立开发，主观性、随意性强，缺乏整体性、全局性。我国也没有设立专项大运河文化遗产保护基金，致使很多保护措施不专业、不到位，保护水平参差不齐。

### 三、强化顶层设计破解发展难题

保护好、利用好大运河资源，是关系中华文明传承延续的一件大事，在经济上也具有重要意义。专家学者建议，要更多从顶层设计层面来部署大运河的保护、开发和管理。

加快制定国家层面的大运河保护、开发和管理指导性文件。专家学者大都认为，大运河作为"活态遗产"不同于一般的古建筑、古遗址，而且涉及地域众多，应以党中央、国务院名义制定相关保护、开发和管理的指导意见，明确管理的原则、保护的标准、通航的条件、开发的强度和总体方向。从整体上制订弘扬大运河文化的发展战略，依照运河遗产点，合理布局历史文化景观，全面展示大运河历史，着力把大运河沿岸建设成中华文化复兴的标志性展示带、文化强国的先行示范带。将独一无二的大运河文化，渗透、融合到文化创意、文化设计、文化体验、文化旅游之中，转化为发展和振兴文化产业的核心竞争力，培育国际黄金旅游带。大力推进绿色运河、生态运河建设，着力把大运河建设成天蓝水清的生态廊道和绿色长城。同时，尽快修订原有遗产保护规划，以适应大运河保护需求的变化。

推动大运河保护、开发与区域政策的协调配合。针对京津冀段存在问题较多，应把京津冀运河保护、开发纳入京津冀一体化发展总体规划。通过建立定期协调机制，重点解决好三地运河沿岸城市的跨域合作问题，挖掘、保护以大运河为核心的历史文化资源，改善运河河道水质，加强运河水环境保护，逐步实现京津冀段的通水、通游、通航，打造新的运河经济带。

进一步明晰相关部门责任分工。文保部门要对遗产点的保护负总责，层层传导压力，真正做到严标准保护。水利部门要加强对大运河相关水利设施的建设、维护，科学合理修缮、疏浚河道，使大运河水利功能得以充分发挥。地方政府在开发过程中，要坚持把大运河整体定位与地区实际紧密结合，有所为、有所不为，不能为了地方小利毁了运河可持续发展的大利。文保部门、水利部门、沿岸政府之间要密切沟通，建立有效的联席制度和协调机制。

适时设立大运河文化遗产保护基金。设立以社会募集、捐赠为主要资金来源的遗产保护基金，是国际上的通行做法。大运河是中华民族历史上的南北联通之河、团结之河。通过运河文化遗产保护基金的筹集，不仅能使运河遗产保护有了资金保证，更重要的是通过这项活动，让每个中国人知运河、爱运河，增强中华民族的凝聚力。

# 当前我国引进外资面临困难多挑战大
# 应通过"四优"扩大开放遏制增长持续下行

牛发亮

　　近年来，受世界经济复苏乏力影响，全球跨国投资普遍下降，我国加上要素成本上升、前些年招商引资政策调整，当前利用外资形势也日趋严峻。2016 年，我国实际利用外资同比增长 4.1%。2017 年上半年同比下降 0.1%。其中，1 月份下降 9.2%，2、3 月份连增两个月后，4、5 月份再度转跌，分别下降 4.3%、3.7%，6 月份又略有回升。如果以美元计，2016 年我国利用外资增速已由正转负，即下降 0.21%。2017 年 1 月、前 2 个月、一季度、前 4 个月、前 5 个月、上半年分别增长 -14.75%、-8.05%、-4.53%、-5.68%、-6.2%、-5.4%，始终处于负增长区间。利用外资是我国引进资金、技术和管理、扩大有效投资的重要途径，也是反映投资环境甚至影响人民币汇率的重要因素。如果不尽快扭转这种下行态势，将会影响外商投资信心和对未来预期，进而带来连锁反应，影响我国宏观经济向好以及结构转型升级大局。我们研究认为，我国仍处于新型工业化、城镇化快速发展时期，人力资源丰富、基础设施完善、产业配套体系完备、市场空间巨大，尤其是东中西部和东北地区吸引外资具有很强的互补性，建议发挥独特优势，通过

"四优"，即优布局结构、优平台载体、优利用方式、优营商环境，既防止现有外资向外转移，又持续扩大新引进规模，着力打造全球外商投资的热土。

### 一、当前我国引进外资面临的困难和挑战

近年来，世界政治经济格局发生深刻变化，全球跨国投资呈现新动向，我国利用外资增长面临发达国家"高端回流"和其他发展中国家"中低端引入"双重竞争以及其他诸多困难。突出表现在以下方面。

（一）全球对外投资未来总体将保持低增长态势。当前，逆经济全球化思潮抬头，美欧保护主义抬头，贸易投资自由化便利化遭到挫折。全球对外投资呈现两大特点：一是国际投资政策制定十分活跃。各国新出台促进投资的政策每年达 100 项左右，对跨境投资产生影响的其他政策更为广泛，同时各国还在积极商签新的国际投资协定。据有关统计，目前，正在谈判的投资协定超过 50 个，共涉及 100 多个国家。这都对外国投资经营环境带来重要影响。二是国别投资政策呈现二元化趋势。一方面继续走向投资自由化和便利化，另一方面对外资加强监管和进行限制措施增多。比如，2016 年约有 58 个国家和经济体采取至少 124 项投资政策措施，大部分都以投资促进和自由化为目标，但 1/5 引入了新的投资限制。同时，全球主要经济体宏观经济政策不确定性和地缘政治风险可能会阻碍 FDI 复苏，外资进入模式则由绿地投资向跨境并购转变，预计未来全球对外投资难有大幅增长。

（二）发达经济体吸引外资的主动性增强。国际金融危机后，发达经济体纷纷制定鼓励外资流入政策。比如，美国从减税、简化监管、降低能源价格三方面入手，同时叠加对贸易协定的重新

谈判，增强对本国制造业出口的贸易保护，吸引资金回流美国制造业。英国近期批准进一步下调企业税政策，承诺到 2020 年将企业税降至 17%。法国表示将继续推动减税立法。荷兰公布了税改方案。这些措施将使全球对外投资更加青睐发达经济体。联合国贸发组织报告显示，2016 年发达经济体在全球 FDI 流量中所占份额提升至 57%，美国为最大 FDI 接受国，外资流入达 3850 亿美元，其次为英国，外资流入量达 1790 亿美元。预计在跨境并购增长而绿地投资低迷的背景下，FDI 由发达经济体向发展中经济体单向流动的趋势将发生根本转变，呈现出发达经济体内部 FDI 流量重构、发达经济体向发展中经济体流动、发展中经济体向发达经济体回流等趋势并存的新局面。

（三）发展中国家吸引外资的竞争优势增加。近年来，印度、越南等发展中国家不断完善基础设施，优化营商环境，制定优惠政策，加之其廉价劳动力优势，对跨国资本的吸引力不断提高。比如，印度开放了外商对民用航空事业 100% 直接投资，并降低国际航空公司准入门槛；允许外企在无需政府事先批准情况下持有成熟医药项目 74% 的份额，并允许外商对新建制药企业 100% 持股。这些国家吸引外资以劳动密集型和资源密集型为主，与我国形成明显竞争关系。部分跨国公司考虑到分散风险需要，开始重新估算全球布局。日本贸易振兴机构调查显示，30% 在华经营公司已重新评估其扩展计划，采取所谓"中国 +1"战略，即在亚洲其他国家另外建厂。从 2016 年看，印度已经成为亚太地区外商投资最活跃国家，而东南亚国家正在吸收着从中国转移出去的劳动密集型产业，比如越南 FDI 增长 60.8%、孟加拉增长 161%、柬埔寨增长 37%，虽然这些国家在吸引外资总量上与我国还有很大差距，但增量的加速扩大必将给我国带来竞争压力。

（四）我国劳动力等传统低成本优势削弱。改革开放以来，我国对外资吸引力主要来自劳动力、土地等低成本优势。但近年来我国劳动力成本、房价不断上升，也抑制了外资进入劳动密集型制造业。美国波士顿咨询公司2014年发布的《全球制造业的经济大挪移》报告从人工工资、劳动生产率、能源成本、汇率水平四个方面，对全球出口量排名前25位经济体的制造业成本进行了量化分析，报告以美国为基准指数（100），测算出中国制造成本指数是96，韩国为102，台湾地区为97，泰国为91，印度为87，印尼为83。全球著名德勤会计师事务所发布的《2016全球制造业竞争力指数报告》显示，由马来西亚、印度、泰国、越南、印尼组成的"强力五国"正通过低廉劳动力等优势替代我国成为全球低成本制造业基地，并将在2020年进入全球制造业竞争力前15强。此外，美国经济学人发布的《中国制造业劳动力成本分析报告》预测，2019年我国制造业每小时劳动力成本将分别达到越南的1.77倍、印度的2.18倍。

（五）我国营商环境亟待进一步完善。近年来，我国通过深化"放管服"改革，营商环境有了很大改善，但外企对在华投资仍心存顾虑。据中国美国商会通过对在华运营的462家外资企业调查后形成的《2017年度中国商务环境调查报告》显示，将中国列入全球前三投资目的地的会员比例降至56%，远低于2012年的78%。其中，约有1/3受访公司表示，他们2017年不会在中国加大投资，39%受访企业表示他们投资涨幅将低于10%。目前仍在中国进行经营的受访会员企业中，绝大多数表示目前中国环境不利于投资，80%的外资企业表示受欢迎程度不如从前。2017年5月31日，中国欧盟商会也发布了《商业信心调查2017》，报告显示虽然61%的企业认为中国在其全球战略中的地位越来越重要，但仍有超过半数企业对在华投资环境表示失望，认为受欢迎程度降低，半数企业认为受到歧视性对待。

## 二、遏制我国利用外资下行的对策建议

当前，我国吸引外资政策正处于从传统体制向基于负面清单的管理体制、从以优惠政策为主向投资便利化为主的重要过渡期。面对利用外资增长持续下行局面，应主动适应全球对外投资新趋势，既不折不扣落实好国务院引进外资 20 条政策，在放宽准入、提高外资股比限制上取得更大突破，又发挥我国独特比较优势，加强顶层政策设计，形成引进外资的多方合力。具体建议如下。

（一）优布局结构：统筹全国利用外资空间布局和结构。东中西以及东北四大板块发展阶段不同，比较优势互补性强，建议加强差异化政策设计，在引进外资上实现多方协同，防止外资向外转移。一是提高东部地区引进外资能级。加大对东部信息服务、研发设计、信息服务、旅游会展等领域政策倾斜，扩大跨国公司外汇资金集中运营管理、跨境人民币结算、外资企业外汇资本金结汇管理方式等改革试点范围，大力吸引跨国公司地区总部、投资性公司、研发中心、结算中心、共享服务中心等区域总部及功能性机构集聚，提高东部地区在全球价值链中的地位。二是增强中西部地区对外商投资吸引力。绘制中西部产业电子地图，在中西部布局建设一批产业转移承接基地，围绕发挥产业基础、资源禀赋、人力资源等比较优势，因地制宜制定具有较强区域和行业针对性的招商引资政策，进一步增强对外资的吸引力。三是建立外资企业跨区域转移对接平台。建立全国外商投资企业生产经营大数据平台，加强对不同区域外资企业运行成本、行业

利润动态监测，通过建立飞地产业园、跨区域外资转移利益分享机制等方式，引导东部劳动密集型企业向中西部具备比较优势的区域转移，促进外资保留在国内，防止向东南亚等发展中国家外流。

（二）优平台载体：提升各类开放载体功能。长期以来，开发区、高新区等是我国利用外资的重要平台，但新形势下由于对接国际高标准投资规则主动性不够，吸引力普遍降低。比如，2017年前4个月，河南省14个国家级开发区实际到位资金3.2亿美元，同比下降28.4%。具体建议如下。一是激活开发区创新转型发展活力。加快修订出台新版《中国开发区审核公告目录》，完善管理制度和政策体系，突出先进制造业、战略性新兴产业、加工贸易等特色，主动对接国际通行规则，建设具有国际竞争力的高水平园区，打造具有国际影响力的园区品牌，进一步增强吸引外资的功能优势。同时，积极探索跨国联合、引入战略投资者等双边合作开发机制，打造一批主体功能突出、外资来源地相对集中的中外合作特色产业园区。二是充分发挥自贸区带动作用。推动已批复自贸区主动对标国际最高标准，积极压减投资负面清单，在提高风险防控基础上，稳步推进银行、证券经纪、基金管理、期货交易、保险、融资租赁等领域向外资开放。三是构建开放综合载体平台体系。推动各地特别是中西部以及东北地区发挥比较优势，布局建设一批高能级特色产业集群或园区，完善产业公共服务体系，形成"开放平台＋产业集群"的外资引进载体，以功能集成优势增强对外资的吸引力。

（三）优利用方式：创新适应产业结构升级的利用外资方式。当前，全球利用外资区域竞争加剧，我国大部分地区传统招商方式已难以适应。建议聚焦国际直接投资和间接投资融合发展新趋势，探索运用新的引资方式，扩大间接利用外资比重。一是鼓励外商投资积极使用各类金融工具。鼓励外商采用证券投资、风险投资、非股权安排等新兴方式在我国开展投资业务，鼓励外资设立创业投资企业和股权投资企业，积极利用境外资本发展创业投资和私募股权投资基金等。二是鼓励外资与国内企业开展战略合作。鼓励外资企业以增资方式扩大投资，吸引外资以参股、并购、融资租赁等方式参与国企改组和兼并重组。探索民营企业以海外上市、引入战略投资者和风险资金等方式与外商合资合作，支持国内上市公司与海外跨国公司开展深度合作。三是吸引跨国公司设立投资决策中心。强化"走出去"与"引进来"联动，吸引外商在我国设立对外投资总部和国际营运平台，引导境外投资由以市场拓展为主向跨国经营和战略布局转变。

（四）优营商环境：营造国际化法治化便利化营商环境。建议更加注重优化营商环境和政务服务，推动各地引进外资由依靠传统"政策洼地"向"制度高地"转变。一是加快对接国际化投资规则。对标国际先进水平，持续深化"放管服"改革，依法推进以负面清单管理为核心的外商投资管理改革，保障内外资一视同仁，简化事前审批，强化事中事后监管，实现与国际接轨。二是加强外商跟踪服务。建立外商投资信息报告制度和信息公示平台，做深做细外商落户、手续办理等配套服务，促进部门信息共享，形成外商投资全程服务体系。三是强化知识产权保护。加大对知识产权侵权行为惩治，提高知识产权侵权法定赔偿上限，探索建立对专利权、著作权等侵权惩罚性赔偿制度，提高知识产权侵权成本，给外商吃上"定心丸"。进一步完善快速维权机制，为权利人特别是外资企业提供高效、便捷、低成本维权渠道。

# 四、加大精准脱贫力度

# 小香菇变成扶贫大产业

方　华

　　产业扶贫是贫困人口脱贫致富的基础支撑，也是脱贫攻坚的重点和难点。中央扶贫开发工作会议以来，各地产业扶贫工作取得积极进展。但也有不少地方反映，扶贫产业选择难、发展难，贫困户参与难、龙头企业带动难。如何确保产业扶贫取得实实在在的成效，既需要从实际出发，科学选择产业，也需要精心组织实施，集中突破关键制约。前不久，我们到我室定点扶贫县河南省淅川县调研，发现当地依托香菇这一地方优势产业，大力推进产业扶贫，取得了较好脱贫效果，有些做法值得深入研究总结。

　　淅川县地处豫鄂陕三省交界，是国家扶贫开发工作重点县和秦巴山片区县。全县现有贫困人口6万多人，贫困发生率接近10%，贫困人口多、贫困程度深、脱贫任务重。同时，淅川还是南水北调中线工程的核心水源区和渠首所在地，丹江口水库一半在淅川，保水质、保生态的任务重，产业扶贫选择空间受到一定限制。近年来淅川立足自身特点和环境优势，将水质保护、绿色发展与脱贫攻坚结合起来，短、中、长统筹布局扶贫产业，短线大力发展香菇、蔬菜、光伏产业，争取尽快脱贫；中线以软籽石榴等特色林果业为主，巩固脱贫成果；长线发展生态旅游业等，开辟持续增收门路，为脱贫攻坚打下坚实的基础。

从目前看，香菇产业扶贫成效尤其明显。全县 13 个乡镇香菇种植 3000 万袋，预计产值 2.5 亿元，从事香菇种植的农户 6000 余户，其中贫困户近 3000 户。2016 年淅川全县脱贫 9752人，其中依靠发展香菇种植增收脱贫的近 4000 人，即有 41% 的脱贫人口依靠种植香菇增收脱贫。通过种植香菇，部分淅川贫困人口走上了快速脱贫、稳定脱贫道路。

淅川香菇产业扶贫之所以能取得较好成效，主要有以下几个方面。

（一）因地制宜选择优势扶贫产业。与淅川县相邻的西峡县是全国著名的"香菇之乡"、第一大香菇出口基地县，建有多个大型香菇交易市场，香菇加工、销售配套齐全，为淅川县发展香菇种植提供了稳定的销售市场。淅川农民较大规模地种植香菇已经有十几年的历史，经过长期实践，种植技术日益成熟，农民经纪人上门收购，形成分工细密的流通体系。尽管市场有波动，但区域化、规模化种植，降低了生产成本，表现出较强的竞争优势，成为地方发展的优势产业，十几年来香菇产业始终保持较好的盈利水平。随着居民消费升级，食用菌市场需求有不断扩大的趋势，特别是香菇，作为消费量最大的食用菌之一，国内年消费量已达 700 万—800 万吨，出口外销市场也很广阔，产业发展潜力很大。因此，淅川县将香菇产业作为脱贫攻坚、产业扶贫的重要着力点，全面规划，县里还专门成立了香菇产业办公室，对香菇产业扶贫工作进行全面的指导和多方面的支持。

（二）推进贫困户参与优势扶贫产业发展。贫困户要走上依靠产业脱贫致富的道路，最基本的是要立足自有资源。大多数贫困户的资源，一是耕地、林地、宅基地，二是自己的劳动力。而这些都是发展香菇产业所必须的。从土地资源看，淅川作为山区、库区，人均耕地少，靠生产粮食很难脱贫，农村的山地、宅基地又利用不充分。从劳动力看，贫困村青壮年劳动力多数外出打工，留在农村的闲散劳动力数量不少，但很多年纪偏大或者家庭有老人、孩子、病人需要照顾，生产就业机会较少。香菇种植劳动强度不是特别大，但需要人工精心看护照料，最适合家庭经营。发展香菇产业，不仅使农户的土地得到充分利用，也为劳动力找到了既能照顾家庭又能发展生产的机会，使贫困户参与到产业发展中，分享产业发展带来的红利。从调查情况看，一袋菌棒成本3.5元左右，生产鲜菇1斤多，能够收入7—9元。一个贫困户两个劳动力可以种3000—5000袋香菇，一年即可实现纯收益上万元。目前淅川香菇种植有多种方式，既有贫困户利用房前屋后、田间地头的零散地块搭建香菇棚分散种植，也有企业、合作社建设大规模的香菇种植基地、贫困户入园集中生产。

（三）加强对优势扶贫产业资金支持。过去，一些贫困户长期没有参与到香菇等产业发展中，一是发展意愿不强，二是缺少发展资金。为此，淅川县出台政策，凡发展香菇等产业的贫困户，每户政府给予5000元的产业扶贫引导资金。不参与产业发展的贫困户，得不到这项补助。这成为贫困户发展产业的重要激励因素，一些原先对产业发展没有想法的贫困户，看到无偿补助的产业引导资金，开始动心。与此配套，贫困户在发展产业中资金不足的，政府还帮助每户解决3万元的免息小额贷款。这两项政策基本解决了贫困户香菇种植的启动资金，形成了产业扶贫的有力助推。

（四）驻村干部加强服务和指导。对于产业扶贫来讲，有资金、有项目、有场地、有市场，并不一定能够成功。要素齐全

了，每一种要素能不能正常发挥作用，很大程度取决于能否有效
地进行组织管理，而管理能力正是贫困户的一个短板。贫困户受
自身能力的限制，其家庭经营项目的成功，往往需要一个外在力
量帮扶和自己在实践中学习的过程。干部精准帮扶就成为促进要
素结合的重要力量。淅川县每个贫困村都有驻村工作队和第一书
记，每个贫困户都有帮扶责任人，他们将干部精准扶贫的责任细
化到产业项目上，要求干部帮扶不能停留在送钱送物、过节慰问
上，而是落实到产业发展上，重视培养贫困户的自我发展能力。
很多帮扶干部将主要精力用到帮助贫困户解决产业发展资金、联
系技术人员进行指导、提供市场信息等方面，有的甚至对贫困户
的生产过程进行直接督促、指导，这有力保障了贫困户生产经营
的顺利进行，使贫困户在实践中学习，在产业发展中少走弯路。
一些驻村干部和第一书记在此过程中也成长为香菇"土专家"，
对香菇生产比贫困户还上心，比农户还懂技术，比香菇贩子还了
解市场行情。

（五）营造优势扶贫产业发展良好环境。为保持香菇产业发
展优势与活力，淅川县多方面营造有利的环境和条件。在技术保
障上，县农业局专门成立香菇产业技术服务组，聘请西峡县香菇
专家作为技术顾问，根据产业发展需要深入香菇种植基地和农户
开展现场技术培训、指导和服务。在市场开拓上，加大香菇产业
领域的招商引资，一些香菇加工企业开始到淅川投资设厂，进一
步拓宽了淅川香菇的销售渠道。在产业发展引领上，大力发展农
民专业合作社、龙头企业等，建起26个香菇产业园，有力促进
了产业水平的提升，形成了产业发展的引领力量。这些为产业的
可持续发展和贫困人口的稳定脱贫致富，提供了重要支撑。

淅川的经验表明，产业扶贫说难也不难，关键是要用好地方

特色优势产业，让贫困户参与并分享产业发展成果；用好贫困户的资源，找到产业发展与扶贫工作的契合点；用好扶贫政策，使外在的帮扶成为产业脱贫的助推器；用好帮扶干部，让干部成为各类产业扶贫要素结合的粘合剂、催化剂。

# 贫困地区中小企业融资难题怎么解

方松海

近年来，受多种因素影响，一些地方特别是中西部贫困地区中小企业融资难问题比较突出，对地方经济发展带来制约。近期，我们在我室定点扶贫县河南省淅川县调研发现，只要地方政府主动作为、创新办法，破解企业融资困境，仍大有潜力。

淅川县是南水北调中线工程渠首所在地、国家扶贫开发重点县。县内中小企业居多，银行收缩银根、抽贷压贷惜贷，对中小企业的冲击最为直接，并由此产生连锁反应，进而波及县域经济发展。淅川某企业曾向银行贷款几千万元，由于资金周转困难，不得不在社会高息拆借资金垫还贷款。但银行收回贷款后不再放贷，造成企业资金链断裂，使企业互保圈贷款出现问题，影响扩大到本县近40家工业企业。汽车零部件产业集群是淅川经济的半壁江山。这期间，不少汽车零部件骨干企业也因为信贷等原因，生产经营难以为继，出现经济效益断崖式下跌、企业关门、职工下岗等一系列连锁反应。面对这一严峻局面，淅川不等不靠，主动作为，推出若干解困之策，为企业摆脱融资困境找到了出路。

第一，壮大财政担保助解困。针对企业融资担保难问题，县政府与建设银行合作推出了"助保贷"业务，财政拿出1000万元作为政府风险补偿金放入建设银行，企业缴纳一定的风险基金，保证财政资金安全，从而撬动银行按照10倍比例放大，为企业提供贷款。截至目前，已为14家企业发放"助保贷"资金8500万元。同时，增资壮大县担保公司。县财政在原有资本金1.3亿元的基础上，2016年又注资5000万元，进一步增强县担保公司的担保实力。目前，在保企业达58家，担保贷款余额3.6亿元，较好发挥了财政资金的引领与杠杆作用。

第二，封闭运行"银团贷"助解困。针对银行抽贷压贷惜贷，部分企业资金链断裂，银企关系紧张的问题，该县根据省银团贷工作意见，结合本县实际，一企一策，实行"银团贷+封闭运行"模式。由贷款企业与其发放贷款银行充分协商达成共识，政府搭建银团贷款协商平台，由债权比重大的银行发起作为主办银行，所有涉及银行跟进，并签订银行间银团贷款协议。银行间协议签订后，各银行再与贷款企业签订协议。各方协议签订完成后，协商每家银行第一批给贷款企业新增贷款额度，并限时放贷。该项贷款实行封闭运行，主办行监管，企业只能用于原材料购进、支付贷款利息等生产经营，银行不得抽贷。目前，已为3家企业贷款1.6亿元，其中新增贷款近3000万元。

第三，政策激励引导助解困。一是存贷挂钩。出台金融机构存贷款挂钩奖励办法，每季度对银行放贷支持企业情况进行考核，并据此调整财政间歇资金存款银行。2016年，已落实存贷挂钩3次，调整财政资金存款3亿元。二是奖励。出台对金融机构支持地方经济发展奖励办法，在年度工业金融会上，县财政拿出上百万元对做出贡献的金融机构进行奖励。

第四，促银企对接增信助解困。县里主动与南阳市金融部门对接，邀请市金融部门代表走进企业，深入了解企业生产经营状况，增进了解互信。2016 年以来，共召开银企协调会、恳谈会15 次，促成南阳市 17 家银行与淅川县 48 家企业达成贷款意向18 亿元，成功签约 4.5 亿元。

通过持续的努力，淅川县银企间从相互不信任、不配合的怪圈中跳了出来，重建了互信与协作；多数工业企业从停产或半停产中走了出来，重注了活力、重树了信心。据不完全统计，2016 年政府协调各类银行机构，通过担保、互保、抵押、还息等方式，为企业协调倒贷资金近 10 亿元，有效缓解了资金链断裂带来的压力和社会矛盾，解困成效持续显现，工业经济逆势上扬。全年规模以上工业产值 375 亿元，增长 7.8%；其中，汽车零部件行业总产值 100 亿元，增长 15%。今年一季度，扣除高耗能生产线关停因素，全县工业增加值增速为 10.1%。

从当地实践看，有以下几点启示。

一是破解企业融资难需政府主动作为。面对陷入困境中的企业，金融机构因为信息不对称、缺乏足够的识别能力等原因，只好采取惜贷抽贷这种简单的避险办法。这时政府这只"看得见的手"要及时担当、主动作为，促进企业和银行信息沟通，营造有利于企业转型升级、有利于金融机构降低信贷风险、有利于促进银企良性合作的政策环境。当地出台了《支持重点工业企业发展的意见》《金融机构存贷款挂钩奖励办法》等一系列政策，建立专门班子负责企业解困工作，制定了一企一策解困方案，设定解困时间表，扎实推进银企对接，这对帮助企业度过难关发挥了关键作用。

二是合理创新是破解企业融资难的关键。当地之所以在企业解困方面取得比较明显的成效，得益于各方解放思想，突破藩篱，勇于创新。比如，通过体制机制创新，用存贷款挂钩等办法引导和激发金融机构帮助企业解困的主动性；通过与金融机构合力进行产品、服务创新，推出"助保贷""银团贷"等业务，有效化解了企业的融资担保难题。企业自身也通过技术创新，实现了转型升级，为更好的融资和长远的发展奠定了基础。

三是协同推进是破解企业融资难的保障。不管是企业、金融机构，还是政府，光靠某一方面用力都难以解决融资困境。当地在这一过程中牢固树立"一荣俱荣、一损俱损"的理念，政府、银行和企业协同推进，通过政府引导、银企合作，充分发挥银行和企业的主观能动性，实现政银企三管齐下，合力攻坚，这才有力保障了企业解困工作的顺利开展。

# 用好第一书记和驻村干部这支
# 脱贫攻坚特殊力量

刘一宁

选派思想好、作风正、能力强的优秀年轻干部到贫困地区驻村，特别是精准选配第一书记，是打赢脱贫攻坚战的一项重要战略措施。2017 年 7 月，我们到我室定点扶贫县河南省淅川县调研，走访了毛堂乡庙沟村、西簧乡梅池村、香花镇柴沟村等 6 乡 7 村，深入访谈贫困户 23 户，与县乡村各级干部进行了多次交流，与多位驻村第一书记彻夜长谈。我们感到，驻村扶贫工作队和第一书记，在推动各项扶贫措施精准落地、到村到户上，发挥了重要作用，是脱贫攻坚的一支突击力量。用好这支力量，不仅对打赢脱贫攻坚战十分关键，而且对培养和锻炼干部、强化基层治理意义重大。

## 一、第一书记和驻村干部是脱贫攻坚的突击力量

中央脱贫攻坚政策能不能到村到户，能不能取得应有的实效，基层干部特别是村干部是关键的关键。"政治路线确定之后，干部就是决定的因素。"而村级恰恰是贫困地区干部力量最为薄弱的环节。向贫困村选派第一书记和驻村工作队，弥补了扶贫工

作的短板。像淅川县共选派 166 名第一书记，使 122 个贫困村和贫困户 50 户以上的非贫困村实现全覆盖，大大强化了攻坚力量。

一是第一书记和驻村工作队成为政策落地的推动者。过去的一些农村政策，受益最多的是农村能人。贫困户往往由于不了解政策、缺乏用好政策的能力，难以充分分享政策红利。第一书记和扶贫工作队入驻贫困村，直接成为政策的宣传员，使各项扶贫政策直通到村、到户，促进了扶贫政策精准落地，贫困户在产业帮扶、低保、医疗报销和救助等方面得到实惠，一大批贫困村的基础设施开始改善，很多贫困户的具体困难得到解决。毛堂乡庙沟村第一书记王黎明，驻村后积极走访、弄清情况和需求，为全村联络配套建成深水井两个、大口井一个，解决了全村群众吃水难问题；修建加宽桥梁一座，基本解决出行难问题；争取到小学校舍改造、党群活动中心、文化活动广场、标准化卫生室、图书阅览室建设等项目。

二是第一书记和驻村工作队成为产业脱贫的领路人。发展产业，是贫困户脱贫的根本措施，也是最终实现稳定脱贫的基本依托。与贫困户相比，驻村第一书记和工作队更了解市场需求，在熟悉所在村情况后，更容易找到产业脱贫的门路。盛湾镇横山村原有农业产业结构相对单一，主要种植小麦、玉米等粮食作物，而且土壤贫瘠，产量较低，驻村第一书记刘小闸摸清全村情况后，联系河南省农科院等单位专家现场论证指导，并组织村民代表赴外地考察，进行市场调研，带领群众种植优质大樱桃 240 多亩，有望逐步把横山村打造成集樱桃采摘、销售及旅游观光为一体的美丽乡村。不少产业扶贫项目，有资金、有场地、有市场，但贫困户受自身能力限制，要真正将各类要素组织起来取得成功，往往需要外力帮扶。第一书记和驻村工作队的精准帮扶，就是促进要素结合的重要力量。现在每个贫困户都有帮扶责任人，帮扶干部将主要精力用到帮助贫困户解决产业发展资金、联系技术人员进行指导、提供市场信息等方面，有的甚至对贫困户的生产过程进行直接督促、指导，有力保障了贫困户生产经营的顺利进行。

三是第一书记和驻村工作队成为脱贫动力的激发者。实现稳定脱贫，关键要激发群众脱贫致富的内生动力。第一书记和帮扶干部，常驻贫困村，给贫困村带来生气和活力，他们不仅给贫困户直接的物质帮助，而且通过与贫困户交流、给予帮扶等，客观上起到扶志、扶智的作用。香花镇柴沟村驻村干部杨青春，在坚持推动产业扶贫的同时，创造性地组织开展了"弘扬南水北调精神，弘扬柴沟人文厚重、不畏困难的倔强精神，争做文明人，争做脱贫致富带头人"活动，评选出30个文明典型隆重表彰，并组织优秀党员、文明家庭、孝亲爱亲模范、脱贫致富模范公开评选。此外，通过召开大中专学生励志教育会、外出创业乡亲发展交流会，开辟帮扶活动专栏、精神文明园地，弘扬真善美，传递正能量，引导乡亲向善向上，为脱贫攻坚增添了动力。

淅川县在选派第一书记和驻村工作队时注意把握以下几点：首先是选配得力干部，将最能干的干部选派下去，这改变了过去各单位派人主要选"边缘人"的做法，派去的第一书记都是想干事、能干事的干部，形成了干部选派的正向激励，第一书记由过去的无人想当，到现在是争着去当。其次是注重培训提高，加强对第一书记的培训力度，增加内外交流机会，有助于他们开阔视野、增长才干。去年以来，全县组织驻村第一书记，分批到山东、浙江、江西等地学习蔬菜种植、电子商务和乡村旅游等，组织驻村第一书记就扶贫产业发展进行观摩交流，极大提升了第一书记工作能力。再次是提供工作支持，县全面落实驻村工作"五有一确保"，即有阵地、有床铺、有用品、有厨灶、有补助，确保驻村第一书记身心均在岗在位，同时保障每名第一书记每年1万元工作经费、10万元扶贫专项经费，支持他们开展工作。最后是严格执纪问责。把纪律挺在前面，出台《驻村第一书记管理办法》和《驻村第一书记召回办法》，对第一书记工作职责、工作时间等提出明确要求，对不合格的第一书记明确召回程序。这促使第一书记牢牢绷紧履职尽责这根弦，扶贫济困，不辱使命。

**二、选派第一书记和驻村干部参与扶贫，对提高执政能力产生深远影响**

选派第一书记和驻村工作队到扶贫一线，不仅有力推进了扶贫工作，而且对改善党群干群关系，提升农村治理水平，培养和锻炼干部，都具有十分重要的意义。

一是改善党群干群关系。农村工作事务纷繁复杂，很多事情看起来都是鸡毛蒜皮的小事，但群众利益无小事、一枝一叶总关情。第一书记和帮扶干部驻村后，主动为群众解难事、办实事。盛湾镇瓦房村第一书记胡友先介绍，房屋漏雨、婆媳吵架、下蛋的母鸡丢失、手术费报销不了，这些屋里院外的小事，群众经常找他帮忙。事情虽小，但对贫困家庭来说都是大事，第一书记在办理的过程中，拉近了与群众的距离，密切了与群众的关系，体现了党的根本宗旨，巩固了党的执政基础。在香花镇柴沟村调研时，刚刚易地搬迁的曹吾勋老大爷一直拉着调研组成员的手激动地说："党的政策好，党的干部好"。

二是提升了农村治理水平。第一书记和帮扶干部驻村后，成为农村管理一支新的力量，有力加强了农村基层组织建设。不少第一书记在上级组织的领导和指导下，帮助健全了村"两委"班子，解决了部分村班子不团结、软弱无力、工作不在状态等问题。淅川县依托第一书记等驻村干部，开展了为期半年的"清理村级财务、清理惠农项目，清理不合格党员，深化党务政务村务公开"专项活动，对全县 500 个行政村进行巡视，惩治基层微腐败，净化农村政治环境，为农村经济社会发展营造了良好氛围。驻村第一书记还积极推动"三会一课"制度化规范化，推进"四公开一评议"，扩大了党员、群众对村级各项事务的知情权、参与权、监督权，不少村还完善了村规民约，农村风气开始好转。村里抱怨的声音少了、称赞的声音多了，各自为战的事情少了、团结奋斗的事情多了。

三是培养锻炼了大批干部。第一书记和驻村帮扶干部中，80后、90 后占相当的比重。很多年轻干部都是独生子女，从学校到机关，对基层缺乏了解。尤其是长期在城市工作生活的干部，对农业了解不够、对农村认知不足、对农民感情不深。胡友先是由县财政局选派，据他讲，祖父、父母都是财政系统的干部，自己从小都是饭来张口、衣来伸手，即使工作以后，也是在熟悉的环境，很多方面都得到照顾。到贫困村驻村后，什么事情都要自己做，要处理与村里"老干部"的关系，还要对贫困户提供实际的帮助，一开始压力很大、无所适从。但经过一段时间的磨合，对农民、村干部有了新的认知，解决问题的能力显著提高，村里干部把他当自己人，一起商量、解决问题，贫困户把他当儿子用，他也为村里的脱贫做了一些好事，得到村民的认可。面对困难时，少了退缩和畏惧，多了办法和手段。通过驻村，大批年轻干部磨炼了意志品质，锻炼了综合素质，增强了执行能力。一批执政人才在艰苦环境下快速成长，成为国家发展的宝贵财富。

### 三、为第一书记和驻村干部成长提供良好环境

随着扶贫攻坚责任的逐步压实，贫困村第一书记和驻村工作队的压力也越来越大。对待第一书记和驻村干部，既要把他们当成攻坚战斗员，让他们在脱贫攻坚中建功立业，也要当作在实践中学习的学生，让他们在农村天地中锻炼成长，要使用和培养并重，为他们工作和成长提供良好环境。

**工作要支持。**对第一书记和帮扶干部，各派出单位决不能一派了之，不管不问，要做第一书记和帮扶干部的娘家人，对帮扶工作给予大力支持。

**生活要关心。**只有留住驻村第一书记的身心，他们才能扑下身子、扎扎实实干下去。要重视解决好驻村干部在农村的吃住等基本生活问题。

**培养要加强。**第一书记和帮扶干部以年轻干部为主，他们希望，多开设短期脱产培训班，聘请专家讲授涉农政策、扶贫政策、产业发展、农业技术、村庄建设等方面基本知识，搭建网站和论坛等交流性平台，让来自不同部门、具有不同专业背景的第一书记和帮扶干部互相成为彼此的专家或者专家介绍人，互相学习、取长补短、加强合作。

**成长给空间。**对考核连续优秀且任期考察突出的第一书记，优先提拔使用。去年年底，淅川县中层干部调整中，共有15名优秀驻村第一书记得到提拔重用。在全县开展的"弘扬移民精神 弘扬家风家训争做最美淅川人"活动中，有2名驻村第一书记被评为全县十大"最美村官"。这极大地调动了广大驻村干部的积极性。

**考核要合理。**脱贫攻坚不是一蹴而就的事，培养锻炼干部

也不是立竿见影的事，因此，对第一书记考核要着眼长远，适当减少考核频次和考核指标，减少现场会议和现场督导，短期内不要给予第一书记过大压力，少些急功近利，多些稳扎稳打。要让他们真正安心扑下身子搞扶贫、干事情、谋发展，真心实意向群众学经验、与群众交朋友，在实践中逐步长知识、增才干、练本领，把扶贫工作做好。

# 激发贫困群众脱贫内生动力的新探索

刘一宁

目前，脱贫攻坚面临的一个突出问题是部分贫困群众脱贫内生动力不足，"干部干、群众看""干部着急、群众不急"的现象时有发生。为破解这一问题，各地进行了不少探索，取得了积极成效。具体做法主要有以下几种。

一是通过"现身说法"破解"怕风险"。一些贫困群众，面对产业扶贫项目，担心养不出来、销不出去、收不到钱，不愿意参与；面对转移就业培训机会，担心学不会、路太远、受欺负，不愿意参加。为打消贫困群众的顾虑，不因"怕风险"而放弃发展脱贫的机会，一些地方通过组织本村、本乡或本县的"脱贫户"为贫困群众现场讲授经验，用身边的故事帮助贫困户正确看待和应对风险，增进脱贫致富的信心。比如，依靠种植香菇率先脱贫的家庭代表，不仅向大家介绍种植香菇所需的资金、时间等投入以及政府帮扶举措，也告知乡亲们在种植中可能面临的困难以及克服的办法，使贫困群众心中有数、心里有底、敢于尝试。

二是通过"正向激励"破解"惯懒散"。人们常常习惯于懒散；但过上美好生活，也是每个人都向往的。心理学上有个"延时满足"的说法，意思是说人们可能会为了长远目标和伟大梦想，愿意克制当前欲望、放弃眼前享受。其前提是目标和梦想有足够吸引力，有实现的可能性。个别贫困群众之所以"惯懒散"，在一定程度上跟他们过去长期看不到生活改善的希望有关。对于这些贫困群众，一些地方在帮扶中，首先是通过加强正面引导，进行精神激励，唤醒他们沉睡已久的美好愿望，使他们明白在新时期党的政策下，汗水不会白流、辛劳不会白费、付出必有回报，坚定他们通过辛勤劳动摆脱贫困过上美好生活的信心。有的地方定期向群众广泛播报脱贫励志故事，开辟帮扶活动专栏、精神文明园地，不断传递自力更生、艰苦奋斗的精神。有的地方适度进行物质激励，拿出少量扶贫资金，在行政村范围内，按照公开、公平、公正的原则，每年对贫困户的主动脱贫表现进行评估，对脱贫积极的贫困户直接给予现金奖励，避免了贫困群众"干多干少一个样，干与不干一个样"。这说明，贫困群众不是没有梦想，主要是缺乏实现梦想、点亮梦想的信心和动力。

三是通过"内外交流"破解"视野窄"。国家明确了"到2020年，稳定实现现行标准下农村贫困人口不愁吃、不愁穿，义务教育、基本医疗和住房安全有保障"的脱贫目标，而一些贫困群众却满足于"吃饱、穿暖、有房住、有酒喝"的生活。部分贫困群众由于地处偏远，对外面的世界缺乏了解，对现代的生活缺乏认知，对更加美好的物质生活和精神生活缺乏直接体验，安于现状，这样的生活态度不仅不利于当代人的脱贫，甚至还会传递到下一代。对于这类贫困群众，一些地方通过"引进来"和"走出去"，开阔他们的视野，增长他们的见识。一方面，通过志愿者下乡、乡村旅游等活动，在推动贫困地区发展的同时，促进志愿者、游客与当地贫困群众的接触、交流。另一方面，鼓励贫困群众尤其是年轻一代外出打工、参观学习，近距离感知现代文明成果，让他们亲眼看到更加丰富多彩的世界，懂得追求更加美好的物质生活和精神生活。

四是通过"自治约束"破解"自控差"。在一些贫困地区，个别贫困群众养成慵懒习惯，"自控差"，有的嗜好饮酒，天天喝、顿顿喝，"今朝有酒今朝醉"。还有的染上赌博恶习，为了筹集赌资、偿还赌债，甚至铤而走险去偷、去抢。对于这类贫困群众，有的地方充分发挥村规民约的观念引导和行为约束作用，积极利用村民议事会、村民委员会、村民监事会等自治平台，让群众之间互相帮助、互相鼓励、互相监督，促使他们改掉不良嗜好、逐步增强自控力。有的想方设法对他们加强定向帮扶，吸引他们参与产业发展，参加各类积极向上的文化活动，逐步培养科学文明的生活习惯。

五是通过"评先选优"破解"恋待遇"。部分贫困群众因为担心一旦达到脱贫标准、在脱贫确认书上签字后，作为贫困户的优惠待遇会被取消，子女上学费用减免和补贴政策、就医报销政策、易地扶贫搬迁政策、资产收益分配政策等难再享受，从而不愿意摘掉贫困户的"帽子"。针对贫困群众"恋待遇"的问题，不少地方都明确在贫困户脱贫一定时期内继续保留扶贫相关政策，对他们"扶上马、送一程"。有的地方通过定期开展"评先选优"活动，评选脱贫致富先进家庭和优秀村民，加强宣传引导和物质奖励，向每年新脱贫的家庭发放印有"脱贫光荣"字样的开水瓶等生活用品，增强"脱贫户"的荣誉感和获得感，引导贫困群众树立"脱贫光荣"和积极向上的观念。

六是通过"干群融合"破解"推责任"。在过去相当长的一段时间，一些地方的部分党员干部脱离群众，群众对党员干部的信任度和满意度不高，带着"有色眼镜"看待前来帮扶的干部。

部分地方在考核扶贫干部工作成效时，标准高、要求严，但对扶贫干部的支持和保障却有限，使得扶贫干部疲于应付、难以深入细致地开展帮扶工作，甚至不得不追求短期效果、忽视对扶贫对象脱贫内生动力的激发和持续发展能力的建设，造成"帮扶干部唱主角、贫困户当配角"等尴尬局面。个别贫困户"推责任"，认为"干部和上头签订了脱贫军令状，到期完不成任务，上面要拿干部开刀""我是贫困户，干部必须帮助我；我的脱贫，是干部必须完成的政治任务""这是干部的工作，是任务，必须他们来干"。针对这些问题，一些地方从完善扶贫干部考核入手，加强选派和管理，让扶贫干部真正扑下身子，与贫困群众交朋友，给贫困群众解难题，从目标行为到感情心理逐步实现"干群融合"，让贫困群众真正认同干部、认可扶贫、认真脱贫。

脱贫攻坚，不仅仅是生产生活上的帮扶，更是一场思想观念上的深刻革命。因为贫困地区和贫困群众落后的观念和习俗，是几十年、几百年甚至上千年积累形成的。与物质帮扶相比，精神帮扶需要更多关心、细心和耐心。近年来，很多地方的帮扶干部通过真正融入贫困群众，在磨合中逐渐相互认同，在认同中"心往一处想、智往一处谋、劲往一处使"，进行了不少精神帮扶的积极探索。在今后的工作中，应加强对这些探索经验的总结推广，充分激发贫困群众自我脱贫的积极性、主动性和创造性，让他们尽快从"要我脱贫"转变为"我要脱贫""我会脱贫""我能脱贫"。

# 陈规陋习透支农民财力
# 亟须疏堵结合综合施策

杨春悦

部分农村存在结婚索要高价彩礼、婚丧嫁娶大操大办、设立名目滥办酒席等陈规陋习，给农民群众带来沉重负担，也吞噬一些地方脱贫攻坚成果，需要着力解决。

## 一、陈规陋习在一些地方已成为吸取农民资金的"黑洞"

农村传统习俗保留多、人情重，是传承中华文明的重要阵地。但近年来一些习俗"加码变味"，浪费农民群众精力和资金，给农民生产生活和农村经济发展带来不利影响。

一是高价彩礼引发严重社会问题。高价彩礼不仅给部分农民群众造成经济负担，还导致一些极端事件。目前有的地方农村彩礼超过 10 万元，有些还要求盖新房或到城里买房。不少农户要用几十年的积蓄来付彩礼，甚至陷入贫困。黑龙江省仅因婚致贫的就有 3400 多户，占贫困户总数的 0.46%。还有的贫困户付不起彩礼，只能"打光棍"，既影响家庭幸福，也不利激发致富动力，湖北、甘肃、江西等地都有这样的情况。更严重的是，高价彩礼重压下，个别农户丧失理智、铤而走险，引发盗抢案件和命案。

二是婚丧嫁娶大操大办浪费农村发展资金。婚丧嫁娶是人生大事，给予重视合乎情理。但一些农村，婚丧嫁娶大操大办已成风气，浪费了宝贵的发展资金，破坏了农村资本积累。部分农民迫于面子，超出自身经济能力跟风大办，有的因此欠债。在湖南、四川等地一些农村，办红白事要摆三天"流水席"，并相互攀比，讲究宴席档次，有些还请乡村乐队、歌舞表演、舞龙灯，花费往往达到数万元。宁夏、安徽等地一些贫困地区的农民群众，受陈规陋习影响，也花八万、十万元操办红白事，结果背上了沉重债务。

三是滥办酒席消耗农民财力精力。在部分农村，无事整酒、借机敛财现象突出，陷入"击鼓传花"式"人情链"。泛滥变相的酒席，不仅让"人情""亲情"变了味，更挤占了农民群众宝贵的时间和资金，不利于农村经济发展。据农村住户抽样调查，2016 年四川广元农民人均礼金支出 1191 元，占人均可支配收入的 12.1%、人均生活消费支出的 14.7%。山东、湖南等地，还出现了拿低保款付礼金、贫困户借钱随份子的情况。

## 二、陈规陋习难以根除有复杂原因

高价彩礼等陈规陋习难以根除，既受农村社会特征影响，也涉及农民心理、公共服务等因素，还受制于农村治理中一些深层次矛盾。

从农村社会看，长期积累的问题难以在短期内解决。农村人口结构、价值观念等特性，是陈规陋习存在的重要原因。这些特征长期逐步形成，短期难以改变。性别结构方面，目前农村适婚男青年远超女青年，使女方处于婚姻"买方市场"，给高价彩礼提供了空间。家庭特征方面，农村家庭子女较多，通过彩礼向女方父母家庭转移财富，或用于女方父母养老，或用于女方父母其他子女结婚，或用于补助新婚夫妇，都有现实意义。价值观念方面，农村相对公开的生活和光耀门庭的文化心理，使一些农民群众愿意通过索取高价彩礼、婚丧嫁娶大操大办，显示自身价值。此外，部分"媒婆"等从业人员为从中谋利，对陈规陋习也起了推波助澜作用。

从农民个体看，个人意愿难以对抗已形成的公众习惯。尽管农村人口大量外出，但总体仍是熟人社会，一些规矩和风俗对农民个人约束极大。一旦不照着做，往往被"说闲话""看不起"，进而被边缘化和孤立。这对于特别重视面子的农民，属于承受不起的"痛"。于是，不少农民被陈规陋习集体"绑架"，只能随大流。而通过个体参与，又强化和放大了陈规陋习的力量，形成"受害、参与、再受害"的局面。在风俗习惯面前，单凭农民个人无力对抗，需要其他力量介入，才能打破封闭循环。

从政府行为看，公共权力难以有效干预私人事务。不管是高价彩礼还是大操大办、滥办酒席，更多属于农民个人事务。政府很难像开展公共建设或管理公共事务一样，简单用行政手段就改变农民行为。这体现出公共权力的某种"失灵"。比如，《婚姻法》已明文规定，禁止借婚姻索取财物，但高价彩礼仍频频出现。一些地方政府发红头文件，对彩礼金额、婚丧嫁娶操办标准等作出规定，引发了舆论争议，也反映出公权不能"任性"。在移风易俗上，简单采取行政办法很难奏效，需要真正践行以人民为中心的发展思想，以贴心服务和有效机制引导新风。

### 三、破除陈规陋习需疏堵结合综合施策

破除陈规陋习，根本上要加强对农民的宣传教育，逐步形成

新风良俗。但这是长期过程，需要久久为功。与此同时，应加快构建约束激励机制，解决经济社会层面的问题，更好地营造文明乡风。

第一，充分体现村民自治的约束作用。推动移风易俗，个人力量薄弱，政府不便强制推行，村民自治十分关键。有的地方以村民自治章程和村规民约遏制陈规陋习，取得初步效果。比如安徽一县级市出台文件，提出婚事新办、丧事简办、喜事小办或不办、"恶俗"陋习禁办，要求随礼不超过 50 元，建议各村修订村规民约时参考。全市有 139 个村完善村规民约，仅今年一季度，共简办 3100 多例红白事，节支 2170 万元，其中贫困户 341 例，节省 280 多万元。当前，需要引导农村制定完善村民自治章程和村规民约，对婚丧嫁娶等事项作出合理规定。而让这些规定真正发挥作用、不仅仅是"墙上挂挂"，还要强化人力财力保障，提高农村基层党组织和村民自治组织的凝聚力、战斗力。

第二，重视发挥农村党员干部的带动作用。抓"关键少数"带动乡风民风转变，能事半功倍。一些地方进行了这方面探索。宁夏同心、福建长汀倡导党员干部不收彩礼，并分别要求党员干部收彩礼不得超过 3 万元和 5 万元；河北邯郸、山西吕梁等地详细规定了党员干部婚丧嫁娶请客桌数和每桌花费；湖北丹江口、贵州铜仁等地明确，党员干部不得操办婚丧事宜以外的酒席。这些地方对农村党员干部在"家事"方面提出了要求，是一种积极尝试。在此基础上需总结推广经验做法，以党员干部的新作风引领新乡风。

第三，激励农民在农村公益事业中多做贡献。在村里"有面子"、能光宗耀祖，是部分农民群众奋斗的重要动力。引导好了，能在农村发展中焕发强大力量。通过在造桥修路、生态改善、扶危济困等方面树典型、给荣誉，引导农民树立正确价值观，既能让他们感到"有面子"，又能避免奢侈浪费，还能改善农村公益事业，一举多得。可以在这方面加强顶层设计，结合社会扶贫等统筹推进，从源头减少大操大办的"价值观冲动"，使农民群众从"比个人家排场"向"比对村里贡献"转变。

第四，加快完善农村公共服务体系。移风易俗实际上是做人的工作，是提供更优质服务、更好满足农民群众需要的过程。一些地方通过培育红白理事会、红娘协会、老年之家，提供婚丧嫁娶办理、婚恋介绍、养老照料等方面的专业服务，解决了农民群众实际困难，弘扬了新风气。这种以服务树新风破旧俗，以良性社会组织占领"劣币"空间的做法，值得推广借鉴。可以通过政府购买服务、严格市场监管、以奖代补等措施，鼓励红白理事会等社会组织提供"绿色化"服务，引导红娘协会等中介机构在跨国境、跨地区婚姻介绍方面发挥更大作用，支持农村养老照料组织发展，消除滋生陈规陋习的土壤。

# 五、发展公平而有质量的教育

# 地方高校自主办学反映突出的十个问题

范绪锋　周海涛　景安磊

在我国高等教育整体格局中，地方高校占据了主体地位。按 2016 年的统计，省级及以下所属普通高校共 2428 所、在校生 2598 万人、专任教师 140 万人，分别占全国普通高校总数的 95%、93%、88%。规模庞大的地方高校发展活力和办学水平，在很大程度上决定着国家高等教育的整体质量和综合实力。我们在江苏、浙江、江西等地调研发现，近年来高等教育领域"放管服"改革总体进展良好，地方和高校认为改革力度大、政策含金量高，必将进一步激发高等教育发展的生机活力；同时也反映出，地方院校办学自主权的落实明显滞后于部属高校，改革纵向传导有"温差"、政策横向配套有"色差"、办学与社会需求有"落差"，亟待深入推进新政策落实落小落细，破除制约和束缚发展的"瓶颈""玻璃门""天花板"。调研发现比较突出的主要有以下问题。

一是改革政策落实不到位的问题。地方政府部门和高校反映，国家不少好政策、好办法在实际执行中打了折扣，还没有落地生根。改革中"权力下放"一定程度上演变成了"责任下放"，少数高校在实际工作中唯恐触犯"红线"，面对自主权的利好政

175

策喜忧参半，对下放的权力怕接不住、用不好，担心"权多了反而麻烦"，一定程度上存在"政府在忙、高校在盼，少数高校在试、多数高校在看"的现象。一些高校习惯于"等靠要"，缺乏改革的内生动力，主体意识虚化、责任意识淡化、治理能力弱化，改革的举措未能传导至基层学术组织特别是广大师生。而部分高校则反映，上级抓事业、促发展的"油门"，往往被过于僵化的管理踩了"刹车"，改革成效受掣肘甚至被抵消。应在保证高校底线意识、提升治理能力的基础上，进一步扩大和落实办学自主权，健全改革的容错和信任机制，以免陷入"干得越多、出错越多、惩处越严"的怪圈。

二是同等待遇和无序竞争的问题。与部属高校相比，地方高校无论在经费投入还是政策支持上一直都存在较大差距。不久前，国家有关部门公布了世界一流大学和一流学科建设高校及建设学科名单，一些省份也加大投入搞省内的"双一流"，引发了社会关注和热议。建设方案强调稳中求进、继承创新，竞争开放、动态调整，旨在调动各方面资源和力量，促进高等教育内涵发展、协调发展。但社会上仍不同程度对"双一流"是否会形成新的身份固化和"马太效应"存在担忧。尤其是地方政府投入大量配套经费支持本地进入"双一流"的高校，部分地方高校在入围无望之后转而失望，对资金、人才、政策向少数高水平大学集聚有很大的焦虑感。"双一流"建设高校先天、后天政策优势叠加，一些高校借机全力网罗人才，加剧了部分高校的人才流失，使地方高校压力倍增。

三是省级政府及相关部门履职尽责问题。调研发现，从中央到地方，不同部门政策文件不衔接、不配套的问题依然存在，不同部门对改革政策的理解和执行存在差异，缺乏政策合力，协同放权、协同监管、协同服务都还不到位。比如向高校下放专业设置权，有的省卫生部门就提出不同意见，认为国家关于高校增设护理、药学专业需征求卫生部门同意的规定仍在执行。少数省份对统筹管理、综合协调的重视程度不够，尚未健全工作机制，发挥应有作用。在及时制定落实方案、细化配套政策、完善实施保障机制等方面，一些地方迟迟不见下文。其至有高校的同志说，简政放权名为放权到省，实际上是"卡在了省这一级"。

四是学科专业设置与布局问题。由于总量控制硕士授予单位和自主审核单位，各省统筹规划、布局学科专业难有作为，达到基本申请条件的高校很难及时获得相应资格和授权。一些与区域经济发展结合紧密、培养人才为社会所急需的学科专业，却面临"老牌大学不愿办、地方院校没资格办"的尴尬。地方向应用型转型发展的试点高校，因受制于原有学科布局、人才供给等结构性矛盾，对专业自主设置的需求更为迫切。专业设置论证缺乏权威、科学、全面的行业发展、学生就业、薪酬状况等信息支持，亟待相关部门或第三方机构配套服务、定期发布。一些地方高校缺乏自律、盲目申报新专业，只管申报不管配套。有所高校现有专业总数才80个，却一次性申报25个新专业。本科院校的校企合作随意性较强、过于依赖个人关系，缺乏规范、管用、见效的制度保障。

五是高校机构及岗位设置问题。探索实行高校人员总量管理的改革进展不理想。在现有编制管理方式下，高校教师只能进、不能退，出一个才能进一个，"一个萝卜一个坑"，"老人"退不了、"新人"上不去，论资排辈的现象依然严重，对青年人才成长和急需人才引进造成极大的障碍。高校高级职称（包括正高和副高）比例按规定不得超过50%，但现实中形同虚设，有的省出现高校大范围突破的现象，有人认为"这本身也说明规定有问题"。高校内设机构报备报批管得太紧，干部职数管得太严，不适应新时期发展特点。有省属高校整合科技处、社科处等新设立科研院，但有了机构却没人，干部配不上，成了"黑户"。

六是进人用人及薪酬分配问题。地方高校代表普遍认为，高校年度人才引进名额依然实行报批，入编程序繁琐、期限过长，往往两三个月批不下来，在审批过程中人才流失现象时有发生，招收个别超出计划的人员难以入编和接收。专业人才指标不能灵活调配使用，专业有偏差就不能进，进人的数量和质量都受到很大限制。薪酬方面亟须适当放开，由高校自主设计薪酬制度，年薪制或协议工资制等新政策配套措施亟待落地落细。现行的按年度递增高校绩效总量的控制方式，不允许超额发放绩效，不利于释放改革活力。在绩效工资总量控高线下，基本工资不断上调，绩效工资空间越来越小，调动人员积极性的效用大大缩水。当前绩效工资的"控高线"事实上已成了"底线"，使财力不足的地方高校更加捉襟见肘。

七是经费与资产管理问题。省属高校缺少预算范围内资金的用款计划管理权限，难以自主统筹经费使用和分配，垫付资金事先备案制尚未调为事后备案制。学费收费标准控制偏严，没有建立与市场化、公益性相适应的差异化收费标准动态调整机制。按现行政策，低于200万元的科研项目间接费用占30%，但由于个税过高，纳入绩效工资发放，税后收入增幅有限、激励作用不明显；如改作其他经费支出，违规支出风险大。地方高校不是一级预算单位，受《政府采购法》及实施条例过于刚性的规定约束，物资设备采购不能自主，高校教学科研用房基本建设项目报批流程繁琐。高校服务师生经营网点享受税收优惠相关文件落实不到位，五项税收并未免除。

八是招生指标与招录工作问题。省级政府统一调配各类招生计划总量，没有完全动态跟踪高考考生生源数量变化，根据高校办学实际能力和师资水平，科学配置本科专科（高职）、公办民办高校招生指标，并打破省际之间招生壁垒。高校在招生计划数120%范围内自主确定调档比例，在实际运用中要么用不好，甚至出现腐败寻租现象；要么怕麻烦干脆放弃。研究生招生方面，保研名额限制在录取人数20%以内，地方高校认为影响了本校优秀生源的招录；博士招生指标配置过于刚性，且名额有限，有时平均一个导师分不到一个指标，招到学生即便不合格也舍不得放弃，阻碍了博士生淘汰制的推进和培养质量的提高。

九是科研成果转化问题。当前，科研成果与产业发展"两张皮"问题依然存在，一部分科研成果与市场需求脱节，从"讲故事"拿课题开始，以发论文"讲故事"结束，研究成果"从样本到展品，最后成为废品"。2015年《促进科技成果转化法》明确规定，科技成果转化奖励和报酬支出"不受当年本单位工资总额限制、不纳入本单位工资总额基数"，与当前高校绩效工资总量控制政策难以衔接，在实践中操作不一、在巡视检查中易陷入被动。同时，科技成果转化遭遇个税难题，此前科技成果转化作为"偶然性收入"最高纳税20%，现在纳入工资总量管理，需按45%缴纳。科研人员普遍对这一征税政策有意见。

十是因公出国管理与中外合作办学问题。一些省级教育行政部门和地方高校的同志希望，加快推进2016年中央关于加强和改进教学和科研人员因公临时出国管理的相关规定在省级层面落地见效。现实中依然有对出国批次数、团组人数、在外停留天数限量管理的现象；对地方高校二级院系负责人因公临时出国依旧套用公务员标准；计划报备、审批层级、办理环节等出国审批程序过细过死。在学校层面达成的对外交流与合作项目，往往由于严苛的外事审批手续导致责任人无法及时出国出境，协议难落实、失信于外方；一部分国际会议往往由于外事审批手续时间过长，不得不放弃。省级教育行政部门下放自费出国留学中介服务机构和外籍人员子女学校审批权、取消高校境外办学审批，而相关配套法规及监管措施还不完善。《中外合作办学条例》规定的对高等教育非独立机构和项目设置审批，在省级层面缺乏自主、手续依然繁杂。

# 以更大力度激发地方高校办学活力

范绪锋　刘永林　梁晶晶　郭二榕

　　高等教育是国家创新力、竞争力的重要支撑和显著标志。建设高等教育强国，必须牢牢坚持党的领导，坚持社会主义办学方向，建设一批一流大学和一流学科，同时也要有科学合理的高等教育体系，促进各类高校扎根中国大地、办出特色和水平，努力在"高原"上立"高峰"。从国家战略的高度和建设高等教育强国的全局看，如何更大激发地方高校办学活力，形成各类高校科学定位、有序竞争、千帆竞进的高等教育新格局，越来越成为一项重大而紧迫的任务。结合调研反映的意见，提出建议如下：

　　一要发挥好"双一流"建设的示范带动效应。应充分利用"双一流"建设的契机，统筹考虑地方高校面临的机遇与挑战，从顶层设计到具体操作，从政府、高校到社会，从高校外部到内部，重新审视、科学谋划、综合施策，推动地方高等教育强特色、提质量、上水平。纳入"双一流"建设名单的140所高校，代表着我国高等教育的最好水平，应当练好内功，在改革人才培养模式、健全现代大学制度、提升科研创新和社会服务能力等方面带好头。要勇于面向国际一争高下、集聚人才，而不是在国内"挖墙脚"。可以考虑制订和实施面向未来的中长期高等教育行动计划，统筹高等教育普职类别、类型结构、区域布局协调发展，统筹"双一流"建设与地方高校共同发展、公办民办高校公平发展，推动我国高等教育体系更加丰富完善、科学合理。

二要同步推进改革政策的落实与法规"立、改、废"。随着高等教育领域综合改革的深化，改革的实施推进往往早于相关法律法规的出台，存在新政策与老法规不一致、不配套的情况。下一步，从中央到地方都应把深化高等教育改革与完善相关法律法规有机结合，推动改革从"政策逻辑"向"法律逻辑"转变。对涉及高校办学自主权的现有法规政策，建议进行系统梳理，对于那些表述模糊、口径不一致、弹性过大、可操作性差的，该改的改，该废的废。制定改革方案，要一并考虑涉及的配套法律法规"立、改、废"工作，切实推动确有成效的改革举措"入法"，使改革于法有据。还可以地方立法的形式，赋予区域高等教育规划更高的权威性，一张蓝图绘到底，保障高等教育持续稳定发展。

三要完善省级政府对高等教育的统筹管理机制。我国高等教育实行的是中央和省级两级管理、以省为主的体制。随着高等教育大众化、地方化日趋深入，中央不断向地方放权，省级政府对于高等教育发展"中层担纲"的地位更加突出。今后，应进一步强化对省级政府的引导激励和督查问责，明晰省级政府的决策权和统筹权，发挥好省级教育体制改革领导小组的作用，改进和完善省级政府履行教育职责的评价办法和方式，对执行不力、落实不到位的要进行问责。要推进省域高等教育的战略规划引导、资源优化配置、各方协商共治等机制化建设，加强和改进省部共建、省市共建，使省级政府有意愿、有条件、有能力加强统筹，提高决策的科学性和民主性。省级财政应以现有生均拨款标准为基线并逐步提高，更多采用综合拨款方式，动态调整学费标准，多种方式加大经费投入。进一步扩大高校项目资金统筹使用权、国有资产自主处置权，开展高校综合预算管理制度改革试点，把高校列为一级预算单位，提高经费使用效益。

四要实质性推动高校分类管理和分类评价。地方高校的出路在于特色发展。各省（区、市）应立足自身经济社会和高等教育发展实际，在国家基本标准基础上探索符合区域特点的高校设置标准、分类体系，给予不同类别高校不同目标定位、不同评价标准、不同经费渠道、不同管理要求，避免"一刀切"，形成对高校特色办学的有力引导。要改进管理和服务方式，多实行目标管理、绩效管理，而不是中间过程管理；注重宏观管理而不是细节管理，抓总量管理而不是具体审批，与经费挂钩不明显的事项尽可能下放学校。统筹归并各类评估检查，多采用网络化和信息化手段，切实为高校减负。各省在区域内高校和学科专业布局、人才培养结构、招生计划调配等方面，总体上以竞争机制进行资源配置，同时也需要起到托底作用，向经济欠发达地区和办学水平较弱的高校倾斜，促进高等教育公平、协调发展。

五要强化高校面向社会自主办学的主体责任。高校作为独立的法人主体，享有法律赋予的权利能力、行为能力和责任能力。强化高校主体责任，应当坚持系统推进，注重抓好"两头"。一头抓顶层，强化高校章程的完善和执行。当前，各地教育部门已基本完成地方所属本科院校的章程核准发布工作，但从贯彻实施情况来看，一些高校章程的参与度、知晓度不高，获得核准后被束之高阁，师生对章程认同不足，严格按章办事的积极性不高。章程的生命力在于实施，应全力推进高校章程的落实，充分调动各利益相关方的力量，以章程统摄校内各项治理规则，注重用制度管权、管人，建立高校自主发展和自我约束机制。另一头要抓基层，发挥二级院系特别是教师的积极性。高校自主确定教学、科研、行政职能部门等内设机构设置和人员配备，编制和干部可实行备案管理。管理职责和人财物都应向二级学院倾斜，让基层学术组织拥有更大的自主权，让广大师生自觉主动参与到学校改革发展实践，自下而上夯实改革的基础，整体提高下放权力的承接能力。

六要大力推动社会力量参与和支持高等教育。推进高等教育领域"放管服"改革，既向下级政府和高校下放权力、加强监管，也应向社会放宽准入、购买服务，鼓励各类高等教育中介服务跟进与补位，尤其是第三方的督导评估，与教育督查问责形成合力，保证监督结果的客观性和公信力。前不久出台的民办教育"新法""新政"，实质性放开了民间投资教育，社会资本进入高等教育的广度深度不断拓展。要加快研究出台新的实施条例和细则、配套的引导政策和操作办法，清晰传递国家大力支持社会力量参与教育发展的政策信号，稳定社会力量对教育未来发展前景的积极预期。要强化产教融合、校企合作的战略引擎作用，发挥高等学校和企业在人才培养中的双主体作用，推动一批深度参与高等教育的"教育型企业"发展。建立培养目标、教师队伍、学科专业、资源共建共享的全流程协同育人机制，在真刀真枪的环境中培养一大批具有专业技能、工匠精神的高素质劳动者和各类人才。创新地方高等教育办学模式，积极支持各类主体通过独资、合资、合作等多种形式参与兴教办学，促进市场更有效配置教育资源，进一步调动社会力量参与和支持高等教育发展的积极性。

# 应重视对我国学制改革的研究探索

郑真江

　　学制是规范各级各类教育性质任务、培养目标、入学条件和修学年限的基础性制度。我国基础教育的主流学制是小学 6 年、初中 3 年、高中 3 年，这一学制最早可追溯到 1922 年北洋政府确立的"壬戌学制"（也称"633"学制）。"壬戌学制"是我国近现代教育史上实施时间最长、影响范围最广的学制。新中国沿袭这一学制，此后历经多次大调整。改革开放后，我国重新确立"633"学制，并完善学前教育、高等教育等学制设置。"633"学制发展至今，已近百年历史。近年来，不少人大代表、政协委员呼吁推进学制改革，提出了"532"学制、"55"学制、十年一贯制等不同方案，学制改革日益成为各方关注的焦点。

## 一、我国学制改革实践正悄然兴起

　　学制改革不仅涉及修学年限长短，还涉及学制结构、学段衔接、升学体制等多个方面。围绕学制各领域各环节，一些地方和学校积极探索学制改革，形成多种改革模式。一是缩短学制年限。这是学制改革的焦点难点，但实践探索并未止步。比如，上海实验学校推行"433"学制，从小学到高中实行十年一贯制，学生 16 岁左右考入大学，本科率达 100%，近半数学生被世界名校、国内一流高校录取。江苏从 1984 年开始，率先开展五年制职业教育，将中职与高职连接起来，传统的 3 年中职、3 年高职合并为 5 年。现在很多高校建立本硕博连读等多元学制，将硕士学制由 3 年改为 2 年，目前全国两年制硕士在校生占 13.3%。二是调整学制结构。这一改革不缩短学制，而是调整学段年限，最集中的体现是将"633"学制改为"543"学制。比如，上海从 2004 年起推行"543"学制，解决小学过松、初中过紧的问题，目前已在全市全面推广。除了上海之外，北京、浙江、江苏、山东等地部分学校也开展"543"学制探索。还有一些学校调整中学的学段结构，比如，四川成都嘉祥外国语学校试点初高中"24"学制。三是消除学段衔接。这一改革相对温和，不缩学制、不调结构，采取对口直升方式，消除小升初、初升高的衔接环节，最典型的是九年一贯制义务教育。教育部 2014 年统计显示，我国现有九年一贯制学校近 1.5 万所，十二年一贯制学校近 1000 所，不少地方和学校开展中小学和职业教育十年一贯制、五年一贯制、六年一贯制等各类改革实验。四是实行弹性学制。这是各方较有共识度的改革。比如，普通高中的学分制，教育部 2003 年颁布《普通高中课程方案（实验）》提出，普通高中课程由必修和选修两部分构成，并通过学分描述学生的课程修习状况。再如，一些地方和学校探索"跳级"形式。今年山东颁布实施的《普通中小学学籍管理规定》明确提出，中小学学生可以"跳级"，"本学段内只允许跳级一次"，同时规定"543"学制的小学毕业生可升入"633"学制的小学六年级或初中一年级，"633"学制的小学毕业生可升入"543"学制的初中一年级或二年级，为学生提供多元学制选择。

## 二、现代经济社会发展推动学制不断演化

学制是国家规范教育行为的基本制度。历史时期不同、时代背景不同、经济社会条件不同，都会对学制调整提出新的需求。19世纪前半叶，美国还是农业国家，确立"633"学制前，当时各州大多实行"82"学制。随着19世纪末工业化运动兴起，这一学制的弊端逐步暴露，漫长的8年制小学教育导致高辍学率、低升学率，人才培养跟不上工业化潮流。20世纪初，美国确立"633"学制，小学学制逐步缩短，初中教育、职业教育蓬勃发展，有力支撑了工业化发展，这一学制也为不少国家所效仿。20世纪中后期，随着经济发展和科技突飞猛进，对高素质人才的需求持续放大，越来越多的人主张延长中学学制，满足学生的职业训练和升学需求，四年制的"中间学校"在美国广泛兴起。目前美国"444""543"等学制多元并存。随着学前教育和小学教育普及，很多国家把学制重心向高层次教育倾斜。比如，法国实行"543"学制，德国采取"453""463"等多元并行学制。日本将初、高中合并为六年一贯制中等学校。英国虽实行"652""752"学制，但提前了入学年龄，一般4岁上学前班，5岁上小学一年级。韩国实行"633"学制已60多年，新世纪以来，为解决日益严峻的老龄化和低生育率问题，2007年韩国政府提出《展望2030人力资源利用的"2+5"战略》，也就是提早2年利用人力资源、延长5年退休年龄的改革方案。目前韩国学制改革方案争议仍然较大，但无论是缩短年限的方案，还是调整学制结构的方案，都倾向于主张将小学压缩至5年，为中学教育预留更大的空间。现代科技特别是信息技术的发展，推动了教与学的"双重革命"，对学制改革提出了更高要求。现代信息技术深度融入教育

教学，提高了教学的效果和学习的效率，学生获取知识的途径更加多元，一些优秀的学生能够以较短的时间完成高质量的学习任务。传统的学制以学习年限为特征，但现代教育更加强调以学习效果为衡量标准，一些依托现代科技手段的新型教育模式打破了按部就班的传统教学顺序，教师因材施教，学生因需而学，自主学习、共享学习的需求更加旺盛，整齐划一的学制无法满足学生的个性化、多元化需求，迫切要求建立更有弹性的学制体系、营造更加灵活的学习环境。

### 三、我国推进学制改革的条件日益成熟

新中国成立特别是改革开放以来，我国经济社会各领域发生了翻天覆地的变化，对推进教育现代化、完善现代学制提出了新的要求。从新时期青少年身心发展特点看，1985—2014 年教育部等部门五年一次的学生体质健康调查显示，随着社会物质生活水平的提高，学生的身体发育、青春期比过去大大提前，比如身高、肺活量发育比过去提前 1—3 岁。根据第 39 次《中国互联网络发展状况统计报告》，我国 10 岁以下的"小网民"超 2200 万。现在孩子每天沉浸在海量的"信息刺激"中，智力开发期、心理成熟期大大提前。心理学研究认为，现代学生心理成熟期比过去早 1—2 年。面对青少年身心发展的新趋势新特点，迫切要求对现行学制的年限长度、结构等进行科学论证和适当调整，制定更加符合青少年身心发展规律的学制体系。从新时期教育事业发展的基础看，1978—2016 年，我国小学净入学率从 94% 提高到 99.9%，初中毛入学率从 20% 提高到 104%，高中阶段教育从不到 10% 提高到 87.5%，高等教育从不到 1% 提高到 42.7%，教育总体发展水平已进入世界中上行列。值得注意的是，近年来我国

大力普及学前教育，学前三年毛入园率去年达 77.4%。由于学前和小学加起来长达 9 年、学习时间相对宽裕，一些家长选择幼升小、小升初衔接班，提前让孩子进入下一学段的学习。比如，北京幼儿园"小班入园、中班毕业、大班流失"的现象严重，很多大班孩子直接转到社会的"学前班"，提前进入小学阶段。一些幼儿园流失率高达 50% 以上，不得不对剩下的孩子重新"合班"。可以说，传统的以中小学为主的"633"学制正向学前教育和高等教育延伸，迫切需要统筹考虑从幼儿园到大学各个学段的学制安排，平衡好孩子成长不同阶段的负担。从新时期我国经济社会发展的需求看，新世纪以来，我国人口发展出现重要转折性变化，劳动年龄人口已连续五年净减少，去年降至 9.07 亿，比上年减少 349 万，五年累计少了 3325 万；老龄化程度不断加深，60 岁以上的人口达 2.2 亿左右。根据《国家人口发展规划（2016—2030）》的研判，到 2030 年，60 岁以上老年人口将达到 25% 左右，0—14 岁少儿人口将降至 17% 左右。同时，我国新增劳动力平均受教育年限已超过 13 年，到 2020 年将达到 13.5 年。新增劳动力平均受教育年限每增加 1 年，意味着每年将有数百万适龄劳动人口延迟进入劳动力市场。总的看，劳动年龄人口、老年人口比重和新增劳动力受教育年限"一降一升一长"，这些因素相互交织，对我国未来劳动人口规模结构影响深远。为此，加快学制改革论证，探索缩短学制、弹性学制、多元学制等不同途径，平衡好教育人口与劳动人口的关系，提高学制与经济社会发展的适应度，对我国经济社会发展具有战略意义。

## 四、学制改革既要稳妥又要积极

深化学制改革，对促进人的全面发展、提高人力资源开发效率、推动经济社会发展具有全局性影响。我们应着眼于国家现代化建设的全局，着眼新时期我国经济社会发展的特点趋势，认真研究分析现行学制的得失利弊，把学制改革作为推进教育现代化的基础性工程。

一要科学论证、长期跟踪。学制一旦调整，事关百年大计。学制改革并不缺具体方案，缺的是扎实可靠、科学合理的论证基础。从国家层面看，当务之急是要组织专门力量，加强实践和理论基础积累，梳理分析各国学制改革动态和发展趋向，开展专业、全面、长期的跟踪调查和科学评估，为各地各校推进改革提供权威的理论和实证支持。

二要因地制宜、分类指导。我国校际、城乡、区域教育发展水平差距较大，学制改革实践各有侧重。面对这些改革探索，国家层面应该加强顶层设计和指导。学制可以改什么、不能改什么、谁有权来改，既要兼顾不同地区、不同学校、不同学段、不同群体的需求，做好对改革试点的法律授权，不能任由其发展（比如，《义务教育法》第2条规定，"国家实行九年义务教育制度"，但弹性学制、"跳级"等改革让学生7年或8年就可以完成义务教育），也要把握改革的节奏，避免"一刀切"，或一哄而上、无序发展，处理好单一性与多元性、稳定性与灵活性的关系，为学生成长提供多样的选择。

三要先易后难、循序渐进。学制改革不可能一蹴而就。对改革共识度较大的，比如推进高等教育和职业教育学分制、探索弹性学制等，要完善政策制度设计；对实践基础较好的，比如打破学段衔接、优化结构等改革，应全面总结、科学评估，理清利弊后有序推进；对各界争议较大的，比如缩短学制年限改革，既不能贸然推广，也不能裹足不前，应密切关注、跟踪调研，待论证成熟后再逐步推广。

四要加强统筹、协调推进。学制改革牵一发而动全身。要统筹学前、初等、中等和高等教育等各学段，统筹体制改革、课程设置、师资配备、教材建设、学校布局等各领域工作，综合权衡青少年身心发展规律、教育发展基础、经济社会状况等多重因素，体现时代性、发展性、多样性，体现终身教育的理念，努力构建符合国情、科学合理、富有效率的学制体系。

# 应重视新科技革命背景下的
# 新型教育模式发展

郑真江

近年来，随着新一轮科技革命和产业变革从孕育兴起到加速突破，包括教育在内的各领域发生深刻变革，越来越多新型教育模式不断涌现，受到家长和学生的欢迎。应加强对新型教育模式的研究和探索，加快推进我国教育现代化。

## 一、新科技革命催生了一批新型教育模式的实践

科技发展既加快重塑教学环境和学习生态，也推动教育思想、教学理念的深层次变革。比尔·盖茨认为，"科技能够使教育惊艳众人"。在新科技革命背景下，一批深度融合现代科技、体现现代教育理念的教育模式不断涌现。

一是以大规模定制化为核心的新型教育模式。因材施教是一项重要教学原则，但受限于教学时间、学生人数、师资条件等，因材施教"说起来容易做起来难"。随着现代信息技术特别是移动互联网、移动终端等的发展，为提升教学效率、实现个性化教学提供了实现途径。比如，美国私立学校 AltShool 小学推进"以儿童为中心"的教学，通过数字平台分析每个学生的兴趣爱好、

优势弱势，为每个学生量身定制"学习清单"，进而跟踪他们的学习进度和成长轨迹。教师的教学活动打破传统教学大纲的标准流程，而是根据数字平台实时反馈的学生学习情况，"缺什么补什么"，开展有针对性的、个性化辅导，这既节约了教学时间，也提高了教学效果。该校还得到了扎克伯格、PayPal创始人等上亿美元的投资，被寄希望"拯救美国岌岌可危的公立学校系统"，去年纽约校区的招生录取率仅6.7%，比申请常青藤高校还难。依托科技手段推进个性化学习越来越成为发展趋势，荷兰阿姆斯特丹乔布斯学校、德国叙斯特汉斯小学都采取个性化定制的教学模式。著名社交网站Facebook与加州峰会公立学校共同开发个性化学习计划软件（PLP），帮助学生自主安排学习计划，帮助教师实施个性化教学。

二是以提升创新能力为目标的新型教育模式。新一轮科技革命呈现出多学科、跨领域交叉融合创新态势，对未来人才的知识结构和能力素养提出了新的要求，越来越多的人开始反思现行教育体制，探索人才培养新体制。近年来，以创客教育、创新课程等为代表新型教育模式层出不穷。比如，美国倡导STEAM教育，大部分中小学都设有STEAM专项经费。STEAM教育打破传统的科学、技术、工程、艺术、数学等单一学科教学局限，开辟了重实践、跨学科、促融通的新型教育模式。该教育模式以项目为周期，由学生自己提出问题，然后通过多学科知识寻找解决方案并动手创造实物，培养他们的创新创造能力。STEAM教育模式已风靡全球，我国虽刚引入不久，但包括北大附中、清华附中、人大附中等名校在内的600多所中小学开设了STEAM教育课程，以机器人、3D打印、编程等为主题的各类社会培训机构如雨后春笋般涌现，国际STEAM教育培训巨头也抢滩中国。据统计，国内仅机器人教育机构就超过 7000 家，业界普遍认为未来五年随着全面二孩政策效应持续释放，我国 STEAM 教育市场将突破 500 亿元。创新教育让很多前沿技术从原本的"遥不可及"变成现在的"家常便饭"，一些中学生开发的机器人甚至连专业的机器人公司都大为惊叹。

三是以共享学习活动为特征的新型教育模式。《第三次工业革命》作者杰里米·里夫在新作《零边际成本社会》中提出，在"万物互联"时代，数十亿人和数百万组织连接到物联网，将使人类在全球协作共享中分享经济生活，带领人类进入"零边际成本"社会。近年来，共享单车等新业态蓬勃发展。事实上，新科技革命不仅推动了共享经济，也加快共享学习等新型教育模式发展。比如，美国有个技术分享网站，该网站主要采取视频形式教学，但承担教学任务的不是教师而是学生，网站鼓励每个人录制视频、分享自己的独有技能和知识。分享学习既激发了个体探求新知的欲望，也拓展了每个人的学习范围。再如，创建于硅谷的 iTutorGroup 在线教育集团，改变传统教育中师生的单一对应关系，而是将来自全球的数万教师和数万学生放在同一个平台，在收集师生基础数据和偏好的基础上，通过最优化算法实现学习需求和教学供给的智能匹配，规模庞大的教师团队为每个学生"随选专家""随需而学"提供了便捷途径，而教师的薪酬取决于学生对上课质量的打分。该在线教育集团得到了高盛、阿里巴巴等数亿美元融资，成为一家估值高达 10 亿美元的全球领先教育平台。

四是以强化自主学习为方向的新型教育模式。现代科技发展推动知识传播从传统的纸质媒介向数字化、虚拟化媒介转变，学生获取知识的途径更加多元，自主学习需求更加旺盛。有研究显示，2012—2016年我国在线教育市场规模从700亿上升到1560亿元，短短四年翻番。随着各类慕课、大数据等发展，教与学的格局加快重塑，越来越多的学校采取翻转课堂、混合式教学等模式，将传统的课堂教学、课后强化改变为课前学习、课堂探讨，教学重心从传道授业转为解疑释惑。比如，美国有2万多所学校的教师不讲数学课，让学生直接观看可汗学院的数学视频教程，老师只负责在课堂上答疑。再如，秘鲁Innova私立学校以低廉价格创造高质量教学，将教师主导、以项目为基础的小组学习体验和自我主导、以数字平台为基础的自学体验结合起来，达到了良好教学效果，学生的数学成绩和沟通能力成绩分别是秘鲁全国平均水平的三倍和两倍。

五是以优化学习生态为重点的新型教育模式。近年来，随着智能手机、平板电脑和移动互联网的快速普及，数字化学校、数字化教师、游戏化学习等发展步伐加快，大量集智能性、互动性、开放性为一体的教育APP持续涌现，学习的方式更加灵活，学习的生态发生深刻变革。调查显示，去年我国教育APP平均每月活跃用户数保持在2亿左右，寒暑假活跃用户量下滑两三千万。这说明，大量在校学生都在使用各类教育APP进行学习。教育APP已经成为仅次于游戏APP、排名第二的网络应用软件，教育市场步入"指尖时代"。比如，某互联网企业利用自身庞大的数据资源，开发了一款辅导学生做作业的教育APP，学生碰到难题拍照上传就能得到解析步骤和答案，还有全国众多名校教师在线提供一对一的答疑解惑。我国义务教育阶段学生2.6亿人，而该款教育APP注册用户突破1.75亿，拥有题库超过1.3亿条。教育APP涵盖各级各类教育，覆盖从基础学习、答题辅导、口语练习、学习计划、模拟考试等各领域，成为学习的必备工具之一。一些教育培训与游戏开发相结合,让学生在"玩中学",得到越来越多家长的认可。国外研究表明,教育游戏在帮助学生提高学习兴趣与效率、减缓遗忘等方面具有积极作用。同时,虚拟现实和增强现实等新技术也在加快推广使用,将学习体验从 2D 时代提升到 3D 时代。比如,"AR 地球仪",可以让学生"身临其境"体验太阳系八大行星的运行模式,将很多抽象复杂的内容更加生动、直观地呈现出来,提供了互动式媒体环境和沉浸式学习体验。

## 二、新型教育模式发展将对现行教育体制产生变革性的影响

从全球范围看,新型教育模式的实践与探索虽然只是刚刚起步,但已呈现出强大生命力。新型教育模式伴随科技发展不断丰富和深化。有研究表明,人工智能、脑科学发展,未来教育将迈向更加智能化、更加高效化、更加个性化的新阶段。但也要看到,新型教育模式将对教育理念、手段、方式等产生深刻的影响。

一是教师的职业角色面临深刻变革。2014 年世界教育创新峰会(WISE)开展"2030 年的学校"调查,访谈了全球 600 多位教育专家。结果显示,73% 的专家认为教师角色将转变为学生自主学习的指导者,仅有 19% 认为教师角色是传授知识。以美国私立学校 AltShool 小学为例,由于推进个性化教学,需要依托庞大的数据资源和互动的数字平台,该校雇员中有 1/3 是程序员。美国非营利机构教学质量中心发布《教学 2030》预测,到 2030 年教师将是一个混合型职业,甚至会成为"教师企业家",一部分时间用于教学,一部分时间当学生的指导专家、学习设计师、虚拟导师、知识管理者等。

二是学生的学习方式面临深刻变革。随着学生获取知识的途径越来越广泛，信息网络和技术平台将自主学习、团队学习、分享学习有机嵌入到学习活动中，对传统的"重课堂教学轻自主学习"的模式产生冲击，未来自主学习的比重将大幅提升，学习者的主体地位进一步彰显。世界教育创新峰会的调查显示，近半数专家认为在线内容将成为人们未来获取知识的第一来源，83%的专家认为课程内容将更加个性化，68%的专家认为大数据将成为构建教育社区的得力工具。未来教育发展在强调学生自主学习的同时，对学生利用信息、获取知识、解决问题等也提出了更高的要求，要求学生具备更加宽阔的国际视野。比如，根据世界教育创新峰会的调查，46%的专家认为教育所用语言将是全球性语言，学校将成为一个以课堂为点的全球交流网络。

三是学校的组织模式面临深刻变革。新科技革命重塑了教与学的格局，对学校教育理念、教学方法、评价手段、管理方式等将产生深刻影响。去年，联合国教科文组织发布的《反思教育》认为，虽然实体学校不会消亡，但是数字化、互联网大大拓宽了学习空间，给以课堂为中心的学习带来挑战。比如，传统教育都是依照教学大纲按部就班开展教学活动，而新型教育模式打破了传统教学的标准化流程，要求课程安排更加灵活、教学内容更加个性化，这对学校的教学管理方式提出新的挑战。再如，传统教学中，为检验学生的学习效果，采取考试、布置作业等方式，很多教师把大量时间花在批考卷、批作业上，而新型教育模式将学习过程、学习效果检测集中到数字平台上，教与学都实现了数字化集成，这对学校的数字平台开发能力、教师开展数字化教学的能力提出了新的要求。还有，随着人才培养理念从重知识传授向重能力培养转变，加强对学生创新能力教育，也对学校统筹校内外资源、加强教育教学创新提出了新的要求。

四是教育的管理体制面临深刻变革。随着新技术的发展，传统的以学校为单位、以学生为对象的管理体制无法适应发展需求。比如，传统的民办教育发展主要集中在实体学校，但现在正逐步向虚拟网络空间方向发展。规模庞大的教育 APP 软件已深深嵌入到学生的日常学习中，但质量良莠不齐，一些教育 APP 追求经济利益、忽视教育价值，一些教育游戏软件"好玩的没有教育意义，有教育意义的不好玩"。斯坦福研究院学习技术中心主任杰里米·罗舍尔指出，"事实证明，要制作比学校教学更出色的游戏或娱乐内容是相当困难的"。面对这些新情况新问题，迫切需要有关部门加强对教育产业和市场的规范引导。再如，随着自主学习的发展，教育公共服务的重心发生一定转移，不仅要建好实体学校，也要加强网络公共教育培训平台的建设，统筹社会各方的数字教育资源，服务教育发展。还有，传统的教材出版大多采取纸质材料，数字出版发展十分薄弱，亟待加强。

## 三、几点建议

新型教育模式的蓬勃发展说明，我们已处在一场深刻的教育变革之中。应主动适应新科技革命发展和教育变革潮流，加强顶层设计和制度安排，推动我国教育现代化建设迈上新的台阶。

一是加强对新型教育模式发展的分析研判。新科技革命对现行教育体制的影响有多大、改造有多深，目前尚难作出全面准确的判断，但从日益兴起的各类新型教育模式发展趋势看，不论是理念更新，还是手段创新，对教师教学、学生学习、学校管理都将产生系统性连锁性的影响。我们应加强对世界各地新教育模式实践的研究，认真分析未来教育发展走势，为抢占未来教育发展制高点做好充分的准备。

二是前瞻布局教育现代化发展纲要。我们应从未来教育发展趋势的视角，着眼科技革命深入发展的视角，审视现行教育体制存在的不足和问题，找准推进教育现代化的有效途径。在制订面向未来的教育现代化的发展蓝图中，应当增强前瞻性针对性，推动新技术与教育实践深度融合，引领教育变革潮流，开辟我国教育现代化的新进程。

三是鼓励各地各校先行先试。随着科技革命的发展，教育改革和创新进入了活跃期。面对不断兴起、影响日益广泛的教育变革潮流，我们既要大胆推进现行教育体制改革，也要迈稳脚步、一步一个脚印。应坚持试点先行，鼓励一些地方和学校开展实践探索，为深化教育改革提供实践样本和经验积累，一旦成熟，再面向全国逐步推开。

四是完善现代教育治理体制。随着现代信息技术的发展，新型教育模式越来越多，教育产业的新业态新模式越来越多，教育的管理方式、学生的学习方式、教育评价机制、教师职业发展等发生深刻变化。我们应密切关注实践发展，完善教育宏观制度，创新评价手段，加强对教育产业和市场的规范引导，制定有针对性的监管体制，促进各类教育培训市场健康发展。

# 六、推进卫生健康和养老服务业改革发展

# 应进一步打通社会办医等健康
# 服务业发展面临的堵点痛点

侯万军　王汉章　王天龙　许金华

2016 年召开的全国卫生与健康大会明确提出，树立大卫生、大健康的观念，把以治病为中心转变为以人民健康为中心。发展健康服务业是大健康理念的重要体现。随着人们生活水平的提高以及人口老龄化趋势的加快，人民群众健康消费需求呈现爆发式增长，大力推动健康服务业发展的任务十分紧迫。当前，我国健康服务业的很多问题在医疗服务领域尤为突出，深刻剖析社会办医等方面存在的困难问题，对于推动健康服务业良性发展具有重要意义。近日，我们就此问题邀请有关专家和行业企业代表进行了座谈。大家普遍认为，近年来，党中央、国务院高度重视健康服务业发展，各地各部门出台了许多鼓励支持的政策措施，特别是"放管服"改革持续深化，有力地推动了这一产业的快速发展。但是，与经济领域"放管服"改革相比，社会领域改革相对滞后，在发展社会办医等健康服务业方面，一些地方和部门对如何协同发挥好政府和市场作用存在认识上的不同，政策配套和操作层面跟进不及时，制约了改革成效，影响了社会办医等健康服务业发展。反映比较突出的有以下"五难"。

## 一、准入难

一些民营企业家反映，健康服务业市场的"蛋糕"很大，但要进去"吃上一口"，犹如登"蜀道"，难于上青天。一是审批环节多、时限长。比如，一位回国创业的医生在上海申请开办连锁全科诊所，花了近 2 年时间尚未完成一家诊所的审批手续。而在美国、日本等国以及我国香港、台湾地区取得执业许可证书的医生只要到工商行政部门备案几天后就可开业。在投资环境较好的上海尚且如此，其他地方可想而知。大家反映，过去通过盖章审批，"放管服"改革后变为核准，实际上还是审批，"换汤不换药"，表面上盖章减少了，但办事程序一个没少、时间一点没减。二是准入门槛高。很多"一刀切"的规定让许多寻求差异化发展的民办医疗机构"望而却步"。比如，出于消防安全考虑，规定在社区举办的医养结合机构不能超过三层，导致投资者很难在寸土寸金的城市黄金地段收回成本。又如，有的规定办美容机构必须设立美容牙科；医院门诊楼必须要建 X 光室，等等。还有，有的地方对申办社区诊所选址规定"五不可"：周边隔壁有学校或餐馆不可，公共写字楼、大型超市内不可，同一个地址门牌号内进行分隔不可，房屋层高超过 5 米以上加层的店铺不可，诊所小于 40 平方米不可。如此多的"不可"客观上提高了社会办医疗机构的准入门槛。三是证照不合一问题突出。在我国，营利性医疗机构按照《公司法》为公司法人，在工商部门申请执照时往往登记为"某某医院有限公司"，而卫生计生部门的执业许可证上一般注册为"某某医院"。名称的不一致导致患者持抬头为"某某医院有限公司"的看病发票到医保部门无法报销。大家反映，国家层面鼓励支持社会办医的政策总体上比较原则，给地方探索留下了较大空间。一些地方主动作为，较好地解决了实践中遇到的困难问题。但也有一些地方存在"懒政""怠政"。比如，一位民营医院负责人说，他想建一家血透中心，国家政策虽然鼓励，但当地的卫生计生行政部门拿出种种借口予以搪塞，先是说国家虽有政策但无细则、不好操作；等省里出台了细则后，又说没先例、要再等等看；在其他省有了先例后，又说要领导批示，直至有了领导批示才开始受理。

## 二、融资难

社会办医投入大、周期长，从拿到执照开业到正常运行最少需要 5 年左右时间，能否获得持续稳定的资金支持至关重要。目前，多数民办医疗机构都注册为非营利性机构。根据我国《物权法》第 184 条规定，"学校、幼儿园、医院等以公益为目的的事业单位，其教育设施、医疗卫生设施和其他社会公益设施"不得作为抵押物。司法部门据此作出了民办非营利性医疗机构不得将其设施（用地、房屋、大型设备）用来抵押贷款的司法解释。在此情况下，民办医疗机构既不像公立医院、有政府信用做后盾申请贷款，又不能申请抵押贷款，也难以像国外非营利性医院一样、主要通过发行免税债券等形式融资。另外，即便是营利性医疗机构，贷款融资也困难重重。据反映，很多大型国有商业银行对信贷投向均有规定，不向营利性医院、一级医院和医院以外的其他医疗卫生机构贷款，再加上很多非公立医疗机构开办初期往往规模小、注册资金少，更是难以符合贷款资质。

## 三、医保定点难

现在全民医保制度已经建立，医疗机构能否纳入医保定点范围，关系其"生死存亡"。大家反映，在实际执行中，民办医疗机构很难进入医保定点，纳入定点的只占总数的20%，而公立医疗机构基本全覆盖。一是申请难。一些地方以定点医疗服务机构总数接近饱和、无法新增为由，把民办医疗机构排除在定点之外。二是审查标准不统一。相比较服务能力、质量等软件水平，硬件条件反而成了民办机构纳入医保定点的"拦路虎"，比如，有的地方以床位数为标准，床位少的机构不能纳入医保定点，制约了一些"小而精"的医疗机构发展。还有的地方对定点机构的开业时间长短提出要求，标准不统一导致民办机构在申请时难以适从。三是对报销总额进行限制。现在，不少地方仍对具体医疗机构实行医保总额控制。但在总额分配方面，民办医疗机构却往往处于不利地位。有医院反映，民营医院医保报销总额一般限制在其营业额的10%左右，而公立医院则可达到60%以上。

## 四、加入医联体难

建设医联体是推进分级诊疗、促进优质医疗资源上下贯通、增强基层服务能力、方便群众就医的重要举措，在实践中也取得了较好成效。但一些地方的医联体建设"变形走样"，不是从帮扶基层、建立合理就医秩序的角度出发推动改革，而是演变成为公立医院"跑马圈地"、瓜分医疗市场的手段。比如，有的地方利用行政手段"拉郎配"，把辖区内的基层医疗卫生机构"划分"给几家公立医院，民办机构只能"干瞪眼"、当"局外人"。甚至有基层医疗机构上转一名患者，可获得上级医院多则100元、少则50元的"奖励"。有的许诺把每个病人毛收入的10%"奖励"基层转诊人员。这些做法加剧了公立大医院的"虹吸"效应，不仅制约了民办医疗机构的发展，也与医联体建设的初衷背道而驰。中国非公立医疗机构协会负责人说，过去民营医院在夹缝中生存，现在连"缝"都给堵上了。

### 五、持续发展难

主要体现在三个方面：一是人才缺。人才是社会办医可持续发展的基石。近年来，虽然国家出台了一些加强民办医疗机构人才队伍建设的政策措施，但民办医疗机构人才"短板"问题始终是最大制约。民办医疗机构对人才吸引力不强的一个重要原因，是职业发展通道窄、空间小，特别是在职称评定、学术活动、课题申报等方面几乎不可能。这反映出符合"社会人"要求的人事管理和评价激励体系尚未建立。即便是已经具备一定学术地位的"大牌医生"，选择民办医疗机构也可能面临着丧失既有学术研究平台的风险。因此，现实中民办医疗机构往往只能招聘已经退休的老医生或是刚毕业的年轻医生，医务人员年龄断层情况严重。二是税负重。2000年财政部、国家税务总局《关于医疗卫生机构有关税收政策的通知》（以下简称《税收通知》）明确规定，"对非营利性医疗机构按照国家规定的价格取得的医疗服务收入，免征各项税收。"但由于2008年企业所得税法及实施条例的颁布，以及财政部、国税总局对非营利性组织免税资格出台了新的认定办法，导致《税收通知》虽然未被废止，但各地认识理解不一、执行千差万别，一些地方对非营利性医疗机构征收25%的所得税。据了解，近年来由于财政收入压力加大，一些地方甚至打算向公立医院开征所得税，而在大多数国家和地区，非营利性医疗机构都是免税的。另外，《税收通知》中有关营业税的免税规定已被废止，"营改增"后部分地方对医疗收入开征增值税，这都导致民办医疗机构税负加重。三是监管弱。座谈会中大家普遍反映，在"简政放权、放管结合、优化服务"三方面中，"放"进展很大，"管"稍见起色，"服"差距很多，"重审批、轻监管、弱服务"的问题普遍存在。绝大多数民办医疗机构是希望加强监管的，只有监管严格了，才能净化行业风气、促进良性发展，否则就会出现"劣币驱逐良币"的现象。然而，虽然民办医疗机构数量上已经占据了半壁江山，但从国家到地方，卫生计生主管部门却没有针对社会办医的专门监管机构。多头监管、力量分散的问题比较突出，信息化、大数据等技术手段在医疗服务监管方面的应用还比较有限，监管主要集中在硬件设施和资质审核方面，对质量安全乏人问津，日常监管和服务更是跟不上。可以说，民办医疗机构的不少"乱象"，与政府监管缺失、服务没有跟上有着密切关系。

总之，健康服务业是新兴的战略性产业、也是朝阳产业，世界各国都高度重视，欧美等发达国家正在全球进行布局。我国虽然有近14亿人口、市场前景广阔，但健康服务业发展起步较晚，目前社会办医"单兵突进"，上下游产业和关联产业孵化不足，难以形成产业链和产业集群。这一方面制约了健康服务业的整体发展，以非营利性机构为主的医疗服务业不足以支撑整个健康服务业；另一方面也使得医疗服务业难以向养老、旅游、养生保健、食品等相关产业渗透，只能与公立医院在同样的轨道上搞同质化竞争。与此同时，健康保险等行业的发展滞后，使得民办医疗机构在提供高端服务方面也面临阻力。反观欧美等发达国家，健康服务业的发展首先体现在健康管理、健康保险、长期护理等方面，以此带动医疗服务业呈现多元多样的发展格局。长远来看，只有走多措并举、多点发力的路子，解决好社会办医"腿长"、其他健康服务业"腿短"的"瘸腿"问题，促进相关产业协同发展，才能从根本上推动我国健康服务业提质增效。

# 应及时总结经验、不断完善我国大病保险制度

侯万军　王汉章　王天龙

　　大病保险作为我国基本医保制度的拓展和延伸，是用中国式办法破解医改世界性难题的一项重大制度创新。2012年国家启动实施大病保险制度建设试点，2015年全面推开。5年多来，这项制度覆盖了10.5亿城乡居民，惠及了千万大病患者，国际社会给予积极评价。近期，我们就大病保险制度建设情况进行了研究，并邀请保监会及中国人寿、中国人保财险、人保健康、太平洋寿险、平安养老等商业保险公司有关同志进行了座谈。现将有关情况报告如下：

## 一、大病保险制度放大了全民基本医保的保障效应

　　大病保险制度顶层设计的关键举措有两条：一是从全民基本医保基金中拿出较小一部分基金对大病患者发生的高额医疗费用给予再保障，重点减轻大病患者就医负担。二是管理服务不再由政府直接经办，而是通过购买服务方式委托商业健康保险机构经办。这样，不仅拓展延伸了全民基本医保的保障功能，也推动了全民基本医保从理念到制度的重大创新。

一是强化了基本医保兜底线的保障功能。由于我国城乡居民医保筹资标准相对较低，难以撑起对大病患者的兜底保障作用。2017 年城乡居民医保政府补助与个人缴费筹资水平合计不到 600 元，一般患者住院费用实际报销比例为 55% 左右，三级医院住院报销不到 40%。对大病患者而言，很多使用的药品和检查均超出了医保目录范围，实际报销的比例更低，自费负担很重。建立大病保险制度的目的，就是在基本医保报销的基础上，对大病患者发生的高额医疗费用进行二次报销，且费用越高，报销比例越大。五年来，大病保险累计受益超过 1300 万人，大病患者医疗费用实际报销比例普遍提高 10 至 15 个百分点。全国最高赔付金额达 111.6 万元，有效减轻了大病患者经济负担。特别是这项制度在脱贫攻坚中，很好地发挥了防止贫困群体因病致贫返贫的重要作用。

二是探索了政府与市场协同发力改善民生的新模式。由政府负责筹集基金和制定保障政策，具体经办通过招标委托给商业健康保险机构。这样，就打通了基本医保与商业健康保险合作的通道，既发挥了商业健康保险专业、精算等方面的优势，助推了商业健康保险发展，也促进了政府职能转变，有效降低了行政成本，实现一举多赢。某保险公司反映，他们经营大病保险后，不仅提升了公司在参保居民中的知名度，更重要的是及时掌握了居民的健康需求，推出了一批更有针对性的保险产品，近年来该公司的业务每年增幅超过 40%。大家反映，这种新的大病保险经营模式使政府从具体事务中解脱出来，不仅可以集中精力强化政策制定、监督管理，还能节约财政支出。据了解，广东湛江推动这项改革起步较早，目前已经累计节约财政支出超过 2000 万元。大家普遍认为，大病保险制度最值得称道的创新之处，就是真正推动了政事分开、管办分开政策的落地见效，找到了政府与市场协同推动社会事业发展的契合点，应认真总结推广到社会其他领域。

三是提升了对医疗服务行为的监管水平。基本医保不仅要发挥好保基本兜底线的功能，还要承担对医疗机构诊疗行为和患者就医行为的监管职责。总体上看，我国在全民基本医保监管这方面还存在"短板"。大家认为，如果由政府既管又办，不仅受编制所限，很难抽出足够人力履行监管职责；而且公立医院也是政府办的，即使发现问题也往往大事化小、很难深究；同时，医保基金超支或结余与具体经办部门的切身利益关系不大，监管动力先天不足。而由商业机构经办就不同了，如果监管不到位，超支了要自己承担。某保险公司为加强监管，全系统配备了980多人的专业化管理队伍。某健康险机构几乎在每个定点医院都派驻业务管理人员，对发生的每一笔医疗服务开支都进行严格审查。据保监会反映，2015年商业保险公司在承办大病保险项目审核中，共发现问题案件43.7万件，减少了约22.7亿元的不当医疗费用支出。可以说，大病保险制度的建立有效地遏制了过度医疗现象，缓解了医疗费用过快上涨。

四是撬动了基本医保管理服务的重大变革。有专家指出，商业健康保险机构经办大病保险，等于把市场机制引入全民基本医保体系，医保的管理服务不再独此一家，有了竞争"对手"，就能倒逼政府有关部门进行改革。保监会反映，商业健康保险公司推出的智能审查系统，重构了基本医保的管理流程，开始时有的政府部门对此有抵触情绪，后来尝到甜头主动要求合作。不少地方政府逐步认识到，商业健康保险存在明显的管理优势，于是就主动把城乡居民医保、城镇职工医保以及医疗救助都委托给商业健康保险机构经办，有效解决了长期以来基本医保制度碎片化问题，实现了全民基本医保一体化管理和服务。比如，青海省就将基本医保也交给商业保险机构来经办。现在，大病保险制度经办的医保基金虽然不大，但"小荷已露尖尖角"，正撬动着我国医保体系管理服务的重大变革。

## 二、应高度重视大病保险制度运行中存在的问题

座谈中大家也普遍反映，尽管大病保险在实践中取得了巨大成效，但受制于思想认识、部门利益、体制机制等因素，还存在一些不容忽视的问题。

一是部分地区经办服务出现了回收倾向。大家反映，在城乡居民医保制度整合前，部门之间存在竞争，受形势所迫把大病保险委托给商业健康保险公司经办，现在逐步整合到某一个部门管理后，没有了竞争，就不愿意再交给商业机构经办了。有的地方甚至通过行政手段直接收回。据反映，陕西省相关部门已经与商业保险公司进行了商谈，准备将大病保险经办权收回。还有的在招投标中，制定苛刻的承办条件，让商业保险公司只能"知难而退"，形成事实上的"流标"，然后名正言顺地指定给所属单位经办。这些做法都极大地挫伤了商业保险机构的积极性。

二是保障水平偏低、各地差异大、筹资机制不稳。大病保险基金的筹集主要是从城乡居民基本医保基金中划出一部分作为资金来源，全国人均筹资标准只有33元，对大病患者实际保险比例只有65%左右。还有，由于大病保险相关文件没有明确规定筹资比例，缺乏稳定的资金来源，很多地方往往是"寅吃卯粮"，基金结余多就多划，反之就少拿，导致地区差异很大，低的地方人均筹资额只有5元，高的超过79元，相差15倍以上。

三是商业健康保险机构无法获取基本的数据信息。这几乎是所有经办机构反映最为强烈的问题。一些管理部门以保护参保人信息安全为托辞，拒绝向经办服务的商业健康保险机构提供参保人的相关信息，有的甚至连患者诊治费用有关支出明细单都不提供。钱怎么花的，合不合理，保险机构无法审核。拿不到患者信息，等于蒙住了经办机构的眼睛，只能照单付费，风险管控和精算服务都是空谈。

四是商业保险公司的经营风险日益加大。商业健康保险机构经办大病保险的基本原则是"收支平衡、保本微利"。各保险机构都明确表示，经办大病保险不是为了赚钱，但也不能长期亏损。目前，承办大病保险的商业保险机构大都处于亏损状态。主要原因有两个：一是地方政府在未与保险机构协商的情况下随意调整医保报销政策，扩大保险赔付标准和范围。有的地方把大病保险看作"唐僧肉"，遇到难解决的医疗费用支出，都让大病保险兜底。二是风险调节机制形同虚设。大病保险招标协议中明确规定，商业健康保险机构经办大病保险，赢利过多要退回，如因政策原因出现亏损，商业保险机构与政府要一起分担。但在实践中，赢利了保险公司必须要退，但亏损了政府却很少分担。

## 三、几点建议

应当说，经过这些年的实践，大病保险制度已经成为我国多层次医疗保障制度的一个重要支柱，既能保证人人病有所医，还增加居民即期消费，助推经济发展。党的十九大报告明确提出，要完善统一的城乡居民基本大病保险制度。深化医改，建立中国特色全民基本医保制度，必须把大病保险作为重中之重加以推动。为此提以下几点建议。

第一，把大病保险扩大到城镇职工。目前，大病保险主要覆盖了农民和城镇居民，而城镇职工尚未纳入。城镇职工虽然基本医保保障水平高于城乡居民，但一旦患上大病，仍有相当多的家庭会陷入困境。2012年国家出台大病保险试点文件，要求有条件的地方把城镇职工纳入大病保险制度建设试点，但这项政策一直没有落地。目前，山东、广东、新疆等省份大病保险制度已经覆盖到城镇职工。城镇职工医保基金结余规模很大，更具备建立大病保险制度的条件。建议从明年开始启动这项工作，真正使大病保险制度覆盖全体人民。

第二，加大对大病保险的投入。新一轮医改启动实施以来，我们建立了多层次医疗保障体系，相比较而言，对医保基本投入力度较大，但在兜底保障方面还需加强。从2012年到现在，政府对城乡居民医保人均财政补助标准由240元提高到450元，而大病保险从试点初期的人均筹资20元左右，到今年仅增加到33元，标准还是太低。建议下一步在推进全民基本医保制度建设方面，新增财政投入应加大对大病保险制度的倾斜力度，切实提高保障水平。

第三，加快推动保险公司、基本医保和医疗机构信息互联互通。信息化是加强全民医保制度建设的基础性工程。今年政府工作报告明确要求实现全国医保信息联网。欧美等发达国家的通行做法是，通过签订协议的方式授权商业经办机构依法使用医保相关信息。建议有关部门尽快出台明确政策，建立医保、医疗机构相关信息互联互通平台，破除体制机制壁垒，推动商业健康保险机构与医疗机构和医保机构信息系统对接，为商业保险更好地经办大病保险创造条件。

第四，统筹谋划、进一步完善我国大病保险制度。实践证明，大病保险制度符合我国国情，深受人民群众欢迎，是一项重大制度创新，应毫不动摇地坚持下去。建议有关部门就反映的问题进行专项督查，确保政策稳定延续，让商业保险机构吃上"定心丸"。五年多来，各地在经办过程中探索出了不少好的经验和做法。建议有关部门就大病保险制度进行专项系统研究，进一步完善顶层设计，采取有力举措，整合资源，形成合力，让这项利国利民的政策制度化，在保障和改善民生中发挥更大作用。

# 关于积极应对人口老龄化的
# 几点认识和思考

乔尚奎　孙慧峰

人口老龄化是人类社会发展的一个必经阶段，也是人口发展的必然趋势和规律。当今世界，人口老龄化与全球化、城镇化、工业化、信息化一道，将对经济社会各方面产生深刻而持久的影响，联合国曾称之为人类历史上前所未有的一场"无声的革命"。对此，我们必须高度重视，采取积极有效的措施，做到及早应对、科学应对、综合应对，努力实现人口老龄化条件下经济社会持续健康发展。

## 一、我国人口老龄化的严峻形势

人口老龄化是我国面临的一个重要国情。1999 年底，我国 60 岁以上老年人口的比例首次超过 10%，正式进入老龄社会。截至 2016 年底，我国老年人口达 2.3 亿，占总人口的 16.7%，是世界上人口老龄化程度比较高的国家之一。同世界上其他国家相比，我国老年人口数量最多，老龄化速度最快，应对人口老龄化任务最重。人口老龄化形势的严峻性、复杂性主要体现在以下方面。

第一，我国人口老龄化呈现"三超"特点。一是"超大规模"。我国是世界上第一人口大国，也是第一老年人口大国。预计到 2025 年我国老年人口将达到 3 亿，2033 年突破 4 亿，大约每 10 年增加 1 亿。2053 年达到峰值 4.87 亿，比现在美、英、德三个国家人口总和还要多。二是"超快速度"。根据联合国预测，2000 年—2050 年，全球人口老龄化水平将从 10% 提升到 22%，上升 12 个百分点，同期我国人口老龄化水平将提高 24 个百分点，是世界平均速度的 2 倍。三是"超重负担"。随着老龄化、高龄化深入发展，我国人口总抚养比将从目前的 50% 左右，提高到 2053 年的 103%，届时将出现 1.5 个劳动年龄人口抚养 1 个老年人的局面。

第二，我国人口老龄化将在"高峰"过后迎来半个世纪的"高原期"。我国老年人口数量在 2053 年左右达到峰值后，老龄化程度将高达 34.9%。峰值过后，我国人口老龄化形势不会逆转，而是将进入重度人口老龄化的"高原期"。这一阶段将从 2053 年左右一直延续到 21 世纪末，老年人口数量将保持约 4 亿的规模，老龄化程度保持在 33% 左右的高水平，总抚养比在 90% 以上居高不下。

第三，我国人口老龄化属于典型的未富先老、未备先老。发达国家一般是在人均 GDP 达到 5000 美元甚至 10000 美元以上时进入老龄社会的，而我国进入老龄社会时人均 GDP 不足 1000 美元，人口老龄化进程明显超前于经济社会发展水平。目前，我国应对老龄化挑战的经济基础还比较薄弱，全社会老龄意识还不强，社会保障制度和养老服务体系还不完善，尚未做好应对人口老龄化的充分准备。特别是，发达国家在较长时期内分阶段出现的老年人经济供养、医疗保健、生活照料等问题，将在我国较短期内集中爆发，我们应对人口老龄化的任务异常艰巨。

第四，人口老龄化将深刻影响经济社会各个方面。经济方面：人口老龄化意味着充足、年轻、廉价的劳动力供给局面将不复存在，并且将导致国民储蓄率下降，不利于投资和资本积累，这些都对经济增长具有负面影响。社会保障方面：养老保险缴费者和领取者的比例将从 2020 年的 2.5 : 1，降低到 2050 年的 1.3 : 1，对养老保险制度可持续发展带来较大冲击，各级财政对养老保险的补贴压力会越来越大。社会管理方面：人口结构的改变将重塑公共资源分配格局，容易诱发代际矛盾。同时，由于老年人思想更加多元化，居住方式日益独居化、空巢化，部分老年人长期脱离单位、家庭和子女，如果服务管理跟不上，极易产生新的社会问题。一些思想消极的老年人，甚至可能参与群体事件、封建迷信和地下宗教活动。如何加强老年人服务管理成为紧迫的课题。如果处理不好，不仅影响老年人晚年生活，还可能影响社会和谐稳定。

## 二、以积极的态度和行动应对人口老龄化

对我国人口老龄化的严峻形势，我们要有深刻认识和充分估计，真正从思想上重视起来，以更加积极的态度面对老龄化，以更加积极的行动应对老龄化。

一要以全新理念积极应对老龄化。对人口老龄化要用全面、客观、系统的观点来看待。所谓全面，就是既要看到人口老龄化带来的挑战和风险，也要看到机遇和有利条件。比如，人口老龄化虽然伴随劳动力供给减少，但有利于减轻就业压力，也能倒逼产业转型升级；老年人中不乏拥有丰富知识、技术、经验的老专家、老学者、老技术人员，仍然是我国经济社会发展宝贵的人力资源财富。所谓客观，就是要认识到人口老龄化是人口转变（即

人口再生产类型从高生育率、高死亡率、低自然增长率向低生育率、低死亡率、低自然增长率转变）的必然结果。欧洲一些发达国家早在二战结束时就已进入老龄社会，日本于 20 世纪 70 年代进入老龄社会，发展中国家人口老龄化的趋势也不可避免。可以说，人口老龄化是人类社会发展到一定阶段的客观必然，是不以人的意志为转移的。所谓系统，就是不能片面地把人口老龄化问题简单等同于老年人问题，认为只要把老年人的养老、医疗、服务等问题解决好就够了。人口老龄化问题涵盖全社会、全人群及人的全生命周期，也与生育、就业、社会保障政策和经济增长等密切相关，是一个影响全局的重大战略问题。必须引导全社会走出理念上的误区，以全面客观系统思维，着眼于未来 50 年甚至更长期间，从战略和全局高度积极应对人口老龄化，努力将人口老龄化的挑战降低到最小、将机遇发挥到最大，化挑战为机遇、变压力为动力，成功实现经济社会的长期繁荣稳定与亿万老年群体福祉改善的双赢局面。

二要抓住重要窗口期积极应对人口老龄化。"十三五"时期，我国平均每年新增老年人口 600 多万，仍属于增长较慢的时期；劳动年龄人口保持在 9 亿以上，社会抚养负担仍相对较低。从 2020 年到 2030 年，我国将进入加速老龄化阶段，老年人口平均每年增加 1100 多万，总抚养比将上升到 73%，届时老龄化挑战将日益严峻，应对难度大大增加。同时，目前我国基本养老保险基金累计结存 4.4 万亿元，全国社保基金管理的资产总额也超过 2 万亿元。"十三五"时期，养老保险基金运行将保持总体平稳，再加上财政补贴，仍是收大于支、略有结余，不仅可以确保当期养老金按时足额发放，而且有条件继续做大基金积累，为将来支付高峰期的到来做好战略储备。此外，"十三五"时期我国经济仍将保持中高速增长，应对人口老龄化的物质条件将更加充裕；随着全面深化改革深入推进，我国的社会保障制度和养老服务体系将更加健全，生育、就业、健康等方面重大政策不断完善，这些都将为应对人口老龄化提供重要制度保障。只要我们紧紧抓住用好"十三五"时期宝贵时间窗口，积极主动作为，就一定能为成功应对老龄化做好充分准备。

三要加强顶层设计积极应对人口老龄化。积极应对人口老龄化事关国家发展全局和亿万百姓福祉。必须按照及早应对、科学应对、综合应对的要求，加强顶层设计。特别是要增强前瞻性和战略性，综合研判，不能只看眼前问题而不重视未来趋势；要统筹谋划、系统施策，不能"头痛医头脚痛医脚"。加强顶层设计，最重要的是要将"积极应对人口老龄化"上升为我国的一项基本国策，加快制定积极应对人口老龄化的国家战略和中长期规划，进一步明确今后较长一段时间的战略目标、重点任务、重大工程和重大政策，为积极应对人口老龄化提供基本遵循。

四要以积极的舆论引导营造良好社会环境。要加强正面宣传教育，在全社会倡导树立"积极老龄观"，使全体公民以积极的态度看待老年人和老龄社会，形成"人人都会老、家家有老人"的普遍预期，主动为老年期到来提前做准备。同时要大力宣传我们积极应对人口老龄化的有利条件：我国是社会主义国家，具有集中力量办大事、应对重大挑战的政治优势和经验；我国经济总量已经位居世界第二位，综合国力显著提升；再加上我国有悠久的尊老敬老爱老传统文化，国民孝心孝道和家庭观念浓厚。要通过宣传引导，进一步凝聚全社会的共识，增强积极应对人口老龄化的信心和决心。

### 三、坚持走健康老龄化路子

人的平均预期寿命反映的只是生命的长度，而不代表生命的质量。长寿而不健康，才是老龄社会真正需要关注的重大问题。早在1990年，世界卫生组织就提出"健康老龄化"的倡议。我国一些人口学家在20世纪90年代也及时引入、大力宣传健康老龄化的理念，2006年"健康老龄化"概念正式写入《中国老龄事业的发展》白皮书。积极应对人口老龄化，要坚持走"健康老龄化"的路子，尽可能使老年人在身体、心理、生活能力上都保持健康状态，延长健康预期寿命，提高他们的生活生命质量。

要以健康老龄化需求为导向调整医疗卫生服务体系。目前我们对健康老龄化的重视还很不够，医疗卫生服务体系仍然存在"重治疗、轻预防、轻健康管理"的问题，这种状况亟待扭转。要适应人口老龄化要求，尽快将医疗卫生服务的重心从疾病治疗向慢性病防治和健康管理转移，将医疗卫生资源合理地在预防保健、疾病治疗、康复护理等环节分配，加快实现从"以疾病治疗为中心"向"以健康维护为中心"转变。要树立全生命周期健康管理的理念，坚持关口前移，加强"上中游干预"，使健康管理服务贯穿从妊娠生育到儿童期、青年期、成年期和老年期各个生命阶段。

要以健康老龄化有效降低经济社会成本。有研究表明，不健康是老龄社会最大的成本。从医疗服务需求看，老年人慢性病患病率和人均医疗费都是国民平均水平的2—3倍，人口老龄化将导致医疗卫生服务需求和医疗保险基金支付大幅增加，给医疗保障体系可持续性带来挑战。从养老服务需求看，目前我国失能半失能老年人已达4000多万，随着失能半失能老年人、高龄老年人、独居和空巢老年人越来越多，对养老服务的需求将持续增加。预计到 2020 年，全社会用于失能半失能老年人照料和护理的支出将占 GDP 的 0.64%，2050 年达到 1.56%，增长 2.4 倍。唯有实施健康老龄化，提高全体国民的健康水平，才能从源头、从根本上降低老龄化的健康成本。

要以健康老龄化促进培育形成新的经济增长点。随着老龄社会发展，与老年人相关的产品、服务将形成许多新的产业和经济增长点。特别是健康领域，从全人群的健康教育、健康管理、健康保险，到老年人的医养服务、长期照护、康复辅具等，都有着巨大消费需求和广阔发展前景，产业发展潜在市场规模巨大。比如康复辅具，目前全球市场有近 7 万种康复辅具，我国仅有 500余种。据测算，我国仅基本型辅具的需求每年就达 6 亿件、价值上万亿元，称得上是"小辅具大产业"。瑞士健康服务业发展规模已经超过传统的钟表制造业，对 GDP 的贡献率达到 30%。大力实施健康老龄化，将为健康产业发展打开空间，推动其尽快成长为国民经济重要支柱产业，为经济发展注入新的强劲动力。

**四、积极应对人口老龄化需要加快补齐的几个"短板"**

做好积极应对人口老龄化的各项准备，应对未备先老的挑战，要抓紧补齐以下几个方面的突出"短板"。

一要加快健全养老保障"三支柱"体系。目前，城镇职工和城乡居民基本养老保险一支独大，提供了约 67% 的替代率。作为"第二支柱"的企业年金，目前只有一些大企业建立了这项制度，约 2300 万人参加，仅占参加社保人口的 7% 左右。"第三支柱"的商业养老保险发展更加滞后，全国仅积累了 2000 亿元左右。如果"三支柱"养老保障体系这个短板不尽快补齐，未来养老金的压力可能会越来越大。下一步，如何改革完善第一支柱的"统账结合"模式，如何提高社保基金统筹层次，如何通过投资运营实现基本养老保险基金的保值增值，都需要尽快拿出科学的方案。在当前供给侧结构性改革和减税降费大背景下，养老保障制度既要在费率、缴费年限、计发办法等方面进行参数式调整，也应从结构上进行改革，保证制度的长期可持续发展。要研究合理界定一、二、三支柱功能，适当降低第一支柱的缴费率和替代率，为第二、三支柱发展腾出空间；通过加强制度强制性、加大税收优惠支持力度等措施，推动第二、三支柱建立和发展。

二要多渠道增加养老服务有效供给。"居家为基础、社区为依托、机构为补充、医养相结合"，是适合我国国情、发展阶段和传统养老习惯的养老服务模式。然而，目前各类养老服务的供给都严重不足，服务质量也亟待提高。社区和居家养老方面，90%以上的老年人希望在社区和家里享受养老服务，特别是上门服务和护理服务，但由于准入门槛高、利润空间薄、服务人员缺等因素，这方面供给长期发展缓慢、严重短缺。近年来还出现"邻避现象"，一些"嵌入式"小微养老机构，由于受到社区居民抵制而难以落地。机构养老方面，目前我国每千名老人拥有床位数虽突破30张，达到发达国家平均水平的下线，但其中结构很不均衡，存在"四多四少"：即公办多、民办少；城市多、农村少；郊区多、城里少；普通住养型多、医养护结合型少（民办养老机构占比30%左右，农村敬老院床位占比40%左右，医养结合型只有约10%）。养老机构的服务质量总体偏低，政府监管也不到位，有时还发生虐待老人、因火灾烧死老人等事件。下一步，要大力发展居家和社区养老服务，加快建设社区日间照料中心、托老所等设施；同时深入推进养老机构公建民营、民办公助等改革，通过降低门槛、落实政策，鼓励社会力量兴办养老服务机构。医养结合方面，实践中存在不少误区，面临医保政策不衔接、准入门槛偏高等问题，还有的地方偏重医养机构的结合、忽视医养服务的结合。下一步关键是要建立养老服务和医疗资源的有效衔接机制，为有医疗需求的老人开辟"绿色通道"。长期照护方面，很多老年人特别是失能半失能老人，对护理服务的需求巨大，但支付能力又普遍较弱，由于我国尚未建立专门针对失能老年人长期照护的费用筹集机制，导致潜在需求巨大而有效需求不足，供需不对接的现象长期存在。现在不少国家都建立了专门的长期护理保险制度，以解决失能老年人护理费用问题。目前我国虽在一些城市开展了长期护理保险试点，但大多是依托医保资金分担长期护理费用，没有充分发挥商业保险的作用。下一步，在总结试点经验的同时，也要加快探索长期护理商业保险模式，"两条腿"一起走。

三要高度重视解决农村养老难题。我国农村地区的人口老龄化形势比城市更加严峻。本世纪中，农村人口老龄化程度将始终高于城镇，差距最大是 2033 年，农村比城镇高 13.4 个百分点。到 2050 年前后，农村人口老龄化程度将高达 40%，农村居民中位年龄达到 52 岁，空巢老人、甚至空巢村越来越多。现在，部分农村地区已经出现"生产缺劳力、抗灾缺人手、管理缺能人、村庄空心化"的现象，这一问题今后可能更加突出。特别是，目前养老资源主要集中在城市，农村严重不足，是最薄弱的环节。除经济较发达的少数省市外，大多数农村老年人每月只能领取 100 元左右养老金，养老保障和服务仍然主要靠家庭；农村"五保"老人分散供养标准偏低，承担集中供养任务的农村敬老院、福利院也大多条件简陋；农村老年人能够获得的社区照料、机构服务、精神文化服务都非常匮乏。下一步应加快城乡统筹，适当加大对农村养老服务的投入力度，促进基本养老公共服务均等化，逐步缩小城乡差距。特别要结合农村实际，鼓励发展农村幸福院、养老大院等互助养老模式，充分发挥基层党组织、村民委员会、老年人协会作用，以及农村社区综合服务中心、文化服务中心、村卫生室、农家书屋等设施的作用，为老年人提供各类养老服务。这方面一些地方做了有益探索，比如，安徽安庆市通过引入市场机制，把企业、老年服务对象、家庭成员和社会服务力量紧密联系起来，以会员制形式搭建了农村养老服务平台，又通过发展当地特色优势产业为养老服务提供支撑；铜陵市发挥老年人协会作用，通过大力弘扬孝心孝道文化、与老年人子女签订赡养协议、组织互助养老和志愿者服务等形式，有效解决了农村养老难题。对各地好的经验要及时总结推广。

四要全面推进适老化宜居环境建设。过去较长时期，由于城市建设中没有老龄社会意识，许多基础设施和住宅都是按照成年型社会的需求设计和建设的，进入老龄社会后迫切需要进行适老化改造，为老年人提供更加便利的生活出行条件。这方面我们的"欠账"很多，比如20世纪七八十年代修建的6层以下楼房中，约80%没有安装电梯，老年人上下楼非常吃力，不得不成为"室内老人"；很多城市道路和公共场所出入口没有无障碍坡道和扶手，无障碍卫生间和适老洗浴设施远未普及，造成老年人出行难、如厕难、洗澡难；大量文化产品和公共服务设施标识的字体过小、色彩对比不强，给老年人阅读带来很大不便。这些都严重影响老年人生活质量。今后应更加重视适老化宜居环境建设，对存量加快改造，新建增量必须符合无障碍标准，逐步实现住宅小环境、社区中环境和城镇大环境全部无障碍，加快建设老年友好型社会。

## 五、进一步完善老龄工作和养老服务管理体制机制

老龄工作和养老服务是党和政府工作的重要组成部分，也是重要的社会工作和群众工作，综合性、多元性、广泛性、基础性强。必须坚持党委领导、政府主导、社会参与、全民行动相结合，加快构建与我国国情相适应的大老龄工作格局和养老服务管理体制机制。

从目前看，我国老龄工作和养老服务管理体制机制不完善也不顺畅：一是老龄工作机构与职能任务不匹配。各级老龄办作为老龄委办事机构，承担着调研搜集老龄工作有关情况、研究提出老龄工作发展规划和政策、督促检查老龄委决定事项落实、联系协调各成员单位工作等重要任务，但由于其机构性质是参公管理的事业单位（对外用"老龄协会"的名义），很多时候又要行使行政职能，在工作中协调力度和权威性明显不足。各级老龄办人员编制普遍较少，有不少县（市、区）的老龄工作机构甚至没有专职工作人员。二是养老服务行政管理力量薄弱。各级民政部门主管养老服务工作的职能机构是"社会福利和慈善事业促进司（处、科）"，不仅名称上没有"养老"字样，显得有些名不正言不顺。从内涵来说，社会福利和养老不是一个概念，从福利角度考虑养老问题不符合我国实际、也不现实。机构和人员编制严重不足，各级职能机构（司、处、科）内真正负责养老服务管理的只有一个"老年人福利处（科、股）"，编制都在 4 人以下，要承担全国及各地方养老服务工作的行业规划、标准制定和服务质量监管，指导推动世界上规模最大老年人口的养老服务问题，其力量远远不够，很多时候是力不从心。三是职能部门之间有时协调

不畅。比如申请开办养老机构，一些政府部门审批"互为前置"、相互"踢皮球"，你不批我也不批。有的地方办理养老机构消防审核备案时，要求先提供施工许可证，而住建部门要求得先有消防备案才能颁发施工许可证。再比如老有所学、老有所乐方面，现在老年大学数量短缺、老年文化活动贫乏等问题比较突出，甚至不少地方出现老年人因跳广场舞与年轻人争夺活动场所而打架的情况，但这方面工作在不少地方部门职责分工不明确，导致类似问题时有发生。四是老年群众组织亟待规范发展。目前全国冠"中国"字头的老年社会组织 14 个，基层老年群众组织 40 多万个，这些老年群众组织基础工作和发挥作用情况参差不齐，有的处于无序发展状态，亟须加强对他们的工作指导和日常管理；同时，要制定规划和相应扶持政策，加快培育壮大基层老年群众组织，更好发挥其作用。

健全顺畅的老龄工作和养老服务管理体制机制，是积极应对人口老龄化的重要组织保障。有关部门应抓紧对此问题进行认真研究，提出意见建议。

# 促进民办养老机构发展需要
# "放管服"改革再发力

姜秀谦　王晓丹

发展民办养老机构，是积极应对人口老龄化、推进养老服务业供给侧改革、提升养老服务水平的迫切需要。近期我们调研发现，民办养老机构落地难、经营不规范、运营压力大等问题仍然突出，这一领域的"放管服"改革还需加力。

**一、放权不到位，民办养老机构落地困难重重，亟须进一步破除审批障碍**

审批多、落地难仍是很多民办养老机构的"痛点"所在。一是审批程序繁冗，有的互为前置。新设养老机构需要到民政、发改、规划、国土、住建、工商、消防、卫生、环保等多个部门办理相关手续。有时各部门衔接不畅、效率不高，企业不得不反复奔走、长时间等候。比如有企业反映，社会资本要兴建医养结合机构，一般需要一年多才能获得定点医保资格，手续繁琐。还有些审批互为前置，比如《养老服务设施用地指导意见》规定，经养老主管部门认定的非营利性养老服务机构，其养老服务设施用地可采取划拨方式供地，而《民办非企业单位登记管理暂行条例》规定，养老机构需要有必要的活动场所，并能够提供产权证明，才能通过民办非企业登记确定其非营利性，这导致新建非营利性养老机构无法享受划拨土地的优惠政策。二是一些规则不清，有时解释多变。比如，一家民营养老院于 2015 年初到消防部门办证时被要求出具规划审核意见，规划部门却表示不知道应出具什么意见，直到 2016 年 6 月才回复"拟同意"，但消防部门又要求必须是"同意"，为一个字企业又折腾了 3 个月。又比如，某市一家民办养老机构由于得到了区政府将提供建设和运营补贴的保证，于 2015 年按其提议对床位和护养设备进行了扩建，却在申请补贴时因与 2014 年用于"医疗和洗浴"的功能完善补贴属于"重复申报"而被退回，致使企业背上了高额债务。三是审批要求较高，机构难以达标。比如消防方面，有关部门发布的 2015 年版《建筑设计防火规范》规定，老年人活动场所不应超过三层。还有的地方规定得更细，如中控室须实行三班 24 小时值班、每班配置 2 人，仅这一项机构就要聘用 6—7 人；又如自动喷水灭火系统要求建设屋顶水箱，很多老房屋不具备条件，改造花费很大，这些都令不少中小机构感到难以承受。用地用房方面，有些地方对租赁私人房屋开办养老设施的，要求必须把房屋规划用途改为养老用房，这很难取得业主同意；还有地方反映，对居民利用自有住房开办小型社区养老院的，相关管理部门认为"养老机构属于人员密集场所，应当设置在公共建筑内，不应当设置在居民住宅建筑内"，这与国家鼓励发展家庭化、小型化养老机构的精神不符。

推动养老服务领域向社会资本开放，必须继续深化简政放权，大力破除程序繁琐、规则不清、标准过高等门槛。一要大幅精简优化养老机构设立审批。按照党中央、国务院关于加快发展健康服务业的要求，抓紧出台设立民办养老机构的跨部门全流程综合审批办法，加强部门间政策协调和流程联动，进一步简化审批手续、提高办理效率。逐步取消养老机构设立许可时的各类前置条件，改由相关部门各司其职、做好事中事后监管，待条件成熟时，可将养老机构设立许可变更为备案。二要进一步完善养老机构设立标准和流程规范。全面梳理并科学调整养老机构设立所依据的标准规范，在确保安全卫生的前提下，放宽楼层限制和其他非必要条件。推动养老机构设立流程、管理政策等更加统一明晰，使社会资本有章可循、有据可查，能够放心进入。

## 二、监管不到位，民办养老机构违规经营多发，亟须加强监管并及时规范

目前对民办养老机构的监管仍存在不少漏洞，部分机构经营管理松散、服务质量没有保障。一是无证养老机构较多、监管难以全覆盖。有的省审计部门近期对该省 26 县跟踪审计发现，养老服务机构"无证运营"现象比较突出。截至 2016 年 10 月底，抽查的 481 家养老机构中有 317 家在未取得养老机构设立许可证的情况下已投入运营。社科院对 11 省 24 市医养结合情况所做的评估报告也显示，养老机构办理许可证的比例不到 20%。主要原因是一些民办养老机构难以达到审批要求，但由于收费低廉，仍有较大需求，而监管部门出于养老资源不足等考虑常予以默许，却又疏于监管。二是经营行为不够规范、存在风险隐患。其中消防和收费管理的问题最多，虽然消防审批条件严格，后期检查却较为松懈、常流于形式，据地方相关部门暗访，民办养老机构消防通道堆放杂物甚至铁门紧锁的情况不在少数，近年来已发生多起致老年人身亡的火灾事故。另外，很多民办养老机构都要求入

住老年人事先交纳十几万甚至上百万元押金或会员费，但对这些资金的管理和使用十分混乱。2016年媒体曝光了一家公司，凭借"零费用"养老服务和"零风险"养老投资的宣传，吸引了1300多名老年人成为会员，筹资上亿元违规用于市场投资。由于投资失败，目前既无法继续支付各养老基地的租金，也无法按合同偿还保证金，致使很多老年人被扫地出门、血本无归。三是服务质量欠佳，欺老虐老时有发生。一些民办养老机构空间狭小、设施简陋、卫生条件较差。养老护理人员数量偏少、素质偏低，又未经系统培训，难以为老年人提供高质量的服务。在缺乏有效监管的情况下，有的养老机构甚至发生给老人吃安眠药、喝刷锅水，以及捆绑打骂老年人等恶性事件，造成了严重社会影响。

在放宽社会资本准入的同时，必须集中力量抓好事中事后监管，进一步规范民办养老机构经营秩序、保障服务质量。一要区分不同情况解决无证运营问题。对于现有无证民办养老机构不能一关了之，而应在全面摸底排查的基础上实行分类处置。对基本条件具备且老年人确有需要的，可通过加强指导、协助整改、提供适当补助等，确保其在安全卫生方面达标，尽快完成许可办理；对确实无法达标的机构则应停止运营，并协调做好其中老年人的转介安置工作。二要提高运营管理标准化、规范化水平。继续加强养老机构服务标准化建设，进一步完善各项管理和服务规定，对收费方式、服务内容、从业人员素质等都要设定明确标准，进行规范。三要强化对违法违规行为的监管和查处。加强对养老机构经营服务的随机检查，及时发现存在的问题和隐患并责令整改，对欺诈、虐待老年人以及违规使用押金等行为要依法严厉惩处。

### 三、服务不到位，民办养老机构发展举步维艰，亟须加大政策支持和帮扶力度

民办养老机构特别是营利性养老机构由于前期投入大、回报周期长、利润率低等原因，初期生存发展普遍较为艰难。一是用地方面困难大。由于缺乏规划和用地保障，有限的城区养老设施用地主要供给公办养老机构，民办养老机构往往只能在较偏远的郊区发展，医疗、交通、商业等配套设施不足，难以吸引老年人入住，造成大量床位闲置。根据某市《养老产业发展报告（2015）》，其远郊区养老机构的入住率都低于30%。另外按照目前供地政策，营利性养老服务设施一般是按招拍挂方式取得国有建设用地，须全额缴纳土地出让金和相关费用，土地成本过高。二是对营利性机构优惠扶持少。由于办非营利性养老机构在资产性质、利润分配等方面有较多限制，新建机构大多登记为营利性，但两者所享受的优惠扶持政策存在较大差距。很多地方只向非营利性养老机构提供建设和运营补贴，而且对印花税、房产税、城镇土地使用税、企业所得税、行政事业性收费等的减免政策和社工支持政策也只有非营利性机构能够享受。事实上，很多营利性机构在建成运营后很长一段时间内都无法实现营利，有的企业只能同时注册两家不同性质的机构，靠非营利性机构的补贴去弥补营利性机构的亏损。三是优惠政策落实难。即使是能获得政策扶持的非营利性民办养老机构，很多时候也会遇到优惠享受条件苛刻、补贴款项发放周期长、前期资金垫付压力大等难题。另外，虽然政策规定养老机构水电气暖享受民用价格，但部分水电企业并没有完全落实到位，有机构反映其照明用电是执行民用价格了，但发电机、压面机等大型设备用电却仍按商业用电收

费。四是融资渠道不畅。不少民办养老机构在申请商业贷款时，由于用地性质为医卫慈善用地不符合抵押条件，或者轻资产运营缺乏抵押资产，并且财务报表上的预期盈利多不符合银行要求，获得贷款的难度很大，限制了这些机构新建扩建。

不论是营利还是非营利，除个别高端养老项目外，民办养老机构都具有一定的公益和微利属性，因此有必要提高优惠政策普惠度、做好相关服务，进一步激发社会力量投资养老服务业的巨大潜力。一要为民办养老机构用地、融资提供更多便利。进一步完善养老服务设施用地规划，加强政策衔接，多方增加城乡养老用地供应，鼓励引导社会资本将空闲、低效存量用地用房改造用于养老服务。探索实施土地年租等适合养老服务业低收益、长周期特点的供地方式，逐步放开营利性养老机构使用集体土地经营的限制。加强郊区养老服务设施用地的交通、医疗等配套设施建设，提高吸引力。可探索由政府联合金融机构、行业协会等搭建支持民营养老企业的融资担保平台，为企业提供"一揽子"融资支持。二要对营利性养老机构实施更多优惠扶持政策。对于营利性养老机构，虽然不能与非营利机构等同对待，但应适当缩小两类机构在补贴、税收等方面的政策差距；或者设置一定的政策过渡期，过渡期内对两类机构同等待遇，帮助企业跨过起步门槛，逐渐实现长期稳定营利。同时，还要推动各项优惠政策及时落实到位，让民办养老机构切实享受到政策红利。

# 关于加快适老化无障碍建设的建议

乔尚奎　孙慧峰　李宗伯

随着我国人口老龄化快速发展，广大老年人特别是行动不便的老人对无障碍环境的需求日益迫切，必须坚持适老化理念，采取有力措施加快无障碍建设和改造，为老年人提供更加便利安全的生活出行条件，保障老年人等群体平等参与社会生活。

## 一、加快适老化无障碍建设迫在眉睫

目前，在我国 2.3 亿老年人口中，失能半失能老年人约 4000 万，8500 多万残疾人中 50% 以上也是老年人。由于老年人的肢体能力、视力、听力、智力等多种功能逐渐衰退，对无障碍环境提出了巨大需求。但我国无障碍建设方面的"欠账"和"短板"还很多，在居住、出行、日常生活等方面还有很多不适老、不宜居的问题，突出表现为"五难"。

一是上下楼难。一些居民住宅特别是 20 世纪七八十年代建设的 7 层以下楼房，由于建设之初未作无障碍设计，约 80% 没有安装电梯，而且楼道狭窄、台阶较高，楼栋出入口高差过渡处没有坡道。不少老年人因居住在这种老旧楼房中，上下楼非常吃力，轮椅使用也受限，出行很不方便，有的被迫成为"室内老人"。这已经成为制约老年人出门和参与社会生活的首要问题，严重影响老年人行动自由和生活质量。

二是行路难。许多公共出行环境缺乏适老的无障碍设施设备。比如一些天桥和地下通道的坡道较陡，有的阶梯边缘使用光滑铁质材料，虽然坚固美观，但遇到雨雪天气则容易导致老年人、残疾人摔倒摔伤；在路口处，有的交通信号灯没有语音提示，还有的步行通行信号时间设置过短，导致老年人因行动慢而被夹在车流中，极易引发危险。

三是如厕难。居民家庭卫生间对老年人的特殊需求普遍重视不够，大多没有安装安全扶手，座便器和洗手池高度也不适老。一些公共卫生间出入口宽度不足，不能满足轮椅通行；有的公厕过于求新求洋，采用抽象图标或英文标示，老年人辨识起来十分困难。此外，老年人卫生间需要配备紧急呼救装置和能从外部开启的门锁，以便发生意外时可以实施救助，但极少有公厕安装了这类设施。

四是洗澡难。大多数家庭中没有适老的独立卫浴环境，缺少安全扶手、沐浴凳和必要的地面防滑处理，老年人洗澡时极易发生摔倒风险，针对失能半失能老人的无障碍坐式浴缸更远未普及。大众浴池、养老机构等公共洗浴空间也缺少适老化设计和无障碍改造，许多设施简陋、使用不便，部分浴室甚至空气憋闷、光线不足，容易造成老人胸闷昏厥。

五是阅读难。许多公共服务设施标识的字体过小、图标过于抽象、色彩对比不强，影响老年人认识和理解，导致老年人不能有效利用公共服务设施。在信息化社会快速发展的今天，由于大量文化产品没有考虑老年人生理和心理特点进行适老化处理，书籍字号小、网站导引差，无形中抬高了老年人阅读的门槛，严重影响他们获取信息和知识。

针对上述问题，我们必须将适老化无障碍建设纳入重要议事日程予以高度重视，紧紧抓住"十三五"时期这一积极应对人口老龄化的重要窗口期，尽快把适老化无障碍建设这块"短板"补上，为迎接人口老龄化高峰期提前做好准备。

## 二、贯彻适老宜居理念完善无障碍法规和标准

开展适老化无障碍建设必须坚持理念先导、标准先行。我国现行的无障碍环境建设相关法规和标准规范，主要侧重针对残疾人无障碍建设提出指导性要求，对适老方面关注不够。下一步要树立和贯彻适老宜居的理念，在社会生活各方面，特别是居住、出行、公共服务、信息交流等领域规划设计时，都要适应老龄社会的需要，充分考虑老年人、残疾人的特殊需求，符合适老化无障碍的要求。

一要加快修订相关法规。现行《无障碍环境建设条例》全篇没有提到老年人，缺少针对老年人需求的无障碍要求。建议尽快启动条例修订工作，重点增加老年人无障碍设施和环境建设的内容。新《条例》应明确要求，各地方在编制无障碍建设规划时，需同时征求残疾人组织、民政、老龄等部门的意见。

二要制定专门的适老化无障碍建设标准。我国现在施行的《无障碍设计规范》和《养老设施建筑设计规范》等两类标准双轨并行、互不对接，不少术语用法都不一样，甚至有的设计要求相互冲突。比如对电梯的要求，《无障碍设计规范》要求设置"无障碍电梯"，且轿厢的底面积不小于 $1.40m \times 1.10m$，医疗建筑和老人建筑宜选用病床专用电梯。但《老年人居住建筑设计标准》仅笼统要求轿厢尺寸可以满足搬运担架所需，宽度不小于

0.80m。建议下一步对现有无障碍和养老方面标准进行整合，制定一部专门的适老化无障碍环境建设标准，统一相关概念术语、指标要求等。考虑到我国大多数老人是居家养老，新标准应要求普通住宅建造时也要考虑人在不同生命阶段的各种需要，积极融入适老化理念，为将来方便老年人使用做好"潜伏设计"。此外，新标准应增加信息无障碍的内容，逐步缩小老年人面临的"信息鸿沟"。

三要增强标准规范的强制力。目前，我国无障碍建设的相关标准规范，大多是推荐性条款，缺乏强制力。比如《无障碍设计规范》全文 100 多条，只有 5 条（款）是强制性条文，使得标准实施存在较大弹性空间。即使强制性条款，在实践中也得不到完全落实。比如《养老设施建筑设计规范》要求，养老机构二层及以上楼层的应设无障碍电梯，且至少 1 台为医用电梯，实际很少有养老机构能满足这一条。应将此类专项规范标准明确为强制性标准，并严格执行。今后制定新的适老化无障碍建设标准，应尽量设置具有约束力的强制性条款。

### 三、存量增量并重推进适老化无障碍建设

我国自 1989 年开始实施《方便残疾人使用的城市道路和建筑物设计规范》，无障碍的概念才逐渐进入人们的生活，之前建设的公共设施和居民住宅等，普遍没有进行无障碍设计，需要进行无障碍改造的任务十分繁重。同时，由于我国进入老龄社会时间还比较短，全社会对适老化无障碍建设的认识还不到位、重视程度不够，再加上现有无障碍建设的相关标准缺乏强制性，许多新建和改扩建的建筑物和设施仍然缺乏适老化无障碍设计，旧的欠账未还，新的欠缺又不断产生。下一步必须坚持存量改造和增

量规范并重，加快提高适老化无障碍建设水平。

要加大存量设施的适老化改造力度。这既是方便老百姓生活的"惠民工程"，也蕴藏着新的投资增长点。以老旧楼房加装电梯为例，据测算全国涉及 7200 多万户居民，资金需求超过 2 万亿元。目前，加装电梯改造在技术上已基本成熟，但要真正普遍地开展还需解决三个方面问题。一要协调好业主间的利益关系。由于一些低层业主对电梯没有需求，相反地，如果装了电梯反而影响他们的采光、通风和居家安静，因此往往不同意增设电梯。有的地方要求全体业主一致同意才能启动加装电梯，导致这项工作在实践中常常受阻、难以开展。建议根据《物权法》相关规定，只要本楼 2/3 以上业主同意，就可以启动加装电梯改造。在电梯安装和运营费用上，可对低层业主进行减免，或给予适当经济补偿。二要破解审批手续繁等问题。按照现行规定，增设电梯需要跑住建、规划、房管、绿化、消防等多个部门，盖40多个公章。一些业主感叹，"老旧小区加装电梯改造，整个项目工程量是新建小区的 2 倍。"应尽量简化老楼加装电梯的审批程序，开通"绿色通道"，加快项目落地。三要鼓励社会力量参与建设和运营。目前许多地方采取"政府补助一部分、业主自筹一部分、市场解决一部分"的办法为老楼加装电梯筹集资金，由企业投资建设，建成后由居民缴纳电梯的使用费、维护费等。比如北京市就将老旧楼房新装电梯委托给私营企业运营，取得较好效果。但企业反映，只有运营 50 部以上电梯、达到规模效应才能实现盈利，否则难以持续。下一步应大力支持电梯运营企业开展连锁化、区域化经营，以形成规模效应、降低运营成本，吸引更多企业和社会力量参与到适老化无障碍改造中来。

要确保增量设施符合适老化无障碍要求。很多设施如果一开始适老化无障碍设计不到位，建成后再进行改造，不仅浪费资源，而且难度很大。比如一些地下人行通道的坡道，按照无障碍的规范要求，其坡度应不大于1:12。如果前期设计没达到这一要求，后期改造时只能调整入口位置，或整体垫高下层平台，有时受周围空间影响，甚至不具备改造的可行性。为此，有关部门必须严把工程建设规划、设计、施工、验收全过程各个关口，对不符合适老化无障碍建设标准规范的，坚决不允许开工建设，违规建成的也不予验收或办理产权登记。

**四、加快构建适老化无障碍建设政策支持体系**

从国外情况看，许多发达国家都制定专门政策，鼓励适老化无障碍建设和改造。比如，美国规定用于无障碍技术改造的花费可抵扣部分税款。日本采取财政补助、减免税、低息融资等方式，支持"节能和适合老年人居住"的住宅开发，老年人家庭必要的适老化改造，也可以由长期护理保险支付。芬兰由财政出资，支持老楼加装电梯，中央财政、地方财政和居民三方分别负担40%、15%和45%。我们可借鉴国外相关经验做法，研究制定支持适老化无障碍建设的政策，完善相关工作机制。

一要研究制定财税支持政策。采取财政补贴、以奖代补、税费减免等多种手段，重点支持老旧社区和住宅的公共设施、养老机构的无障碍建设和改造。鼓励地方根据自身实际，对经济困难的失能、高龄老年人家庭适老化改造进行补贴。在计征建设类行政事业性收费和政府性基金时，可考虑剔除无障碍设施所对应的建筑面积，对无障碍建设部分减征或免征增值税。

二要研究制定产业和投融资支持政策。加大对无障碍设施设备相关产业和企业的政策倾斜力度，帮助降低用地、用电、用能、用水、融资等综合性成本。支持适老化无障碍产品和实用技术研发推广。鼓励金融机构面向适老化无障碍建设工程开发相关金融产品和服务。

三要大力精简行政审批。对新建改建无障碍设施的项目精简审批报建手续，优化流程，缩短审批时间。对非核心的材料，允许"先批后补"，实行"容缺审批"或承诺制。

四要健全工作机制。适老化无障碍建设涉及发改、财政、住建、交管、民政、老龄、残联、标准等多个部门，应尽快建立相应工作协调机制，加强部门间的沟通协作，形成强大的工作合力。同时，还要加强宣传引导，使适老宜居的理念深入人心，形成全社会共同参与支持适老化无障碍建设的良好氛围。

# 发展居家养老重在做足上门服务

乔尚奎　朱　峰

上门服务是老年人居家养老最迫切的需求，加快发展这一行业，提升上门服务供给的数量和品质，既可以让广大老年人不出家门就能享受到更多更好的养老服务、改善老年人生活质量，也有利于激活养老市场潜力、增强经济发展动能。近期我们就此问题作了调研，提出相关建议。

## 一、居家养老迫切需要发展上门服务

在我国正在加快建设的居家为基础、社区为依托、机构为补充、医养相结合的养老服务体系中，居家养老是最基本的养老方式，也是适合我国国情和养老传统文化的养老方式。提高居家养老质量，当务之急是要大力发展上门服务。

第一，居家养老对上门服务的需求巨大。据第四次中国城乡老年人生活状况抽样调查结果，城镇老人居家养老第一位的需求是上门看病和康复护理占 39.2%，第二位是上门做家务占 13.5%；农村老人对上门看病和康复护理的服务需求甚至高达 60.6%。由此可见，上门服务是老年人居家养老的迫切需求。随着人口老龄化快速发展，这种需求将进一步增加。

第二，失能半失能老人对上门服务的需求更为强烈。目前，全国共有4063万失能半失能老人，这些老人要么长期瘫痪在床、要么行动不便，吃饭、洗澡、排泄等日常生活面临许多困难，外出进行身体检查、输液、诊疗等更是难上加难，失能半失能老人及其家属常常为此苦不堪言。这些老人对上门助餐、助浴、理发尤其是上门导尿、输液等专业医护服务需求特别迫切，但缺乏有效供给。如果能让这些老人享受到方便可及的上门服务，将极大缓解他们的实际困难。

第三，上门服务有利于减轻老人家庭成员负担。不仅失能半失能老人需要他人照顾，许多能够自理的老人尤其是空巢和高龄老人吃饭、洗澡、理发、外出办事、就医等也常常面临不便，需要照顾帮助。但是受少子化等因素影响，特别是随着4∶2（一对夫妻赡养4位老年父母）甚至8∶2家庭结构越来越多，许多子女晚辈赡养照顾老人的负担很重。把上门服务尽快培育发展起来，由社会来帮着服务老人是子女们的热切期盼，也是老年人"养老不离家"的愿望。

第四，上门服务是促进经济发展和就业的增长点。据测算，到2020年，仅城市居家养老家政服务和护理服务潜在的市场规模将超过5000亿元，可带动2600多万个就业岗位。因此，必须顺应人口老龄化快速发展的形势，把上门服务作为居家养老的重中之重，采取措施加快推进。

## 二、当前上门服务发展滞后短缺问题突出

近年来，各地制定出台相关政策，推动养老上门服务有了较快发展。但是，与老年人的巨大需求相比；与发达国家发展水平相比，我国养老上门服务发展仍然存在较大差距，四个方面的短

缺尤为突出。

一是服务供给短缺。目前，无论是政府部门还是社会机构提供的养老上门服务都不够丰富，保洁、维修、送餐、生活照料等单一性服务占多数，而老年人迫切需要的上门医疗护理、心理慰藉等服务十分匮乏。据调查，即使像北京这样的大城市，使用上门服务的老年人群占比也不到两成。在 20 项基本居家养老服务中，仅有小时工、家电维修服务等四项服务超过了 10%，而专业护理等服务的使用率仅为 0.5%。而在发达国家，居家养老上门服务尤其是医护服务普遍比较完善。澳大利亚的"家庭及社区服务计划"可以为老年人提供家庭护理照料、送餐、协助购物、交通、园艺、维修等多种服务。芬兰的卫生保健站护士根据医生要求每周到老人家中探视一次，如果老人生病，每天都要去探视。

二是服务主体短缺。目前，我国养老上门服务主体相对单一，一些城市开展的上门服务主要由政府主导推动，农村居家养老服务则主要靠家庭成员提供。有的地方政府在推动上门服务发展上，出现包管包办、过度介入的倾向，市场主体、民间组织和志愿者发育严重滞后。由于老年人消费能力低、医保等支持政策不完善、盈利预期差等原因，社会力量投资提供上门服务的积极性总体不高，已经投入运营的社会化上门养老服务机构大多依靠政府补贴维持经营。相比之下，一些发达国家如美国，居家养老服务主要由商业机构运营，同时社会公益组织活跃，每天有 80—120 万名义工到行动困难的老人家中服务。

三是服务标准短缺。标准明晰是服务规范化的前提。日本根据老人需要介护的服务度将居家养老服务分为 7 个等级，并确定了各个等级服务的规范和程序，对包括擦身在内的各种服务都制定了十分详细的操作标准。目前我国对许多上门服务还没有统一规范的服务标准和服务质量监督，既让老年人使用上门服务不放心，也使上门服务提供方有顾虑。比如，由于上门打针、助浴等相关服务标准不细致、执行不严格、监管不到位，工作过失引起的药物不良反应和摔伤等事故屡屡发生。

四是专业人才短缺。目前，我国专业养老服务人才数量严重不足。其中，专业护理人员只有约 30 万人，持职业资格证的不到 3.8 万人。按照民政部的配比标准，我国专业护理人员的供需缺口将近千万。此外，尽管基层社区卫生服务机构有一些专业医护人员，但由于承担着大量坐诊任务，加上上门巡诊缺少激励机制，致使他们上门服务的精力和积极性不足；有的出于对人身安全、医疗责任的担心，不敢、不愿上门服务。

### 三、几点建议

一要进一步发挥政府推动作用。我国上门养老服务发展尚处于起步阶段，市场发育相对不足，政府对行业发展的推动作用必不可少。近年来，北京等城市加大对助餐和上门医疗等政策支持力度，推行以社区为载体、引入市场化运营方式、就近提供便利化养老服务的"嵌入式"养老模式，促进了上门养老服务较快发展，获得良好社会反响。应总结和推广北京等地创造的有益经验，引导督促基层政府把发展上门养老服务作为兜底线、惠民生的重要任务，按照政府"搭台"、社会机构"唱戏"的思路，切实加强组织领导、完善战略规划、健全工作机制，特别要完善财税支持政策，将更多的资金支持向上门养老服务倾斜，重点加大对上门康复护理等市场机制发挥作用不足领域的补贴力度，为上门养老服务发展创造良好的政策环境。

二要强化社区和养老机构的依托作用。依托大型养老机构和街乡、社区养老服务站点，建立一支专业养老服务队伍，就近为居家养老的老年人提供上门服务。目前，上海等地大力推行"整合养老服务模式"，依托社区综合为老服务中心整合各种服务设施和资源，为老年人提供丰富多样的服务，其中上门康复护理服务就包括喂饭、口腔护理、面部清洁、导尿、失禁护理等31项。北京市甘家口东社区养老服务驿站为辖区居民提供9大类上门服务，其中老年餐和居室清洁每月服务量分别达到4000多人次和2000多人次。应总结和推广他们的经验，推动整合养老机构、社区和社会各种资源，大幅提高上门服务的丰富度和可及性，特别是在完善送餐、助浴等传统生活照料服务的同时，重点补齐老年人慢病康复、术后康复、长期照护、心理慰藉等供给缺口，满足老年人多元化需求。重视做好针对独居老人的上门巡视等服务，防止发生老人在家突发意外无人知晓等冲击道德底线的事件。同时，要积极推进互联网＋上门服务发展，支持发展以信息技术为服务管理平台、链接各类专业服务机构的"虚拟养老院"，使老年人在家就能享受到与在养老院同样及时周到的专业化服务。

三要大力发展社会化服务机构。在这方面，北京市大力培育连锁化、品牌化、专业化养老服务机构，注册养老服务企业1329家，2017年投入1亿元资金扶持开展500多个居家养老服务项目；广州市188个街道都引入了专业社工组织，以政府购买或有偿服务等形式，为老人提供日间照料等服务，都取得较好效果。要更加注重培育和扶持上门服务企业、民间组织和志愿者，采取购买服务、公私合作等方式，鼓励支持民间资本和社会组织投资参与上门服务。针对现阶段不少老年人消费意愿和能力偏弱的实际，可通过福利彩票公益金等对上门服务收费给予支持或补贴，拓宽民营上门服务企业的发展空间。要加强医保政策支持，目前医保基金对公办机构的上门诊疗服务提供保障，但对民营上门医疗 App 平台提供的医护服务则不纳入医保范畴。要完善政策，对上门医疗护理等服务，无论公办还是民营机构，符合条件的都应纳入医保报销范围。落实上门养老服务机构享受税收优惠和水电气暖民用价格等方面的优惠政策。

四要健全上门服务标准规范。完善的标准体系是上门养老服务持续健康发展的重要保障。目前，北京市为推动养老服务标准化，委托专业机构编制了助餐、助医、助洁、助浴、康复等 7 项居家养老服务规范，目前正在开展标准试点工作。从全国来看，也应加快制定居家养老特别是上门服务的相关标准，编制清晰的上门服务事项目录，将家庭病床、巡诊等明确列入可上门服务事项。以最常用的上门服务为重点，细化完善上门服务尤其是互联网上门服务的主体、内容、时间、流程、质量控制等操作规范，加强对服务质量的评估评价和监督管理，提高上门服务的标准化和规范化水平。

五要加强专业人才队伍建设。上门养老服务尤其是医护服务，专业性很强，必须有专业人才队伍支撑。这方面发达国家普遍重视，日本有 200 多万名具有养老护理专业知识的介护人员。要扩大中高职、本科和研究生老年医学、康复、护理、营养、心理等养老服务专业招生规模，壮大养老服务专业人才队伍。通过公开招聘等形式吸收学历较高、年轻优秀的人才投身养老服务，支持有一定技能和素质的"4050"人员、下岗职工和进城务工人员在养老服务领域就业，多渠道挖掘养老服务人才供给潜力。对现有上门养老服务人员进行有计划的免费培训，提升服务人员的素质。实施养老服务责任保险财政补贴制度，降低上门养老服务责任风险，减少上门服务人员后顾之忧。

# 发展养老服务业亟须补上
# 专业技能人员"短板"

乔尚奎　　王晓丹　　成海军

近年来，我国人口老龄化快速发展，迫切需要大量高素质人员提供专业化养老服务。然而，目前养老服务专业技能人员不仅"量"上严重短缺，"质"上也有较大差距，亟须采取有力措施，加快补上这一"短板"，促进养老服务业持续健康发展。

我国养老服务专业技能人员在总体上存在"四少四低"的突出问题。

一是总量少，稳定性低。按照国际通行的 3 名失能老人配备 1 名护理人员的标准，我国至少需要 1000 万养老护理人员，但目前全国养老机构工作人员还不足 34 万，其中取得养老护理员职业资格的只有 5 万左右。养老服务人员缺口，既表现在人员招聘难、招不到，也表现在留不住、流失多。养老机构普遍反映，很多外来务工人员最不愿从事的工作就是老年人照护。而根据民政部的调查，养老服务人员从业时间在 5 年以上的不到 30%；广州市民政局数据显示，该市养老护理员年流失率在 40% 左右。高学历养老人才流失则更为严重，据有关机构测算，老年服务管理专业毕业生第一年流失率为 50%，第二年为 70%—80%，第三年达到 90% 以上。

二是培训少，技能低。目前养老服务人员队伍以"4050"人员为主，初中及以下学历占到约 70%，职业技能极为缺乏。而且大多数人员只能从事基础护理照料，康复师、营养师、心理咨询师、中医治疗师等高技能人才和能胜任养老机构中高层管理职务的管理人才严重短缺。这样的人才素质结构难以提供高质量服务，更无法适应医养结合、信息化养老等新发展趋势。但与此同时，相应的教育培训还比较滞后。目前我国开设老年服务与管理专业的院校仅有 73 所，主要为高职高专，在学科建设、师资队伍、硬件配备等方面投入严重不足，数量少、层次低，缺乏吸引力。据粗略统计，该专业每年仅能培养 2000 多名脱产学历类毕业生，而且实际入学人数还呈下降趋势。从在职培训看，养老机构由于缺乏培训资金，而且人员流动性大，不愿给员工报名；养老护理员因为参加培训往往不能带来薪酬待遇提升而缺乏参与热情；政府部门发放的培训补贴大多是直接发给培训机构，对调动养老机构和人员的积极性也作用甚微。在江苏省调查的 2574 个专职养老护理员中仅有 41% 接受过短期培训，59% 未受过任何培训。培训方式和内容也有待改进，目前很多培训时间都在一周以内，各项培训之间没有连续性，不利于通过积累提高技能；地点多设在集中的培训机构内，养老护理人员很难兼顾工作与培训，且以课堂理论讲授为主，现场教学、实践操作环节比重较少，培训效果有限。

三是保障少，待遇低。养老服务人员工作强度普遍较大，据对武汉市的一项调查，养老护理员平均每周工作 60 小时，个别机构每周工作 80 小时；而对江苏省某市 5 个民营养老机构的调查则显示，平均 1 个养老护理员就要照顾 10—12 位老年人，几乎没有固定休息时间。尽管工作劳累，但养老服务人员的薪酬待遇却较低，根据对 15 省（市）2158 名养老护理员的调查结果，45% 的养老护理员月收入在 1500 元以内，49% 月收入在 1500—2500 元之间，6% 月收入在 2500 元以上，与当地平均收入相比总体偏低；超过半数的人将"工资待遇低"作为离职的主要原因。而对于从事养老工作的医护人员来说，同为医学院毕业，其薪酬待遇与在医院工作的同学相差悬殊，既没有岗位津贴和职业津贴，也没有门诊和手术收入，造成较大心理落差。此外，由于养老机构一般利润率较低、人工成本占比较高，很多机构都没有给非在编人员上社会保险（约有 3/4 的养老护理员为非正式编制），员工缺乏劳动保障。

四是机会少，认同低。我国仅在医院护理中实施了较为系统的层级划分，并严格要求持证上岗；在养老护理服务中则没有相应的职称评定体系，也没有以护理层级为依据的绩效考核与薪酬激励体系，职业路径不清晰、晋升空间小，养老服务人员没有长期从业和自我提升的动力。而医护人员如果从事养老服务，则会因为参与手术和治疗大病机会较少，在职称晋升和各类评比中处于劣势。另外，受传统观念影响，社会公众普遍对养老服务工作存在偏见，认为没有技术含量、低人一等，这也使从业人员缺乏职业认同感和荣誉感。

对于解决养老服务人员数量短缺、质量不高等问题，一些老龄化发生较早的国家和地区，以及国内部分城市已经进行了不少有益探索。我们应结合实际，积极借鉴和推广好的经验做法，统筹谋划、综合施策，加快建设一支数量充足、结构合理、素质优良的养老服务专业技能人员队伍，为积极应对人口老龄化提供人才基础保障。

　　一要加强战略规划，着力增加多元供给。由于养老服务行业具有公益性和微利性，而人才工作又具有基础性和长期性，政府必须在养老服务技能人才引导、培养和支持中承担主要责任、发挥更大作用，而不能单纯依靠市场自发调节供需。要衔接《国家中长期人才发展规划纲要（2010—2020 年）》《"十三五"国家老龄事业发展和养老体系建设规划》《专业技术人才队伍建设中长期规划（2010—2020 年）》等相关要求，加快制定养老服务人才中长期发展规划，明确发展目标和路径。要创新思路，积极采取多种举措拓展养老服务人员来源。如浙江、江苏等地部分社区借鉴发达国家"时间银行"理念，发动社区老年人开展互助养老，或鼓励社会志愿者参与为老服务，服务者可用服务时间或积分换取自己未来所需的养老服务；又如安徽一些地方注重加强对农村留守妇女的培训引导，为农村老人提供护理服务。这些做法都有利于增加养老服务人员供给、较快缓解短缺现状。

　　二要强化教育培训，着力提升素质能力。学历教育方面，要进一步完善教育教学体系，增强办学就学吸引力。像日本现有养老服务类（福祉科）高等学校近 200 所、短期大学和专门学校近 400 所，课程涉及医疗护理、人间与社会、介护、身心结构四大方面九大体系，合计近 1900 学时。日本很多地方还为这类专业（介护福祉士）设置了高额助学金，由政府资助整体学费的 80%，并以无息贷款形式提供部分生活费，接受助学金的学生毕业后只要从事介护工作满 4 年，就可以免除所有政府贷款。应加快建立以老年服务与管理专业为主体，涵盖护理、康复、辅具开发、社会工作等领域的综合性学科群，同时推动职业教育与高等教育紧密衔接、贯通培养。对符合条件的高校，可在基础设施建设、招生计划等方面予以倾斜扶持，并支持其增加学位授予点、招收相关学科研究生。对养老服务类专业学生，可采取减免学费、无息贷款、入职代偿等方式，鼓励更多学生就读。在职培训方面，要尽可能动员各方面力量，提升培训效果。如德国政府要求企业根据员工数量向公共账号缴纳一定数额的培训基金形成资金池，员工参加培训越多，企业从资金池中得到的额外补助就越多；还要求获得职业资格证的养老护理人员每年必须完成一定进修任务，否则第二年不能再从事相关工作，因此企业和个人的积极性都很高。此外，德国教育部门也为各类养老护理培训学校提供大额资助，如对私立培训学校，规定在其自主成功运营 3 年后，教师工资 90% 以上可由州政府负担。应进一步加大政府购买服务力度，充分发挥企业联盟、行业协会、第三方组织等社会力量作用，协同推进人才培养、认证、实训等工作。从补贴培训机构为主转为补贴养老机构和参训人员为主，同时改进培训课程设置和教材编写，增加在线教育比重，更多将培训地点设在养老机构内，使养老机构和服务人员真正从培训中获益。

三要健全激励机制，着力改善保障待遇。推动各地根据实际情况制定养老服务行业最低工资标准、法定工作时间、带薪休假等制度，进一步增加岗位补贴，确保养老服务人员获得合理的薪酬待遇。如广东广州要求符合条件的一线养老护理员最低薪酬不得低于当地最低工资标准的 1.5 倍。推动实施综合激励，在一些养老护理人员短缺尤为突出的大城市，可考虑从落户、住房等方面给予一定政策优惠。如山东青岛将养老护理员纳入特别紧缺工种，增加 20 分落户导向分，并规定只要在养老机构累积服务满 3 年并获初级养老护理员以上证书的，可在申请公共租赁住房时享受优先待遇。还要探索实施社会保险补贴政策，不断提高养老机构从业人员的社保覆盖率。

　　四要完善职业体系，着力打通发展通道。从发达国家的情况看，不少国家都有分类分级的职业体系，比如日本将老年护理服务人员分为社会福祉士和介护福祉士，前者主要从事管理、咨询、评估等工作，后者主要从事护理服务，两者均须通过国家考试才能取得上岗资格。法国将养老服务人员分为基础护工、家政服务人员、专业护理人员、养老服务管理人员等四类，针对不同服务内容设置了 14 个专业文凭和 5 个水平等级。我国在简政放权背景下，虽然已不再将养老护理员资格作为职业准入门槛，但应当在能力评价、岗位设置、转岗流动等方面完善制度安排，更好地吸引人才并促进专业技能的持续提升。可鼓励养老机构和企业建立符合需要的人才评价体系，将个人薪酬待遇更多与能力素质、工作业绩、培训鉴定结果等挂钩。研究完善养老护理、康复、营养调理、心理咨询等岗位相关职业标准，加强各专业技术岗位和管理岗位的衔接互通，增加优秀养老护理员通过培训考核转入高技能岗位或晋升中高级管理层的机会，为从业人员打通职业发展通道。对于从事养老工作的医护人员，要专门制定符合实际的注册考核与职称评定政策，在资质条件、业绩要求等方面与医院医护人员相区别。此外，还要积极开展舆论宣传、加强孝道引导、树立职业标杆，推动形成全社会关注、尊重、支持养老服务人员的良好氛围。

# 推进医养结合实践中
# 应力避五个"误区"

乔尚奎　王晓丹

　　实行医养结合是我国积极应对人口老龄化、加强和改善养老服务的一项创新举措，对于满足群众日益增长的健康养老需求、助力"健康中国"建设具有重要作用。近年来，各地在医养结合方面作了一些探索，2015 年 12 月，国家卫计委、民政部等九部门联合印发《关于推进医疗卫生与养老服务相结合的指导意见》，随后在全国 90 个城市开展试点，进一步推动了医养结合工作的深入开展。但有些地方在推进医养结合过程中也存在一些认识上的偏差和实践上的误区，应当高度关注、着力防范和避免，促进医养结合工作持续健康发展。

### 误区一：偏重实体建设，合作机制建设滞后

　　目前，很多地方对建立医养结合实体机构热情较高，但部分机构特别是大型机构的实际运行效果不及预期。从养老机构举办的医疗机构来看，由于专业性要求较高，一些养老机构办的护理院、康复医院和养老社区配建的大型医院往往面临医疗专业人

员匮乏、就诊患者数量有限、综合服务水平较低的困境，很多养老机构"养不住"医疗机构。比如某主打"医护型全程化养老社区"特色的养老社区于 2004 年配建的医院，自开办以来员工流失严重、持续盈利能力较低，2016 年底由于资不抵债停止营业。从医疗机构举办的养老机构来看，二、三级医院开办的护养中心等机构对老年人确有吸引力，但也容易成为"第二住院部"，给医院带来较大的运转成本，并产生过度医疗问题。相对而言，医养服务结合是以现有养老和医疗机构为载体，通过签约、托管、联盟等方式建立合作机制，运作更加灵活、成本也更低，但发展较为缓慢。至 2016 年底，全国共有养老服务机构 2.8 万个，但与医疗机构签订合作协议的只有 4000 个左右，而且合作方式比较单一、相关制度有待完善。

我们认为，推进医养结合重在实现既有医疗资源和养老资源的高效整合和深度利用，关键是要构建两种资源打通使用、一体化服务的新机制，而不应过分追求新机构的建设。河南省郑州市的一家医院联合全省 36 家养老机构成立了河南省老年医养协作联盟，依托其老年医学专业技术和服务优势，为全省各地养老机构提供人才培养、义诊巡诊和健康教育等方面的专业帮扶，并与成员单位形成了完善的双向转诊机制，医院床位周转率和养老床位利用率都大幅提高。应继续探索丰富医疗卫生机构与养老服务机构的合作模式，强化出诊、巡诊、会诊、转诊、绿色通道等服务对接机制建设，推动医疗机构定期对养老机构护理人员实行专业指导，加快构建机构间信息共享平台。同时，可以大型医疗和养老机构为骨干，整合周边各类医疗照护、社会组织、社区服务等分散资源，推动形成结合紧密、覆盖广泛的医养服务网络。

### 误区二：偏重高端发展，基本需求难获满足

在不少地方，公办和民营医养结合机构都存在高端化倾向。表现在公办机构，主要是一些地方集中大量资源搞医养结合示范，不仅配套设施齐全，而且与当地最好的三甲医院联合，物美价廉却"一床难求"；又因为资源过度倾斜，并不具备推广条件。表现在民营机构，主要是民间资本受制于医疗服务进入门槛高、初期投入大、回报周期长、利润率低等因素，更愿意建设高级别、高收费的医养机构。比如北京很多开展医养结合的民营养老院每月最低收费都在 1 万元左右，比普通养老院高出两三倍，还有些医养机构则必须交纳几十万元押金才能入住，把大部分老年人挡在了门外。与此同时，能满足中低收入老年人基本需求的城乡基层养老和医疗机构却由于难以获得足够支持和激励，普遍存在场地、设备、药物、医护人员总量和经验不足等问题，加之大多数基层医疗机构医务人员收入不与工作量挂钩、旱涝保收，缺乏开展医养结合业务的能力和动力。

我们认为，开展医养结合需要调动各方面力量满足多层次需求，但当前更应致力于为老年人提供较普遍、可负担的基本医养服务，政府必须在完善支持保障政策体系、夯实基层基础上下更大功夫。福建省厦门市近年来在这方面做了较多工作，除了多批次招聘本科以上高素质医护人才充实基层医疗机构外，每年还针对基层医护人员开展为期 3 个月的慢病防治知识轮训，并实行"名医定时定点下社区"和"中医专家进社区"活动，鼓励三甲医院多学科专家到基层巡诊、带教、开班。在增强社区医护力量的基础上，厦门市着力打造"三师共管"机制，由 1 名三级医院专科医师、1 名社区卫生中心全科医师和 1 名健康管理师组成团

队，为登记老年人提供连续化医疗服务，取得了良好效果。应进一步加大资金投入，并在规划建设、人员培训、薪酬制度、医药配备等方面加强政策研究，着力解决基层医疗卫生机构用房面积小、专业人员少、专科药物缺乏等实际困难，推动其开展医养结合服务。还要增加基层养老机构的设施和专业人员配置，强化其健康指导、日常监测、发病急救等基本医疗功能。

### 误区三：偏重机构服务，居家服务短板明显

从我国养老服务体系建设情况看，今后约有90%的老年人居家养老，但当前社会各方面对居家医养结合的重视程度和供给水平仍然较低，与潜在需求极不匹配。有些老年人之所以迷信网络上各种不实的养生信息，甚至屡屡被不良商家诱骗购买伪劣保健品，在很大程度上与难以获得正规有效的居家医疗保健服务有关。一方面，大量新增资源用于机构医养结合发展，居家医养结合服务缺乏政策和资金支持，造成统一的服务标准缺失、硬件设施改造滞后、医护人员待遇偏低、医疗和运营风险较大；另一方面，居家医养结合服务有时还受到法律和政策限制，特别是上门医疗服务的职业合法性与相关责任划分目前仍处于法律模糊地带。虽然卫计委批复明确了医疗机构以家庭病床、巡诊等方式开展的医疗服务属于合法职业行为，但其法律效力偏低。还有些地方规定社会办医养结合机构的医护人员不能在登记地点外执业，也制约了居家医养服务的扩展。

我们认为，医养结合应当顺应养老发展趋势，把居家医养结合作为主攻方向，进一步增强医养资源的可及性和使用便利度。目前，上海市的居家医养结合走在全国前列，通过全面建设社区综合为老服务中心，为辖区内高龄失能老年人提供喂食、吸氧、

导尿、口腔护理、静脉注射、失禁护理等30多项专业上门服务。同时，根据家庭医生的签约人数、服务质量和服务项目所需工作量，将100多项基本服务项目折算为标化工作量来确定收入，1名家庭医生的年薪可达到20多万元，大大激发了其提供居家医养服务的积极性。应加快制定居家医养结合服务提供标准，进一步加强对相关服务行为的法律和政策保障。加大政府购买服务和财税支持力度，以社区医疗卫生机构为主体，鼓励有资质的机构和医护人员提供形式多样的上门医疗保健服务，并推动家庭医养设施改造。同步推进医疗领域相关改革，依托分级诊疗体系和家庭医生模式，尽快为所有老年人建立健康档案，做好居家慢病和常见病管理，并逐步将符合条件的家庭病床、医疗巡诊等费用纳入医保支付范围，实现即时结算。

**误区四：偏重混合诊疗，服务缺乏分级分类**

目前，各地尚未建立统一对老年人年龄、身体状况等进行综合评估的制度，也没有形成有效的医养结合分级分类体系，大多数医养结合机构仍采取混合型诊疗服务模式。这种模式不利于各机构提供专业化、精细化、特色化的服务，导致机构间服务内容高度相似、服务成本居高不下、服务水平难以提升，部分中小机构严重缺乏竞争力。一些患病、失能老年人经过专业机构治疗后，身体机能大为改善，生活已经能够自理，却无法转入专门从事护理的机构，只能长期待在原机构中，使有限的优质资源难以服务更多更有需要的老年人。另外，许多医养结合机构在服务链条上更侧重医疗救治，相对忽视预防保健、康复护理等环节；在诊疗方式上更侧重提供西医服务，相对忽视发挥中医药"治未病"等方面的特色优势。

　　我们认为，医养结合机构不能都搞成"大而全"，而应更注重"小而精"，要积极推动服务分级分类和特色发展，更好满足老年人阶段性、多样化的需求。安徽省合肥市的一家无陪护老年病房，通过评估将老年人划分为自理型、半自理型、全护理型和临终关怀型四类，根据不同护理需求确定服务内容，实现了特色发展。应尽快在各地建立完善科学合理的老年人照护评估制度，由第三方机构对老年人进行健康状况、照护需求、支付能力等评估，同时对医养服务进行资源配置和绩效评估，从而实现医养资源供需的有效匹配。要推动大型机构综合设置、中小型机构差异化特色化发展，或侧重生活自理老人的慢病管理、或侧重失能半失能老人的康复护理、或侧重重疾老人的临终关怀、或利用中医药进行养生保健等，形成各有特色的错位发展格局。

## 误区五：偏重依赖医保，长期照护保障不足

　　医保支付是很多医养结合机构的重要收入来源，但对医保过度依赖，就会产生两个问题：一个是群众过于看重机构的医保报销资质。然而，医养结合机构纳入医保定点须经严格审批，周期较长，很多地方规定新建机构第一年试运行期间不能申请医保定点。目前全国 5000 多家医养结合机构纳入医保定点范围的还不到 40%。即使纳入定点，现行政策对医保报销总额、次均费用及人次比等也有较严格的规定。医保不予报销，就导致有些老年人不愿去医养机构，仍选择在三级医院长期压床。另一个问题，是一些纳入医保定点的机构由于报销额度不足而存在"骗保"现象，比如套用医保资金支付养老床位费，把一般康复护理服务算作医疗诊治服务，或者用医保名义开营养液、中医保健处方等。

　　我们认为，医保支付具有明确的适用范围和支出规则，应当

严格控制；要积极发展更适于医养结合的长期照护保障体系，以弥补老年人长期护理消费能力的不足。目前，人社部已将上海、青岛等 15 个城市列为长期护理保险制度试点，从进展情况看，该制度在节约医保费用、增强机构活力等方面发挥了较好作用。如山东省青岛市建立长期医疗护理保险制度 5 年来，取得了"个人家庭减负担、护理机构得发展、基金支出增绩效"的显著效果。他们用 12 亿元护理保险基金购买了 2004 万个床日的护理服务，而据测算，同样的资金只能购买二、三级医院 141 万个床日的住院服务。应认真总结试点经验，加快在全国推进长期护理保险制度建设，并进一步提高失能老年人护理补贴，逐步摆脱个人和机构对医保的过度依赖。还要明确长期护理保险与医疗保险、养老保险三者的责任与功能，做好统筹衔接，避免混合使用。

# 加快推动多层次养老保险体系建设

乔尚奎　刘军民

构建多层次养老保险体系，是我国社会保障制度改革的重要任务和目标，也是积极应对人口老龄化的迫切需要。针对当前该领域存在的突出问题和矛盾，亟须加强制度顶层设计，加快推进相关改革。

## 一、我国养老保险体系内部结构问题突出

三支柱养老保险模式是世界多数国家的普遍选择，基本定位是，第一支柱为强制性、非积累制的待遇确定型保障；第二支柱为强制性、积累制的缴费确定型保障；第三支柱为自愿性、储蓄型养老保险计划，三支柱分别实现不同的保障功能，体现公平和效率的统一。我国早在 1991 年发布的《国务院关于企业职工养老保险制度改革的决定》中，就明确提出了三支柱保险体系的基本构想。党的十八届三中全会《决定》指出，要加快发展企业年金等补充社会保险，构建多层次社会保障体系。但总体来看，这方面进展不够理想。

第一支柱呈"一柱独大"。截至 2016 年底，我国参加基本养老保险的总人数已达 8.87 亿人，参保率接近 85%。其中参加城

镇职工基本养老保险的有 3.78 亿人，参加城乡居民基本养老保险的有 5.08 亿人。城镇职工基本养老保险资金规模近 3.86 万亿元，占整个养老金资产比重超过 70%。我国基本养老保险"一柱独大"特征十分明显。

第二支柱仍是短板。我国企业年金发展缓慢，主要表现为覆盖面低、资金规模小、补充养老功能不足。截至 2016 年，建立年金的企业只有 7 万多家，参与企业年金计划的职工人数仅 2325 万人，年金积累规模为 1.1 万亿元。建立年金计划的企业主要集中在能源、电力、铁路、交通、烟草等垄断型和资源型企业，以及银行、证券和保险等金融行业，参与人数只占城镇职工基本养老保险参保人数的 6.15%，仅占全部就业人口的 3%。尤为值得关注的是，2015 年和 2016 年企业年金参与人数分别只增长 1% 和 0.39%，较前些年的两位数增长大幅下降。由于资金积累有限，年金待遇水平不高，据不完全统计，2015 年企业年金月人均领取水平为 256 元，仅为当年全国在岗职工月平均工资（5270 元）的 6.8%、企业退休人员月人均基本养老金（2250 元）的 15.8%。

第三支柱还属缺项。我国商业养老保险尚处于起步阶段，2016 年退休后分期领取的商业养老保险保费收入仅为 1500 亿元，占全部养老金资产比重很小，替代率不足 1%。与此相比，2016 年美国个人退休账户积累额高达 7.3 万亿美元，占其 21 万亿美元养老金总资产的 34.8%，所占比例远超第一支柱，与第二支柱接近。

总体看，目前我国养老保险体系过于倚重第一支柱，基本养老保险承受着不断提高给付水平和降低缴费率的双重压力，制度可持续性面临日益严峻的挑战。

## 二、基本养老保险应真正回归"保基本"

法定的、强制性的基本养老保险作为一项具有互助共济、社会再分配功能的制度安排，具有显著的公共属性。应明确基本养老保险作为第一支柱"保基本"的定位，即为全体社会成员提供底线之上的基本保障，其特点是普惠制、保底线和促公平。第二、三支柱定位为满足改善型、多样化养老需求。

一要适当降低基本养老保险替代率。从国际上看，第一支柱养老金作为法定强制性保障，体现政府责任，主要解决公平问题，替代率一般并不高。经合组织（OECD）国家第一支柱公共养老金的平均替代率为 22%，其中最低的韩国仅为 6%，最高的土耳其、新西兰等国也仅 40% 左右。过去 13 年，我国连续提高企业退休人员养老金标准，以缴费工资为基数计算，我国职工基本养老保险替代率已达 67%。现实中，基本养老金标准继续提高的空间有限，但是群众对此仍有较高期待，主要原因就是绝大多数退休人员除基本养老金外，别无其他制度性收入来源，由此对第一支柱形成很大依赖。对此，建议渐进调整降低第一支柱目标替代率，以缓解基本养老保险基金支付压力。

二要适当降低基本养老保险缴费率。我国基本养老保险总和缴费率为 28%，居世界第 8 位。欧盟国家养老金总和费率平均为 22.6%，OECD 国家平均为 19.6%。适当降低养老保险企业缴费率，有助于减轻企业人力成本负担，也能为第二、三支柱发展留出必要空间。近两年，一些符合降费条件的地区按国务院要求阶段性降低了缴费率。下一步，可结合养老金制度体系的整体设计，参照欧盟和 OECD 国家缴费水平继续适当降低养老保险总和缴费率，主要降低企业缴费率，个人缴费率保持不变，降费空间可转为建立企业年金。对于降费后基金收支缺口扩大的地区，可通过中央调剂金机制帮助解决。在降费的同时，可对统筹账户和个人账户实施合并管理。

三要夯实缴费基数。多年来，缴费核定和征收管理存在较大弹性，政策规定缴费基数可按当地社会平均工资的60%—300%来确定，许多企业就以60%的最低比例缴费。此外，还有一些企业逃避参保、隐瞒缴费基数。据统计，近几年全国基本养老保险实际征缴率一直都低于28%，2008—2015年平均为22.3%。夯实缴费基数，既是维护制度公平性、权威性的要求，也能为降低缴费率创造条件。

### 三、加快补齐企业年金发展短板

大力发展企业年金是构建多层次社会保险体系的重要方面，对国家而言，有助于分散应对老龄化的风险；对企业来说，可增强对人才的吸引力并激励其长期留用，是企业实施人才战略的重要举措；对职工来说，可使退休后收入多元化，多渠道提高生活水平。

第一，降低企业年金的制度门槛。企业年金发展滞后，门槛过高是一个重要原因。现行《企业年金试行办法》规定，建立年金计划的企业需依法参加基本养老保险并按时足额缴费，并已建立集体协商机制。然而，许多民营企业、中小企业的内部治理还不完善，工会组织和民主协商管理制度尚不健全。过高的门槛容易将这些企业挡在门外。同时，小微企业存续周期较短，盈利不稳定，员工流动性大，在遇到经营亏损时可能会中断缴费，而现行制度没有关于恢复缴费或补缴的规定。因此，应降低企业建立年金计划的门槛，提供更具弹性的缴费安排，充分调动企业加入年金的积极性。

第二，增强企业年金的实施刚性。建议弱化现行"自愿建立"的导向，探索引入自动加入机制，即职工入职时即默认自动加入企业年金计划，但享有退出的权利，实为"隐性强制"。美国《2006 年养老金保护法案》将自动加入、合格默认投资工具等机制以立法形式固定下来，极大促进了年金发展，新入职雇员参与率从实行自动加入机制之前的 60% 提高到 90%。英国《2008 年养老金法案》针对符合条件的雇员实施自动加入，使 60% 的英国雇员加入了企业年金计划。实践证明，自动加入机制对扩大年金参与率、覆盖面和增强制度效果十分明显。

第三，逐步缩短年金归属期。出于稳定员工队伍需要，企业通常会对企业缴纳部分设置归属期，归属期满才拨付到职工账户。有的企业还对不同层级的管理人员实行不同归属期，有的归属期甚至被设定为职工退休之年。归属期过长、条件过于复杂，不利于保护职工权益，影响职工获得感。因此，应逐步缩短年金归属期，最长不宜超过 10 年，甚至条件成熟时取消。

**四、商业养老保险应尽快"补缺"**

发展第三支柱养老保险，有利于激发职工和居民自主承担养老责任的意识，也是改善家庭资产配置结构的重要途径。我国居民储蓄率长期偏高的重要原因之一在于社保体系不完善，使得预防性储蓄动机强烈，发展商业养老保险则可引导大量储蓄投向资本市场，增加居民资产性收入。当前城乡居民储蓄存款已突破 60 万亿元，发展商业养老保险具备良好基础条件，关键是要通过科学合理的制度激励和政策引导，尽快撬动和培育这一市场。

一是实施"双向税优"激励政策。税收激励是助推第三支柱发展的重要引擎。前不久，国务院办公厅印发了《关于加快发展商业养老保险的若干意见》，明确要抓紧开展个人税收递延型商业养老保险试点。对此，一方面要落实好"延税型"EET政策（即缴费和投资收益阶段免税，领取时纳税，发挥税收递延作用），尽快启动试点。另一方面，鉴于我国个人所得税实行的主要是分项纳税，工资、薪金所得纳税人并不多（约2800万人），还存在大量非正规部门就业和灵活就业者，而这部分人群恰是购买商业养老保险的最大潜在群体。为此还可设立"免税型"TEE账户（即税后缴费，但在投资和收益领取环节均免税），这不仅是适应上述人群的需要，也能更大程度激励基金投资增值。

二是从"产品税优"转向"账户税优"。从西方一些国家经验看，个人养老金计划大多依托一个特定养老账户，参加者向账户缴费，并基于账户享受税收优惠，账户成为核心资产配置工具，资金可投向共同基金、银行存款、股票债券等多种投资标的及其组合，以满足不同的投资需求和风险偏好。如果将税收优惠与某些特定产品挂钩，则会对参加者的投资选择造成限制和干扰。为此，建议尽快引入"个人养老账户"，将其作为第三支柱养老保险的载体，所有资产产品的购买和投资都通过该账户进行，账户的后台与税务系统链接，对当前延税和未来纳税进行全周期记录管理。

# 农村养老短板突出亟须加快补齐

张顺喜　刘一宁

随着我国人口快速步入老龄化，解决好养老问题日益迫切。据全国老龄办估算，2016 年底，全国 60 岁以上老年人口已达 2.3 亿人、占总人口的 16.7%；到 2020 年，将上升至 2.55 亿人和 17.8%。农村不仅老龄化速度更快、程度更高，并且养老物质基础和服务保障更为薄弱，养老问题更加突出。决胜全面建成小康社会，必须加快补齐农村养老短板，让广大农村老年人"老有所养、老有所依、老有所乐、老有所安"。

## 一、当前农村养老面临的主要问题

一是农村老年人缺乏经济来源，贫困发生率高。目前，大多数农村老年人每月只能领取不到 100 元的基础养老金，经济来源主要是自己劳动所得和子女贴补。由于子女外出务工，大多只在逢年过节时给一点"孝敬"，农村老年人的日常生活还得靠自己的"一把老骨头"。如果年纪大了、干不动了，就很可能会陷入困境。中国人民大学中国调查与数据中心的一项调查显示，2014 年全国农村老年人的贫困发生率高达 35%，是同期农村人口贫困发生率的近 5 倍。为了生活，很多贫困地区的农村老年人不得不

"一直干到躺下"。即使是在已经全部脱贫的经济发达地区,农村老年人的经济状况仍然不容乐观。

二是农村老年人缺乏照料服务,生活状态堪忧。农村养老设施和服务不仅数量少,而且利用率低。绝大多数村没有养老机构和设施,乡镇的养老机构又只对"五保"老人开放,大量儿女不在身边的老人得不到照料服务。据统计,目前我国农村地区的老年人日间照料覆盖率仅为40%,"小病拖、大病扛"的现象相当普遍。此外,由于农村缺少正规的医护服务和健康指导,一些借健康之名、行骗取钱财之实的虚假养生讲座和销售活动便趁虚而入,不仅给农村老年人的身体健康带来诸多隐患,还让不少老年人连"养老费""救命钱"也被骗走,导致基本生活都没有着落。

三是农村老年人缺乏精神慰藉,老有所乐的少。农村精神文化生活匮乏,大部分老年人的日常生活都是"出门一把锁,进门一盏灯",连找一个说话的人都很难。由于缺乏情感交流和精神抚慰,许多老年人经常会有孤独感。据调查,超过一半的空巢老人表示经常会有孤独感,即使是子女没有外出的农村老年人,表示经常会有孤独感的也达到1/3左右。情感交流需求长期受压抑,不仅严重影响了农村老年人的幸福感,有时还会引发冲击社会基本道德底线的极端后果。

## 二、农村养老问题快速凸显的主要原因

我国农村养老问题之所以在近年来快速凸显,既与人口老龄化加剧直接相关,也与农村经济社会发展加快转型紧密相连,是多种因素交织叠加的结果。归纳起来,主要有以下几方面原因。

一是农村大量青壮年劳动力流向城镇,加快了农村老龄化进程。与发达国家的老龄化进程不同的是,我国的人口老龄化发生

在工业化、城镇化加快发展阶段，正值农村青壮年劳动力加快向工业和城镇转移的时期。进入 21 世纪以来，我国城镇化率年均提高 1 个多百分点，外出农民工年均增加 1000 多万人，农村常住人口净减少 2 亿多人，占现有农村常住人口的近 1/3。受户籍制度、收入水平、居住条件等制约，流向城镇的农村青壮年劳动力大多是个人流动，不是家庭式迁移，绝大多数老年人只能继续留守农村。农村人口的快速自然老龄化与青壮年人口持续大规模转移的"双碰头"，使农村人口老龄化速度和程度都明显高于正常水平。据全国老龄办预测，按照目前的态势，农村老年人口数量峰值将出现在 2034 年，比全国要整整早 20 年。

二是农村家庭结构发生深刻变化，加大了传统方式养老难度。我国农村多年来盛行的养老方式，是建立在传统的主干家庭、联合家庭基础上的家庭养老。近年来，越来越多的农村家庭变成核心家庭、小家庭，老年人与成年子女生活在一起的越来越少，给养老带来许多困难和挑战。因为现在的农村老年人，在青壮年时大都信奉"养儿防老"，精力和财力都倾注在子女身上，没有为自己的养老"早作打算"，基本都没有积蓄，到了需要依靠子女时，子女却另立门户，不能给予稳定的经济支持。此外，由于老年人和子女分开居住，也使子女对老年人的生活照料和精神慰藉远不如居住在一起那么方便。

三是农村养老设施建设严重滞后，加剧了养老服务的供需矛盾。相比于城镇，农村的"未富先老"问题更为突出，养老基础设施建设的历史欠账更多，扩大养老服务供给面临的制约更多。乡镇一级政府大多依靠上级的财政转移支付保持正常运转，很少有财力来兴建养老机构、提供养老服务。社会资本投资建设养老机构和服务设施的潜力虽然很大，近年来在城镇的扩张势头也很迅猛，但由于农村居住分散和老年人的经济承受能力较低，社会资本对建设农村养老机构设施还缺乏积极性。目前，农村除了为"五保"等特殊群体集中供养修建的养老院外，大多数乡镇都没有适合普通老年人的养老机构，农村老年公寓、敬老院等社会养老机构更是少之又少，远远不能满足农村老龄化对养老服务的巨大需求。

四是农村代际间思想观念差异扩大，加深了老年人的生活困境。现在的农村老年人，大多一直生活在农村，深受传统孝道文化浸润，认为"养儿防老"是理所当然。但他们的子女则不同，大多在城镇工作生活，受个体自由和市场经济等观念影响，尊老、养老意识不断淡化，有些人甚至还认为"养儿防老"不道德。同时，由于长期不与父母生活在一起，子女们的兴趣和爱好也与父母存在较大差异，很多事情都"说不到一块儿去"。这种代际间思想观念的差异和冲突，不仅降低了子女赡养父母的意愿，使农村老年人很难得到子女经济上的充足支持，而且影响了子女与父母的沟通交流，使农村老年人很少能得到子女的精神慰藉。

### 三、加快补齐农村养老短板的对策建议

农村养老不仅关系亿万老年人的晚年幸福，也关系他们子女的工作生活，是涉及人民生活质量和全面建成小康社会成色的大事，应当予以高度重视。解决这个问题，需要立足经济社会发展实际，针对当前农村养老面临的突出矛盾，多措并举、综合施策，尽快让农村老年人生活质量有个明显改善。

第一，强化农村社会保障兜底措施，加快贫困老年人脱贫。农村的贫困老年人，要么是年纪过大没有劳动能力，要么是因病

致贫，无法通过产业扶持、就业帮助等实现脱贫，解决生活困难只能依靠社会保障来兜底。在现有经济社会发展条件下，虽然农村社会养老保险保障水平在短期内难以大幅提高，但农村低保、医保、新农合等兜底措施不仅提高空间很大，并且都是现行的重要脱贫举措，相关的工作基础也比较扎实。建议在脱贫攻坚中，将农村贫困老年人作为扶贫兜底措施的优先实施对象，加大农村低保、新农合、大病保险等对老年人的扶持保障力度，让农村贫困老年人都吃得饱、穿得暖和有病能医。

第二，创新农村养老设施建设机制，加快发展社会养老服务。解决农村老年人的日常照料和看护问题，根本途径是加快发展农村社会养老服务。为此，应在加大农村养老设施建设投入力度的同时，加快深化社会领域改革，充分调动社会资本投资建设农村养老机构和服务设施的积极性。在有条件的地区，可探索"社会资本＋集体组织"等养老设施建设和运营模式，由社会资本出资、集体组织出地，创办建设投入和运营成本相对较低的敬老院、老年公寓或养老医院等养老机构。对于不愿意到养老机构的老年人，可通过购买服务等方式，鼓励和引导农村各类组织为他们提供日常照料服务，让他们在家安享晚年。

第三，大力弘扬优良家风，形成良好尊老、养老社会风尚。不管时代如何变化，子女永远是"天生最适合"的养老服务提供者。同时，当前我国经济社会发展水平也决定了子女在农村养老中的不可替代作用。要加强尊老、敬老、爱老宣传教育，积极开展家庭文明建设活动，推动形成"敬老孝亲"的社会新风尚，提高子女赡养和关心老年父母的意愿。要大力弘扬中华民族家庭养老的优良传统，鼓励多代同堂或邻近居住，积极支持农村空巢老人到城镇和子女团聚，促进农村老年人晚年生活幸福和儿孙晚辈受益的"双赢"。在加强正面引导的同时，对不赡养老人、虐待老人的行为要依法严惩，并广而告之，提高不尊老、养老的成本，扭转尊老、养老意识不断淡化的趋势。

# 七、国际经验借鉴和国外考察报告

# "德国制造"何以久盛不衰
# "中国制造"如何凤凰涅槃

## ——赴德国"依靠创新推进新旧动能转换比较研究"培训考察报告之一

### 杨春悦 苑衍刚 张元军

"德国制造"享誉全球，一定程度上代表了德国形象。德国经济能够历经多次危机而安然屹立，并保持了极强竞争力，其秘诀正是始终致力于做强以"德国制造"为代表的实体经济。"中国制造"正处于转型升级关键期，借鉴德国经验，擦亮"金字招牌"，对提高我国经济发展质量、实现新旧动能转换，具有重要意义。

## 一、"德国制造"成功之道

考察中我们强烈感受到，"德国制造"的强大绝非偶然。多年来德国形成了一整套支撑体系，从战略到战术、从宏观到微观、从体制到环境，都协同发力，使"德国制造"成为动力强劲的"德国战车"。

第一，坚守制造业立国战略。德国经济政策以稳健务实著称，历届政府都把做强制造业作为核心战略。无论是在德意志统一、备战、重建、东西德合并的各个阶段，还是应对经济金融危机之时，都始终把工业作为基石。2008 年国际金融危机前，德国没有走一些发达国家去工业化、吹大资产泡沫的路子，而是执着于发展实体经济，坚持稳健金融政策，才在发达经济体中率先复苏。20 年来，德国制造业占 GDP 比重始终在 22% 左右，而同期英国从 17.2% 降为 9.7%，法国从 15.8% 降为 11.1%，美国从 16% 降为 11.7%。

第二，持续推进产业升级。工业化初期，"德国制造"并非质量可靠、技术先进、信誉上佳的象征，而是价廉质劣的代名词。德国人稳扎稳打推进转型升级，坚持创新导向、质量第一、打造品牌、强化信誉，多年努力才将德国制造塑造成为"精工质优"的形象。19 世纪末德国钢铁、化学和电力工业居世界领先，20 世纪 70 年代起专注知识密集型产品制造，90 年代开始向专、精、特、高发展。进入 21 世纪十年后又率先提出工业 4.0，推进产业智能化数字化。我们考察的奥伯恩堡工业区，原是百年前的纤维生产厂，厂房十分破旧。经不断改造，引进 30 多家现代企业和研发机构，建成大数据中心，形成产业集群，基本实现了智能生产。

第三，产业战略与创新战略一体推进。德国科技、教育界与工业界关系紧密，创新与制造业高度契合。但在工业化之初，科研与生产却是相对脱节的。尽管德国当时已成为"世界科学中心"，但美国的工业品科技含量更高。后来，德国发现了其中的"秘密"，就是许多美国人从德国拿到学位回国后不是做研究，而是办企业。之后德国提出科技理论与工业实践结合的战略，大力发展应用科学，推动工业走向领先。德国现在著名的大公司大多是那时成长起来的。

第四，中小企业是中流砥柱。德国质量协会董事施瑙贝尔说："德国制造的基础是中小企业，它们才是关键力量。"德国99%的企业是中小企业，提供60%的就业，获得71%的专利。其中最有名的是"隐形冠军"，全球2700多家中德国就占了1300多家。很多公司上百年只做一个产品，却成为全球高端制造业的关键材料与核心零部件供应商，效益非常好。我们对德国中小企业的突出印象是，支持政策多、创新平台多，能获得全方位服务，与大企业结合紧密，国际化程度高。

第五，独具特色的双元制教育提供人才支撑。德国人认为，正是高素质的产业工人和工程师，才将德国制造的品质落实到每道工序、每项操作。产业工人主要来源是双元制教育。学生既是企业实习员工又是职校学生，从入学到学习再到毕业，都充分体现企业需求，实现了教育与职业无缝对接。工程师主要来自应用技术大学。这类大学以实践应用为导向，培养具有较强自主解决问题能力的高级应用人才，被称为工程师"摇篮"，培育了70%的一线工程师。

第六，政府创造良好营商环境。德国实行社会市场经济，政府主要保障公平竞争，防止市场失灵，靠缜密制定和严格执行一系列法律法规和行业标准，建立诚信体系，对企业规范引导。我们考察的老鹰工业园区有数千家企业、几万名员工，但偌大园区内，没有任何政府部门进驻，平常也没有任何检查。企业只要守法就可安心经营，不用担心被"骚扰"。

## 二、"德国制造"最新动态

一是加紧向工业4.0演进。德国于2011年提出工业4.0战略。据联邦教研部相关负责人讲，工业4.0是将生产和需求信息数字化网络化，更新全产业链，让制造业搭上互联网和智能化的"快车"。这一概念已取得共识，从战略、标准到研发制造都在有序推进。联邦教研部、经济部和行业协会、工会、科技界等组成工业4.0平台，负责总体统筹。标准也正加紧制定，预计3—5年完成。政府还依托科研单位等建了10个公共示范中心，计划再建14个，发挥引领作用。

二是制造业平台化共享化服务化趋势明显。制造企业尤其是大企业正在从单一卖产品向建平台、卖服务转变。如某知名企业公司构建了开放式物联网操作系统MindSphere，形成"平台提供商＋应用开发商＋用户"的共享型制造业生态系统。制造业还在向共享经济发展，更多机器设备互联互通，实现人机交互，资源共享，大大降低边际成本，提高了生产和创新效率。这样，企业更能即时感知用户需求，实现产品全生命周期监测维护，变一次销售为多次服务，使原本在"微笑曲线"底部的制造业，成为高附加值来源。

三是大中小企业、传统产业与新兴产业加速融通。德国大中小企业正在更紧密协作，形成强大的全产业链。中小企业决策灵活，更适应个性化需求和定制化生产；大企业人才资金实力雄厚，可以建平台，吸引中小企业形成你中有我、我中有你的关系。比如我们考察的巴斯夫等大公司，把很多环节外包给中小企业，形成了工作网、工业园区。奔驰公司在斯图加特设立新型研发中心，与上下游供应商贸易商及新兴企业协同创新。公司老总指出："未来对汽车业影响最大的不是日本公司，而是美国的谷歌、苹果、特斯拉等新兴产业公司，如无人驾驶很快就会实现。"新兴产业与传统产业交叉融合，模糊了彼此边界，提升了整体竞争力。

### 三、打造"中国制造"金字招牌，促进我国经济转向高质量发展

"中国制造"是我国经济的支柱和优势，是立身之本。在新一轮科技革命和产业变革冲击下，全球产业处于大调整大变革之中，近年来全球资本的流动清晰反映出这一趋势。这轮迁移背后的真正动力是科技创新与产业升级。我国面临着发达国家重塑竞争优势和发展中国家产业升级夹击的风险。但我国也有市场大、产业完整、供应链和基础设施完善、人力资源充足等优势，新技术新产业新模式活力迸发。与一些发达国家战略实施中易受地方和大公司掣肘相比，我国还有集中力量办大事的制度优势。只要扬长补短、积极作为，完全能打造"新一代中国制造"，在全球竞争中占据主动。

一是统筹实施制造强国战略与创新驱动发展战略。我国已进入工业化中后期，"中国制造"迈向中高端释放出极大创新需求。应促进制造强国战略与创新驱动发展战略对接，防止各自为战和重复投入。推进大学、科研机构、创客与企业协同创新、融通发展，把更多科技成果转化为现实生产力。通过重大科研项目、财政奖补、政府购买服务等方式，鼓励制造业企业与科研机构联合攻关。从支持普惠性创新的角度，研究分类降低制造业增值税等税负，鼓励企业加强研发尤其是基础研究，支持制造业企业设立新型研发机构，加快建设一批制造业创新公共平台。

二是协同推进"互联网+"与中国制造升级。应当看到，美、德等国推进工业互联网、工业4.0等战略，不同程度上存在产业空心化、信息基础设施滞后、用户接受慢等障碍。我国信息化和数字经济发展很快，不少新兴产业企业已跻身国际一流。这为我

国制造业跨越发展提供了难得机遇。应加快推进"互联网＋"和中国制造深度融合，在智能制造等方面实现弯道超越。加快新一代信息技术、大数据、物联网与制造业深度融合，推动创意设计、节能环保、远程技术、系统流程管理等先进服务业与制造业深度融合；集中攻关智能传感、工业核心软件、工业云平台等瓶颈，打牢智能制造基础；抓紧建设一批制造业与互联网融合发展的示范项目。同时，加快制造企业体制机制创新，推进扁平化平台化管理，构建适应"互联网＋"的新型生产经营体制。

三是质量、技术、设计、标准、品牌、信誉"六位一体"提升"中国制造"品质。"中国制造"与"德国制造"存在全方位差距，不仅在技术、工艺方面，更在于标准、质量、技能、品牌、信誉等方面。目前我国"海淘热"持续升温，从奢侈品发展到生活必需品、家用电器，说明中高端产品严重滞后于消费升级需求，"中国制造"遇到了严峻挑战。连日用消费品都要靠进口，怎么称得上制造强国？这是我们的痛点，必须来一场品质革命。借鉴德国体系化打造"德国制造"的经验，应把质量、技术、设计、标准、品牌、信誉等融为一体，系统推进。建设一批标准化示范区，实施中国制造"精品工程"，支持奖补优秀企业。推进各行业各领域精益生产、精益管理，运用工匠精神精耕细作。制定质量促进法，完善行业标准，加快建设覆盖各领域的广义质量和标准体系，以先进标准倒逼产业升级，提升供给体系质量和效率，不断提高"中国制造"含金量。

# 借鉴德国工业 4.0 实施经验
# 提升中国制造水平

### ——赴德国"依靠创新推进新旧动能转换比较研究"
### 培训考察报告之二

张凯竣　陈克龙

"工业 4.0"自提出以来迅速风靡全球，已成为德国的一张"新名片"，并引发了世界范围内新一轮工业转型竞赛，成为当今最具标志性意义的科技和产业革命事件。我们对德国实施工业 4.0 的主要做法、最新动态、存在障碍和下步打算进行了考察，在此基础上对我国如何提升中国制造水平提出建议。

## 一、德国实施工业 4.0 的主要做法和最新动态

工业 4.0 是德国为保持制造业的未来竞争优势，适应新科技革命趋势，利用"信息物理系统"，推进制造业的数字化、网络化、智能化。2011 年 4 月德国在汉诺威工业博览会上首次提出工业 4.0 概念，2013 年 12 月出台工业 4.0 标准化路线图，2014 年将其列入面向 2020 年高科技战略的"未来工程"。几年来，在德国政府的大力倡导推动下，工业 4.0 从概念愿景迅速发展成

为国家战略，从工业领域渗透到社会生产生活各个方面，政府、企业、科研院所、社会组织等都自觉融入其中，协同推进这项工作。

第一，战略引领。德国把工业 4.0 作为未来的最大挑战和国家的核心战略，总理默克尔不遗余力亲自推动，成为"工业 4.0 超级推销员"。联邦经济部和教研部两大核心部门直接部署，完善顶层设计、制定配套政策、建立推动体系、落实支持资金。德国政府提出了"保持技术领先、商业模式创新、产业生态优化"三大战略目标，还将工业 4.0 作为 2018 年"国家科学年"主题，增进广大公众关注。

第二，搭建架构。德国政府专门成立了"工业 4.0 平台"，作为实施工业 4.0 战略的中枢机构。平台吸引了政府、企业、高校院所、协会、工会等各领域 159 家机构代表参与，拥有 300 多名工作人员，是世界上最大、最多样性的工业网络。平台由联邦经济部和教研部共同领导，下设 6 个工作组，包含标准规范、研究创新、网络安全、法律框架、就业教育培训、其他需求等，各自开展政策研究和实践部署。全国各地设立 10 个工业 4.0 能力中心，重点帮助中小企业解决数字化升级等问题。

第三，企业主导。考察中我们感到，虽然德国政府大力提倡工业 4.0，并反复强调中小企业作用，但背后真正起主导作用的还是大企业。如德国某大企业首先在安贝格建立了"工业 4.0"数字化智能工厂，某企业的洪堡工厂成为全世界参观工业 4.0 的"样板"。一些知名大企业都是工业 4.0 平台的核心成员，深度参与政府的战略性和基础性项目。此外，企业积极与高校院所等机构合作，例如弗朗霍夫学会围绕工业 4.0 开展了大量研究项目，其中大部分是企业委托开发。

第四，抢占标准。德国是工业标准化的发源地，目前全球不到 5 万个工业制成品标准中，2.5 万个来自德国，德国人对"谁制定标准谁就拥有市场"深有体会。在工业 4.0 平台中，"标准规范"被列为所有工作组首位。目前，德国已成型的工业 4.0 标准包括"工业 4.0 标准化路线图""测量和自动化技术标准"，以及一些信息通信技术、自动化等方面的标准，并力促将工业通讯、IT 安全等领域的现存标准纳入新的全球性参考标准中。此外，德国还积极在国际展会展示其最先进的标准化系统，邀请其他国家来德学习考察，借机加快德国标准向全球的推广步伐。

第五，注重改造。对工业 4.0，德国上下认识并不完全一致。联邦政府层面认为，这是一场涉及产业链、价值链以及人与机器关系、商业模式的根本性变革，是具有跨时代意义的革命。但在州政府和企业尤其是中小企业层面，更多认为工业 4.0 是一种产业进化，是第三次工业革命的延续，应遵循客观规律，以传统产业升级改造为主要路径。我们考察的奥伯恩堡工业园区具有 100 多年的历史，他们在传统厂房和生产设施基础上加装传感器、智能模块等，借以保持技术领先。上面关注的是国家挑战，下面更重视效益和实用性，正是在这种上下磨合中，工业 4.0 将持续改进德国工业未来生产方式，孕育出涵盖产品整个生命周期的智能价值链。

第六，保护数据。德国人强调，数据是新工业时代的"粮食"，智能制造不仅生产实物，更将产生海量数据，而这些信息如何处理、传输和保护将成为大问题。德国《电信法》和《联邦数据保护法》对互联网等领域的数据使用作出了明确规定，企业也会明确告知客户相关数据的用途和保护措施。在此基础上，工业 4.0 平台将进一步研究出台相应的 IT 安全策略、架构和标准，提高整个系统的机密性、完整性和有效性。2016 年推出的"工业数据空间项目（IDS）"，旨在建立一种基于标准通信接口、实现数据安全交换共享的标准化虚拟架构，以保护每个企业的"数据主权"。

第七，培养人才。德国人认为，与工业 4.0 相适应的专业化人才短缺将是未来的最大短板。为此，专门推出了《人才培训与案例》手册，既重视蓝领工人的能力提升、人机协同的发展，又注重管理者素质的完善和复合型人才的培育。及时调整"双元制"教育专业设置，更加突出数字化、智能化相关的前沿知识，联邦职业教育研究所（BIBB）对信息技术专员、IT 系统电子工程师等多个信息技术职业进行了优化更新。企业也通过对员工再培训，帮助他们更好适应工业 4.0 的新要求。

德国工业 4.0 目前发展到什么程度了呢？一方面，成效明显。德国在新工业革命中走在最前，工业 4.0 最早从学术理论进入工厂车间，一批示范性工厂已经建成，"传感 4.0""机床 4.0"等子概念越来越多，背后都已有成型的产品和技术支撑。在 2016 年汉诺威工业博览会上，展示的工业 4.0 项目超过 100 项，既有机器人、传感器等"硬件"元素，也有数据处理、智能控制等"软件"元素，显示德国工业 4.0 已开始进入应用推广阶段。另一方面，差距还很大。德国政府官员和专家学者普遍认为，目前还没有一个工厂能够完全实现工业 4.0 愿景，博世、某知名企业等全球领先企业也只在局部生产和管理中实践了工业 4.0 的某些理念。多数一线管理者认为，欧美国家要真正实现工业 4.0，至少需要 15 年时间。

另外，德国在推进工业 4.0 过程中也面临着一些问题和障碍。

一是上下协同不够。联邦政府和大企业极力鼓吹工业 4.0，但各州自主权很大，学术界和企业界认识也不一致。柏林应用科技大学梅根斯教授认为，目前称工业 4.0 还为时过早，主要困难在于跨行业的机器设备无法"对话"、电脑计算和处理能力不足、大部分机器数字化改造难度大成本高，无法支撑工业 4.0 的能力要求。这种认识上的差异将影响战略推进的协调性和实效性。二是信息化基础落后。德经济部长加布里尔认为，德国在数字化领域不仅落后于美国和中国，甚至落后于欧盟一些国家。欧洲电信网络运营商协会 2014 报告显示，德国光纤到户覆盖率在欧盟排名第 26。基础设施短板制约了德国数字化转型的整体进程。三是理念过于保守。德国企业以严谨稳重、持续创新著称，但也存在保守封闭的倾向，容易在新的科技革命浪潮到来时不敢大胆变革，丧失本应抓住的机遇。例如，出于数据安全、隐私保护等方面考虑，德国企业特别是中小企业对商业领域和内部流程的数字化改造并不积极，导致德国的数字经济、分享经济等发展明显滞后。

## 二、对我国提升中国制造水平的启示

德国工业 4.0 战略的快速展开，体现了德国继续保持世界领先地位的决心和执行力，也让我们感到了加快推进我国制造业升级的危机感和紧迫感。我国作为后发国家，如果不能抓住机会迎头赶上，不仅无法跨入全球价值链和产业分工高端，而且可能再次被发达国家甩在后面，今后也将很难追赶。同时也要看到，我国已处于工业化中后期，如果能用好工业体系完善、信息化程度高、历史包袱小、对新事物接受度高等优势，完全有可能在产业重塑中实现赶超跨越。因此，要从战略和未来全局出发，把握新科技革命和产业变革大趋势，结合我国制造业实际，找准切入点，加快推进转型升级。

一要完善推进机制。应在现有国家制造强国建设领导小组基础上，完善相关协调机制，统筹推进中的重大事项。协调机制除有关部门参加外，还要从专家委员会、专项工作组、专业服务机构等方面完善体系。专家委员会设置战略研究、政策评估、技术咨询、重点产业等咨询组，吸纳地方政府、企业、协会、科研院所、标准组织等各方代表参加。设立一批专项工作组，聚焦标准规范、技术研发、人才培养、数据安全等重点领域，由各有关部委牵头运行。

二要强化政策支持。完善针对先进制造业项目的财税、金融、产业等支持政策。吸引社会资本尤其是投资机构、企业参与。国家重大科技专项、重点研发计划、自然科学基金、科技奖励等，都要向先进制造业倾斜。加强对企业面向工业4.0的技术改造升级的引导支持。加大公共平台和项目建设力度，推动产学研协调联动和大中小企业融通发展。围绕重点领域建立一批先进制造示范项目、旗舰项目，促进新技术新工艺新模式的研究实践和示范推广。加快建设一批工业大数据平台和工业云平台。鼓励大企业构建开放融合的协作平台或联合攻关平台。

三要加快数字经济立法。当前数据信息方面的市场纠纷迅速增加，未来将从消费领域向生产领域蔓延，但在监管处理中经常无法可依。借鉴德国的工业4.0法律架构"Ju—RAMI4.0"，对产业升级中可能出现的法律风险、涉及到的法律领域进行前瞻性梳理研究，坚持问题导向，对现有法律法规进行立改废释。

四要加强工业信息基础设施建设。突出战略重点，加快部署低时延、高可靠、广覆盖的工业互联网，提高制造业集聚区光纤网、移动通信网和无线局域网的覆盖范围和质量，实现信息网络宽带升级，增强企业宽带接入能力。要注重整体布局，优先完善经济发达、具备一定智能制造基础地区的工业基础设施，分层分步在其他欠发达、有潜力的地区推开。

# 借鉴德国创新从协同到融通经验
# 加快形成我国创新发展新动能

## ——赴德国"依靠创新推进新旧动能转换比较研究"
## 培训考察报告之三

张凯竣　陈敬全　高润生

德国历来高度重视科技与经济融合，强悍的科技创新能力与领先全球的产业竞争力形成了相互协同促进的良性循环。近年来，德国以工业4.0为牵引、以高技术战略为支撑，加快推动创新体系从协同向融通转变，其动态值得关注，经验值得借鉴。

## 一、德国创新历来以协同高效著称

德国是世界公认的创新型国家，二战后先后经历了9次大的经济危机，但每次都能在不到一年时间里复苏，德国人将其归功于创新体系的协同性、创新链条的完整性和创新主体的均衡性，使科技创新与实体经济产生强大聚合效应，就像有"德国战车"美誉的德国足球队一样高效强劲。一是创新绩效高。德国以全球1%的人口，产出了全球7%的论文、14%的专利。德国高技术产品出口额占全球的12%，略高于美国，是日本的两倍。二是创新主体健全。德国科研机构密集，科研体系健全，产学研各方主体定位清晰，分布均衡，在各类平台上相互协作、深度交融。三是逆周期创新投入大。每次危机中德国政府创新投入都不减反增，尤其重视加强对中小企业创新的支持。例如2008年国际金融危机发生后，德国对"中小企业创新核心计划"的资助迅速从不到5亿欧元上升到9亿欧元，增幅达80%。四是企业创新能力强。德国2/3的研发投入和70%科研人员都来自企业，除了一些创新型龙头企业外，40%的中小企业都有专门研发机构，为欧洲最高。五是创新服务体系发达。德国各类专业化创新服务中介十分活跃，包括协会、孵化器、国家技术转移中心等，以及市场化的金融、法律等服务型公司，为企业尤其是中小企业提供全链条、无死角服务，使德国初创企业保持了较高成活率。例如柏林老鹰工业园区自成立以来，创业公司存活率高达95%。

德国的大学、研究机构、企业、联邦和各州政府等各类主体，形成了产学研协同分工合作的模式。马普学会、赫姆霍兹学会、莱布尼茨联合会、弗劳恩霍夫学会是国际知名的四大研究机构，前三者和大学主要从事基础研究，经费90%以上来自政府和社会资助。弗劳恩霍夫学会则是德国产学研合作的旗帜，作为欧洲最大的应用科学研究机构，仅在德国境内就有67个研究所，雇员超过2.4万人，每年承接6000—8000个产业项目，其中70%以上来自企业和社会机构的"合同研发"，致力解决技术研发与产业化之间的鸿沟。

**二、近年来德国的融通创新趋势**

如果说协同创新是各主体密切协作但尚有"你我"之分的话，那么融通创新则是创新主体相互融合，创新链条彻底打通，形成"你中有我、我中有你"的创新共同体。近年来，德国政府明确提出，将促进产学研融合、提高转化效率作为重要方向，在强化协同的基础上着力推进融通创新。

一是围绕实体经济打造开放式创新网络。从《德国高科技战略》（2006—2009）到《国家高科技战略 2020》再到"工业 4.0"计划，德国创新政策的聚焦领域逐渐缩小，但始终围绕制造业这一"硬实力"展开，制造业研发投入占到全社会总体的 80% 以上。联邦教研部关键技术司司长蔡塞尔认为，未来挑战主要在制造业创新、人工智能、数学、可持续经济、卫生等 5 大领域，要让大中小企业、大学、科研机构等组成开放式创新网络，让来自不同专业领域的顶尖工程师组成合作研发团队，相互激发创造力。

二是做大做强枢纽型研发机构。德国政府强调，基础科学、应用科学和社会科学应跨界融合，基础研究要与技术商业化融合推进，其中应用转化型研发机构发挥着举足轻重作用。例如，弗劳恩霍夫学会作为工业 4.0 的发起者和实施者之一，一方面统筹基础研究与加工技术、电子控制、信息安全等相关科研，另一方面让其研究所与某知名企业等伙伴企业组成共同体，通过"自我控制生产模拟"进行共同研发。

三是打造融通创新平台。由于德国中小企业创新需求高，各类促进创新主体融合的平台本来就很多，在网络时代这一趋势更为加强。如联邦政府主导的工业 4.0 平台，负责政府、企业、大学、研究机构、中介等的协调对接，并在全国设立 6 个综合性创新中心。以慕尼黑工业大学国际有限公司为代表的高校主导平台，致力于全球范围科研成果转移转化和科技园区规划开发。以经济合理化建议委员会（RKW）为代表的社会组织平台，面向企业开展技能培训，对政府的研发支持项目进行效果评估，推动中小企业更好投入研发。

四是建设创新产业园区。在德国，产业园区不仅是新兴产业的聚集地，更是研究所、大学等创新主体交互融合的加速器。例如，柏林老鹰科技园区拥有6个洪堡大学下属研究所、10家非大学研究机构，设立了8个技术中心、3个孵化器和1个媒体城，吸引了1000余家企业入驻，企业和研究院所之间的共生协同效应显著。2016年园区产值超过18亿欧元，每平方公里产值约34亿元人民币。

五是鼓励联合研发和成果转化项目。德国国家高科技战略中有许多鼓励产学研合作的措施，例如"研究型校园"项目支持高校、院所、企业针对同一个研究项目开展合作，每个项目每年可获200万欧元资助，为期可达15年。联邦经济部实施的"中小企业创新核心计划"，为中小企业间、企业与科研机构间合作提供资助。联邦教研部每年也推出大量面向企业的研发促进项目，许多把产学研合作作为获取资助前提，尤其是中小企业与高校、院所的合作项目最容易获批。

六是促进大中小企业融通发展。德国大企业顺应互联网时代，一改传统的封闭研发制造模式，积极搭建开放创新平台。例如某知名企业公司构建MindSphere云平台，打造基于工业互联网的制造生态，已有多家大型企业合作伙伴，吸引了众多中小企业入驻。与此同时，中小企业通过成立联合研究机构，共同研究、共享资源来降低研发成本，许多传统的家族式中小企业也在走向联合。目前德国有100多个合作研究机构，拥有中小企业会员5万多家，有力推动着联合攻关。

七是全面放开高校科研机构人员创新创业。在德国，教授只要完成规定课时，科研人员只要完成规定任务，可以自由创业，我们见到的一位教授就拥有 6 家公司；也可自由开展多点研究，并不局限于本单位，如马普学会中 80% 获得讲学资格的研究员都在大学教课，大学教授也可在马普学会建立研究小组。同时，高校院所通过创办企业推动成果转化。例如柏林工业大学建立了德国第一个科学技术转让机构，支持院系和教师与产业界签订研究合同，已累计孵化 330 个公司，仅在柏林地区就创造了 6800 个高科技工作岗位。

八是优化创业创新生态环境。德国是欧盟内唯一没有研发税收优惠政策的国家，但创新能力仍名列榜首，关键在于科技服务体系高度发达。德国法律规定，所有德国境内企业都必须加入工商会（IHK），工商会全方位提供咨询、个性化解决方案、市场拓展等服务。德国市场化的服务机构也更趋活跃，提升了创新效率。我们访问的国际金融服务公司（UFS），专门为中小企业提供金融、法律、人力资源等方面的咨询服务，但收费也较高。

### 三、对我国推进融通创新的启示和建议

我国正处于深化供给侧结构性改革、加速新旧动能转换的关键阶段，对融通创新提出了前所未有的迫切需求，同时融通创新适应了当前"双创"和开放式创新的浪潮，有利于创新主体多元互动，创新边界消融打通，支撑平台经济、共享经济等不断涌现。要进一步在推动科技创新与各行业各领域深度融通上下功夫，提高供给体系质量和效率，培育新动能，塑造新优势。

一是推进科技与经济深度融通。要以主体融通、领域融通、产业融通、平台融通、项目融通为载体，打通基础研究、应用研究、技术创新与产业发展，打通创新链、人才链、产业链、资金

链。科技、发改、工信等部门加强统筹协调和分工对接促进各类资源的开放共享，立足服务实体经济，搭建跨学科、大协作、高强度的综合创新载体，集中优势力量解决难点问题。

二是多渠道多层次打造创新平台。国家层面，加大公共科技资源和重大科技基础设施开放力度，完善科研事业单位国有科技资产管理办法，可探索作为经营性资产收益归单位支配，且不纳入预算总额；以国家实验室为龙头，建设一批面向全球引领前沿的枢纽型创新基地，打造跨学科、全链条的综合性开放创新平台。区域层面，加强技术交易市场和网络平台、产权市场等建设。微观层面，鼓励大企业发展开放式众创空间，支持大中小企业建立产业创新联盟、中小微企业建立联合创新平台，发展基于互联网的"双创"平台。

三是培育壮大新型研发机构。与德国相比，我国科研体系最大短板是缺少像弗劳恩霍夫学会那样联通基础研究和产业应用的中间研发机构，以致很多成果被束之高阁。一方面，推动科研机构和大学向"下游"的应用研究与产业化延伸，推动企业向"上游"的基础研究延伸，实现产学研融通创新。另一方面，加快建设一批以服务企业创新需求为使命的新型研发机构，瞄准产业高端和前沿技术，提升技术转化效率和产业创新能力。鼓励地方创办协同创新研究院、产业技术研究院、军民融合产业研究院等，支持央企和大院大所中从事应用研究和产业共性技术研发的机构独立出来，推动一批科研事业单位企业化改制，从财税政策等方面给予一定支持。

四是加大人才自由流动力度。人才是融通创新的活力源泉。要进一步完善法规和配套措施，探索科研人员多点从业制度，允许其在完成本单位教学科研任务的前提下，有序自由开展创业或研究。改进人才评价和绩效考核制度，尽快出台职务发明条例，完善职务发明产权归属和利益分享制度，探索单位与发明人共有产权制度。实施顶尖人才全球招聘制度，落实好外籍人才在华申报项目、当首席科学家以及技术入股等制度，营造聚全球智慧的开放创新环境。

五是强化科研项目融通创新。以重大科技项目为牵引，探索"政产学研金介用"融通创新的模式。有明确产品和工程目标的项目，可由创新能力强的龙头骨干企业牵头实施，推动创新资源向企业聚集。鼓励国家自然科学基金与地方和企业建立更多联合基金。国家重点研发计划应鼓励大学、科研机构与企业联合申报，有的可明确中小企业的参与比例。

# 德国中小企业"隐形冠军"的成功之道

## ——赴德国"依靠创新推进新旧动能转换比较研究"培训考察报告之四

朱 宁 苑衍刚

德国视中小企业为国民经济的脊梁，有很多"隐形冠军"。我们到有关企业、协会及政府部门，详细了解了德国发展中小企业尤其是"隐形冠军"的做法和经验，受到不少启发。

### 一、德国中小企业为什么能够成功

说起德国中小企业，人们首先想到的是"隐形冠军"。德国的"隐形冠军"占据了全球"隐形冠军"的半壁江山，影响力可谓首屈一指。德国管理大师西蒙教授认为，"隐形冠军"是指在全球细分市场中排名前三或在某大洲排名第一、年收入低于50亿欧元、并不为大众所熟知的公司。德国的"隐形冠军"中小企业生存时间都在30年以上，其中有不少上百年的，年均增长率达到10%以上，平均研发投入比重是大公司的两倍以上，每名员工拥有专利数是大公司的5倍以上，在不少高端制造和先进服务的关键材料、核心零部件与服务模式上称霸全球。

实际上，"隐形冠军"只是德国中小企业的一个缩影。德国中小企业的普遍特点是存活率高、创新能力强、专业化国际化程度深、经营机制灵活。德国有 360 多万个中小企业，占企业总数的 99.7%，占全德市场份额的 70%—90%，在诸多经济领域占据主导地位。德国人普遍认为，中小企业是"德国制造"的战略支撑，是国家创新的主要力量。那么，德国中小企业是如何成功的呢？

第一，把发展中小企业作为国家战略全面部署。德国专门制定了《反对限制竞争法》和《中小企业促进法》，限制大企业垄断，鼓励中小企业发展。德国领导人出访，把为中小企业争取利益作为重要议题。各类企业协会主要是为中小企业服务。德国政府高度重视促进中小企业发展，重大科研项目、工程项目、投资项目等，只有中小企业参与才能拿到，而且要在其中发挥重要作用。近年来部署的国家高技术战略 2020、工业 4.0 等战略，都对中小企业参与承担任务同步部署，让他们搭上新工业革命快车。

第二，着力打造细分领域"隐形冠军"。德国一些中小企业即使成不了全球或大洲范围内的隐形冠军，核心竞争力也是名列行业前茅，这样的隐形冠军"第二梯队"数量更多。他们的共同做法，一是"窄门"理念。为避免与大企业直接竞争，他们通常将资源集中于某个领域，以平和心态专攻细分行业、专一产品。二是质量为先。持续不断创新技术、改进工艺，将单一产品做到极致，功能强大、质量优越，从而带来高附加值和利润。三是精益经营。在精益生产的基础上完善精益管理体系，包括解决问题的能力、减少系统复杂性、恰当领导和控制原则等。四是国际营销。二战以后，在"马歇尔计划"等促进下，德国中小企业一开始面对的就是全球市场的激烈竞争，他们只能选择全球化战略，将精湛技术、专业产品与全球化销售相结合，专注开发缝隙市场，并在该市场获得高认可度，才能有立足之地。

第三，大力度出台中小企业创新支持政策。联邦政府科研资助项目主要以资助中小企业为主，核心任务是提升中小企业价值创造能力。德国每年大约投入 500 亿欧元用于应用研究，其中约 2/3 的资金用于中小企业。有 65% 的中小企业参与研发活动，40% 的中小企业拥有专门的研发部门，比例均为欧洲最高。德国政府以各类项目资助的方式支持中小企业创新，如"中小企业专利行动"资金补贴项目、"中小企业创新项目"计划、"中小企业创新核心"计划（ZIM）等，政府资助部分最多可达企业所需资金的 50%。如创新成功，可从利润中分期归还，一旦失败，则无需承担债务。此外还有基金项目，为处于种子期的科技型中小企业提供风险投资。如"EPR 创新计划"，可向中小企业提供总额 500 万欧元、长达 10 年的研发贷款。

第四，政府、科研院所、金融机构、大企业合力支持中小企业。德国各级政府、金融部门和教育培训机构联手，在全国建立了 370 多个中小企业孵化系统，拨专款实施政府资本参与计划。弗劳恩霍夫学会是欧洲最大的应用科学研究机构，扮演着中小企业的科研"搬运工"角色，针对企业创新的不同环节，即从创意阶段到设计与开发、试生产、批量生产及进入市场各个阶段，提供不同内容的研发服务。过去大企业经常以控股、收购等方式掌握创新力强的中小企业，以在市场上取得垄断地位，现在正朝着协同创新、共同研发、互利共赢的方向发展。

第五，帮助中小企业降低运营成本。虽然德国政府不能对中小企业直接补贴，但加大了财税、金融等方面扶持力度。一是积极推进税改。如对销售额不超过 17500 欧元的企业免征营业税等，超过 80% 的中小企业能够从减税中获利。二是支持新创企业。凡经审查符合条件的新创企业，即可获得企业投资总额 33% 的政府资金支持。有的州、市对新创企业给予高达 50% 的资金扶持。一些地方政府建立创业管理中心，为初创中小企业提供低租金厂房和生产设备等。三是贴息。鼓励大银行向中小企业放贷，并对向中小企业贷款的银行提供 2%—3% 的利息补贴，还对这些银行贷款提供担保，承保损失可达 60%。四是每年拨专款资助企业参加国内外展览寻求贸易机会，其中 99% 的经费用于中小企业。还出台政策支持中小企业跨出国门，对在国外设立办事处的中小企业驻外人员进行补贴。

第六，依托双元制教育培养人才。中小企业把人才投资视为长远发展战略，都有专门培训机构和专项培训经费。一些企业培训费用占到纯利润的 20%，企业职员培训率也在 80% 以上。德国"双元制"职业教育制度独具特色，《职工技术培训法》强制要求中小企业业主、企业管理人员和初创业者、各类技术工人和青年人，在从事某种专业技术工作时必须先经过 2 到 3 年的培训，其中 2/3 时间为企业岗位培训。这种现代学徒制对德国"隐形冠军"企业崛起和工匠精神的形成起到重要支撑作用。

第七，建立全方位服务体系。德国对企业经营限制较少，但法律条文十分繁琐，中小企业往往难以掌握，因而法律服务十分重要。新创办企业主要由工商协会等中介机构，提供咨询服务、信息提供、法律和会计咨询等，以及必要的个性化解决方案。同时也有市场化的服务企业，主要提供管理咨询、金融支持、保险经纪等中高端服务，但收费标准较高。

## 二、如何推动我国中小企业创新发展

党的十九大报告提出，加强对中小企业创新的支持。我国中小企业量大面广，在扩大就业、增加税收、促进经济增长等方面具有不可替代的作用。尤其是近年来中小企业成长迅猛，一批"瞪羚"企业、"小巨人"企业、互联网企业、民营高科技企业等高成长高估值企业诞生出来，并快速发展。中小企业是我国提高供给体系质量、增强经济创新力和竞争力的希望所在。同时也要看到，我国绝大多数中小企业仍处于中低端水平，顶级的中小企业数量极少，迫切需要提质增效升级。借鉴德国培育中小企业尤其是"隐形冠军"的经验，提出以下几点建议。

一是把支持中小企业创新发展摆在更加突出战略位置。美国、德国、日本等制造强国都设有专门扶持中小企业的机构。我国应加强对中小企业发展的统筹协调和战略规划，要把支持中小企业创新发展作为国家战略，把中小企业政策融入各方面政策，更多实施中小企业发展项目，在政府的重大科研项目、重大工程、重大投资、政府采购等项目中，规定中小企业参与比例，防止被有实力的企业和机构挤出和排斥。

二是实施培育中小企业"隐形冠军"计划。目前我国在全球和亚洲能够称得上"隐形冠军"的中小企业很少，中小企业的普遍低层次也难以支撑关键产业迈上中高端。许多中小企业专注度不高、定力不强，稍有发展就多方出击、赚快钱、搞资本运作等，最终拖垮主业。要出台措施，多方引导中小企业专注实体经济，走"专精特新"的路子。可考虑实施培育中小企业"隐形冠军"计划，到 2020 年形成一批品质卓越、技术先进、标准领先、信誉过硬的中小企业"隐形冠军"，到 2035 年形成一大批具有全球竞争力的国际一流中小企业，在更多细分领域尤其是重要产业的关键核心技术和工艺领域，占据国际领先地位。

三是为中小企业与大企业、科研院所融通搭建更多平台。中小企业势单力弱，发展壮大需要借船出海。要通过高校、科研院所以及政府建设的各类科技园区、孵化器、示范区以及网上众创空间等，为中小企业发展提供技术转化、产品研发、检验检测、资金筹措、市场推广等全方位服务。推动国家和省市级技术中心、工程中心设在中小企业，支持建立公共技术服务平台、中小企业联合创新平台等。现在不少大企业建立众创平台，既鼓励内部职工创新创业，孵化出更多中小企业，也吸引外部中小企业进来，共同攻克难关、拓展市场，要采取措施支持这类平台发展。

四是进一步完善中小企业支持政策。近年我国加大了对中小企业支持力度，有力促进了中小企业轻装上阵，但也有一些政策可及性不强、真正受益的较少，许多中小企业反映看得见、摸不着。要在进一步加大普惠性税收优惠的同时，简化税制、简化程序，严肃查处对中小企业的乱收费、乱罚款、各种摊派以及侵权行为。针对中小企业融资难融资贵问题，完善多层次金融服务体系，允许民间资本发起或参与设立更多中小商业银行等金融机构，对金融机构发放小企业贷款按增量给予适度补助，建立银行、担保机构、企业贷款风险共担机制和财政风险补偿机制，适当降低担保机构税收负担，鼓励担保机构免除对中小企业融资担保的反担保。另外，对中小企业开展职工职业培训给予支持，完善培训券、培训补贴等制度，对招用高校毕业生的，予以就业扶持、社保补助等方面支持，使企业招得进、留得住、用得起。

# 适应新趋势　推进企业组织结构变革

## ——赴德国"依靠创新推进新旧动能转换比较研究"培训考察报告之五

张凯竣　苑衍刚

　　近年来，德国企业顺应工业4.0趋势，正在对企业组织架构和管理模式进行再造，以达到改善治理、提高效率、增强活力的目的。我国很多企业也在积极推进生产经营方式和商业模式变革。这是大势所趋，先者为王。最近，我们先后对德国和中国企业的组织结构变革进行了调研，得出一些共性规律和特点，并提出我们的建议。

### 一、每次工业革命都伴随着企业组织结构重大变革

　　封建时代主要是手工作坊式生产，资本主义工业革命后才出现了真正现代意义上的"企业"。与第一次工业革命即蒸汽革命相对应的是"直线型"组织结构，工人不再是全才和通才，而只是产业链条中某一环节的操作者，企业自上而下按垂直系统建立领导关系。与第二次工业革命即电力革命相对应的是"层级型"组织结构，以福特流水线为代表的大规模生产逐渐成为社会生产

的标准方式，企业按职能进行部门分工来实现规模经济，封闭式全链条生产的大型企业占据主导地位。与第三次工业革命即计算机与信息技术革命相对应的是"分权型"组织结构，市场需求多样化，纵向一体的产业组织开始解体，事业部制等更符合多元化战略的组织形态成为主体。

当前，以网络化、数字化、智能化等为特征的新工业革命正孕育兴起，带来了企业组织形态的又一次深刻变革，主要有几个特点。一是企业平台化。很多企业自身并不生产商品和内容，而是借助新一代信息技术将生产者和消费者联系起来，创造出新的市场。例如，全球最大的网约车公司优步（Uber）并不拥有出租车，最大的住宿服务提供商爱彼迎（Airbnb）并不持有酒店。二是人机协同化。人工智能、3D 打印等技术将改变机器操作界面，人们可以通过操控网络、虚拟环境、模拟设计等，让机器部分替代人的工作。三是生产网络化。利用信息物理系统等嵌入式制造系统，企业的所有业务都将实现数字化改造集成，机器不再是单一个体，而是通过物联网成为体系化生产链的一部分，所有企业将处于同一生产网络中。四是制造柔性化。顺应消费者对个性化、定制化、时效性的更高需求，满足"多样化、小规模、周期可控"的柔性化生产应运而生，企业运用全球化资源，能够以低成本、模块化方式生产出个性化定制产品。五是主体融通化。过去主要是小企业给大企业做配套，现在小企业也能提供重大创新或解决方案，大企业也可给中小企业配套，"大鱼小鱼共生共荣"。一些大企业通过搭建众创空间等平台，孵化出众多中小企业，或吸引中小企业加入进来，形成"你中有我、我中有你"的共同体。六是边界模糊化。互联网、通信、现代物流等的发展极大降低了企业交易成本，企业内外部互动更加直接，与市场的边界越来越模糊，很多制造企业正走向服务型制造。如 IBM 公司从生产计算机硬件的厂商转型为全球信息系统解决方案提供商。还有不少传统企业借助互联网实现转型升级，一、二、三产业跨界融合，催生出大量的新产业、新业态、新模式。

### 二、德国与工业 4.0 相应的企业组织结构变革

在德国考察过程中感到，政府、科研机构、大学等都对工业4.0 转型中的企业组织结构变革高度关注，德国企业在保持一贯严谨务实作风的同时，也勇于"自我革命"，展示出很强的调整能力。

一是政府支持引导。德国政府率先提出信息物理系统，其战略意图是将企业的所有业务进行智能化改造，建立以智能工厂为核心的全球生产网络。德国工业 4.0 平台部署了一系列重点研究方向，新型组织方式是其中的重要内容。例如，德国人工智能研究中心"SmartF-IT"项目，聚焦智慧工厂如何通过高度网络化的传感器，实现生产层次由中央控制向分散自组织的转变。由弗劳恩霍夫学会等推出的《工业 4.0 成熟度指数》报告，为企业实施工业 4.0 提供了一套具体可操作的工具指南，其中将组织结构调整作为一个核心方面加以突出。

二是企业主动调整结构。德国大企业不仅持续提升产品和服务质量，在企业组织管理方面同样不断创新，保持对环境变化的快速响应。例如，德国某大企业在 2014 年实施了大规模的架构重组，将 16 个业务集团合并为 9 个并取消了"业务领域"层级，以减少内部繁冗。德国某集团也多次调整自身组织结构，重点解决大企业创新力不足、决策速度缓慢等问题，逐步实现了管理分权化和集团扁平化。

三是搭建开放共享平台。在数字化、智能化时代，各类企业都意识到平台的重要性，纷纷抓紧布局，推出自己的"基础设施"标准。例如，德国某知名企业的开放式工业互联网平台Mindsphere，为中小企业提供了便捷的智能工厂开发环境，可集成自己的应用和服务。德国的知名汽车厂商也都推出了各自的车联网平台，如某知名汽车厂商的 Car2X 智能交互系统和另一家知名汽车厂商的开放移动云平台，吸引大量中小车企、互联网公司加入，共享数据资源和技术信息，已孕育出一系列智能汽车领域的"黑科技"。

四是创新企业间合作方式。为更好适应工业 4.0 要求，德国的联盟组织也不断加强跨界合作与模式创新。例如，部分德国工业和软件企业组成策略联盟，通过结合最顶尖的软件和工业技术，搭建了一个名为 ADAMOS 的开放平台，为联盟成员提供数字化解决方案，降低中小企业实施工业 4.0 的成本。还有三家公司强强联合，组建了创新实验室——"开放集成工厂"，实现生产计划和车间运作的无缝集成，成为德国工业 4.0 的标志性示范项目。

### 三、我国企业组织结构变革的趋势特点

近年来，我国企业积极探索企业组织管理新模式，形成了很多具有中国特色的做法，有的甚至扮演着全球引领者角色。

一是互联网平台企业大量涌现。国内一些企业已经通过线上线下资源整合，在购物、社交、搜索、出行等服务领域构建起了完善的网络生态体系，海量消费者和服务商通过平台完成信息交换、需求匹配、资金收付和货物交收等经济活动。截至 2017 年 7月，全球十大平台型公司市值已超过十大传统公司，其中我国平

台企业占据三席。

二是大企业搭建"双创"等融通创新平台。一些大企业积极推进众创空间等开放创新平台建设，吸引内部人员和外部高校院所、企业、社会创客等参与进来，成为联合攻关和人才培养的新高地。如某企业打造的创新平台，入驻企业突破100万户，中小微企业占比90%，线上协作成交金额920多亿元。另一家企业的异地综合协同设计平台，通过互联网以"小平台＋大前端"的模式，在全国20多个城市成立500多个创新联盟。

三是积极探索新型管理模式。企业内部组织架构向平台化转型，使层级式大企业向并联式小团队发展。有家企业的"人单合一"模式是典型代表，通过拆分和取消中层，让所有业务走上平台，每个人都可直接参与研发设计、生产制造、物流销售等环节。大企业拆成许多灵活的小组织体后，创新力增强又能应对环境变化、深入挖掘消费者需求。这种管理模式被国际上称为继福特模式和丰田模式后的第三次革命性突破。

四是围绕个性化定制调整组织结构。更多企业开始推进柔性化、定制化生产，为此要打破传统架构，提高组织的灵活性。如一家制衣企业通过构建线上线下个性化定制平台，形成了数据驱动、全球协同、全员在线、实时同步的服装定制模式。一家装备制造企业形成了包括企业项目制、技能大师工作室、"双革四新五小"在内的"三层级创新体系"，98%产品实现个性化定制，整规格生产订单数量不断下降。

五是运用智能制造重塑生产经营各环节。如有家企业通过大数据和云平台对全业务、价值链进行连接，使企业效率大幅提高，固定资产在过去三年下降70亿元。在研发设计环节，通过互联网直接对接用户需求，使外部个人既是消费者也是创造者。

在生产制造环节，从大规模标准化生产向柔性化制造、网络化生产转变。在营销服务环节，通过精准营销服务延长价值链条，消费体验可以实时传递给研发部门，成为产品改进的基础。在供应链管理环节，通过智慧物流、智能交通实现供需匹配、无缝对接、货通天下。

六是推进大中小跨界融通发展。越来越多的大企业向中小微企业开放自身资源，实现大中小微企业的深度融通。例如，某互联网企业打造开放式深度学习平台，广泛吸引社会开发者进行深度智能开发，大幅降低人工智能等领域的创新门槛。另一家企业的云工业大脑，已在新能源、化工等领域大量应用实践。

同时也要看到，我国企业的组织结构创新还停留在个体探索层面，全行业上下一致、协同推进的整体氛围远未形成。大量传统制造企业不仅技术水平停留在 2.0 甚至 1.0 时代，管理模式也十分落伍，运行效率低下，与国际先进水平相比还有不小差距。需要进一步加强引导支持，让更多传统企业主动融入组织结构变革的浪潮之中，找到适合自身的路径方法，实现技术升级与组织变革的协同共进。

### 四、两点具体建议

一要促进平台经济健康发展。要鼓励我国企事业单位打造社会化协同研发与制造的各类平台，最大限度利用和共享社会资源，提高研发效率、生产能力和生产效率。要提升重点行业骨干企业的“双创”平台和工业互联网平台普及率，发挥大企业平台的示范效应和规模效应。对面向初创期中小企业和新兴产业、带有公共服务性质的平台企业，要从税费、场地、网络、产业基金等方面提供支持。同时要看到，我国各类平台发展很快，但良莠不齐，要加强包容审慎监管，促进规范发展。

　　二要积极稳妥推进国有企业组织结构改革。认真研究互联网和数字经济时代的企业组织结构变革趋势和规律，把它作为国有企业改革的重要抓手。对一些央企、新兴企业行之有效的做法进行总结提炼，如"人单合一"模式等，形成一批可复制可推广的经验。逐步建立快速响应市场需求变化、高效配置资源要素、有效激发创新潜力的体制机制，提升企业效益，向着具有全球竞争力的世界一流企业目标进军。

# 借鉴德国双元制教育模式
# 大力支持我国社会力量兴办职业教育

## ——赴德国"依靠创新推进新旧动能转换比较研究"培训考察报告之六

方　华　苑衍刚　李　宏

加快新旧动能转换，关键要加强人力资源开发，促进劳动者素质和技能持续提升。德国的双元制教育为其产业升级源源不断输送了高素质劳动力，被誉为"德国制造"的基石、经济腾飞的"秘密武器"。其经验和做法，对于改革完善我国职业教育体制，促进人力优势转化为人才优势，进而推动经济转型升级，具有借鉴意义。

## 一、德国双元制教育的特点

所谓双元制教育，是指以企业为主导、校企合作培养技能型人才的职业教育模式。接受双元制教育的学生具有双重身份，既是职业学校的学生，又是企业的"学徒工"，既要在职业学校学习理论知识，又同时在培训企业学习实践操作。双元制教育有以下几个特点。

　　一是企业主导并且全程深度介入。这是双元制教育的关键所在和成功密码。德国法律规定，职业教育必须是学校和企业联合办学，并且要纳入政府与行业协会的监督。完成义务教育的学生要想参加双元制教育，必须先向有培训资格的企业申请并签订培训合同，再去相应的职业学校登记入学，即招生中企业是主导方，学校是辅助方。培训期间，学生在企业实训操作技能和在学校学习理论交替进行，约70%的时间在企业，30%的时间在学校，企业是职业教育的主阵地。由于双元制教育始终以企业需求为导向进行招生和培训，实现了所学内容与岗位要求的无缝对接，使得学生一毕业就具备实际工作能力、一入职就能胜任相关工作。

　　二是社会地位高、吸引力强。德国人认为，双元制教育与大学教育一样，是高素质教育。据统计，德国学生初中毕业后选择参加双元制教育的比例在55%以上，加上高中生后这个比例更高，而就读大学的比例仅为20%左右。近年来，双元制教育开始向高等教育延伸，不少应用科技型大学也加入其中发展高等职业教育。职业教育之所以有如此高的吸引力，是因为技术人才具有较高的社会地位和工资收入，一些"大师级工匠"的收入甚至比企业高管还高。最新一项抽样调查显示，完成高等职业教育的人退休前平均能赚到200多万欧元，而获得一般大学本科及以上学历的平均为230多万欧元。由于两者在整个职业生涯中收入差距并不大，但双元制教育学制短、花费少，而且能获得稳定的就业机会，相对优势显而易见。

　　三是学生综合能力强且有发展"立交桥"。双元制职业教育注重实践能力与理论知识相结合，核心是培养学生的职业能力，即应用专业知识和方法解决实际问题的专业能力，与人合作、沟通互动和解决冲突的社会能力，以及通过自我学习以适应更高职业需求的方法能力。双元制教育培养的学生综合素质高，职业发展前景广阔。同时，德国职业教育与学术教育互通性较强，普通学校的学生可以随时转入职业学校，双元制教育学生也可以经文化课补习后转入普通学校，甚至到应用型大学攻读本科或硕士学位。这就扩大了学生的教育选择权，使之不必担心一旦选择职业教育即丧失获得更高学历的机会。

四是法律地位和战略定位高。德国是联邦制国家，教育事业通常由州以下地方政府负责，唯有职业教育由一部联邦法律来规范，由联邦政府直接领导和协调。《职业教育法》明确规定了职业教育有关的个人、企业、学校和政府各级机构的权利和义务，从法律上保障职业教育制度的发展和顺利运转。联邦教研部会同有关部门颁布各职业的培训条例，使每一职业都有全国统一的培训标准。联邦政府设有联邦职业教育所，州政府也有相应的机构，会同行业协会、工会等机构，共同监督实施双元制教育。

## 二、德国双元制教育的地位和作用

双元制教育在德国经济社会发展发挥着独特而又不可替代的作用。

双元制教育是解决就业问题的主要抓手。据统计，德国青年失业率只有3%左右，远低于其他欧洲国家动辄20%、30%的水平。当其他国家还在为解决青年就业问题而头疼的时候，德国通过"双元制"教育为青年打开了就业之门。双元制教育的学生90%以上都留在企业工作，即便不留，也能凭借技能在市场上找到一份不错的工作。由于培训期学徒工可以从培训企业获得每月300—1000欧元不等的工资或生活费补助，基本可以解决日常基本花销。这对减轻年轻人特别是贫困家庭年轻人的经济负担意义重大，使他们不至于因贫失学，有公平机会接受更多教育。

双元制教育是促进产业升级的关键支撑。双元制教育已有150多年的历史，这期间德国经历多次经济危机和产业升级，双元制教育每次都能积极适应变革，有力促进了德国经济转型。德国雇主无法通过压低工资来降低成本，只能通过提高员工技能和创新研发来保持竞争力。双元制教育使德国企业不用担心"人才荒"，可以放心追求其长期发展目标，创造出一大批世界级知名品牌，在激烈的国际竞争中持续稳定地占据优势。德国联邦教研部关键技术司司长蔡塞尔认为，实施工业4.0战略需要大批高素质的劳动者和人才，双元制教育也要面向新产业加强相关职业教育和培训，充分发挥其支撑产业升级的关键性作用。

双元制教育是高品质"德国制造"的根本保证。德国人历来信奉高品质的产品是由受过良好职业教育的人生产的。双元制教育不仅培训学徒工的生产技能，更重要的是培养学徒工的质量意识和创新精神。双元制教育把重视品质、追求卓越的工匠精神深深植入到每一个技术工人和技能人才心中，很多人逐渐成长为各行业的专业人才并一辈子扎根其中，深入钻研、不断改进相关工艺方法，有力促进"德国制造"品质不断提升。

### 三、加快构建我国"校企融通、多元支撑"职业教育新体制的几点建议

党的十九大报告明确提出，完善职业教育和培训体系，深化产教融合、校企合作，大规模开展职业技能培训。我国有世界上规模最大的人力资源，但也存在"两个矛盾"。一是劳动力供需结构性矛盾，现有劳动者素质不能适应传统产业升级和新兴产业发展的需要，"用工荒"与"找工作难"并存。二是职业教育不

能适应高质量生产的矛盾，职业院校开展的教育培训与企业需求脱节。很多"中国制造"品质不高，不仅是技术、工艺、材料等问题，更重要的是劳动者的素质跟不上。2016 年汉诺威博览会上，一位德国"隐形冠军"企业家提到，他在中国的生产线比德国的生产线先进，但次品率是德国的 8—10 倍，其中差异在于中国工人的素质。因此，要学习借鉴德国双元制教育的做法和经验，积极引入社会力量尤其是企业，多种方式兴办职业教育，加快构建我国"校企融通、多元支撑"的职业教育新体制。

第一，扩大双元制职业教育试点。我国自 20 世纪 80 年代初就开始与德国开展双元制教育合作，一些地方也在积极探索订单式、现代学徒制等校企联合培养职业教育模式。要深化这方面的探索，推动企业更深程度地过程参与，形成中国特色的双元制教育模式。一要扩大中德双元制教育示范合作项目。二要借鉴德国经验，结合我国以师带徒以及职业教育新趋势，探索推广"大师工作室"、新型学徒制、"工匠创客"和订单培养等模式，深入推进产教融合工程。三要加大新兴产业集中地区、劳动力资源富集地区和老工业基地等地区的双元制教育试点。

第二，鼓励大企业兴办职业教育。大企业掌握最先进行业技能、懂得最需要什么样的人才，既有实力为学徒工提供工资，又能够发挥品牌效应吸引学生参加。国内已有部分企业作过相关探索。与过去企业办学校不一样，这是一种更为彻底、更加直接的产教融合方式。要加快职业教育领域"放管服"改革，支持大型企业以多种方式兴办职业教育和职业培训。一是鼓励大型龙头企业与职业院校、应用型大学合作，由企业招录学生、签订培训合同、参与课程设置、进行技能实训等，合理利用职业学校的设施设备、师资力量，培养技能型人才。二是支持行业领军型大企业投资举办职业学校。职业教育管理部门要建设性参与，为企业举办职业学校提供指导和服务。同时，支持建设一批面向人工智能等新兴产业的专业化市场化培训机构。为充分调动企业的积极性，要研究完善相关支持政策。如，允许企业职业教育培训经费税前扣除；对举办职业教育培训机构尤其是非营利性机构的，在财税、金融、土地等方面给予政策支持等。

第三，提高技能型人才社会地位和薪酬待遇。现在一些企业技能型人才尤其是"大工匠"的工资收入已经开始提高，但保障机制还不健全。要加快完善高技能人才薪酬体系，稳步提高技术技能型人才待遇水平。鼓励企业建立首席技师制度，试行年薪制和股权、期权制等激励机制。建立"大国工匠"荣誉制度，开展高技能人才评选表彰活动。

第四，畅通职业教育与普通教育转换通道。当前我国职业教育总体上吸引力不强，既与"读职业学校矮人一等、没前途"等偏见有关，也与当前职业教育与普通教育互通性不强有关，一旦就读职业院校就很难再获得更高的学历。要打破职业教育"单行道"，构建职业教育与普通教育互通的"立交桥"，使职业教育学生有机会通过自身努力切换回普通教育。一要落实职高学生参加普通高考、"专升本"和专科毕业生参加研究生考试等相关政策，消除对职业教育的制度性歧视。二要研究完善职业中学与普通中学互转学习的相关政策，增加学生分流选择机会。三要加快部分地方本科院校向应用型大学转型，建立健全职业教育与应用型大学的升学通道，构建多层次职业教育和普通教育转换通道。

# 以工匠精神打造"中国制造"卓越品质

## ——赴德国"依靠创新推进新旧动能转换比较研究"培训考察报告之七

李　坤　史　锋

工匠精神作为德国制造的精神动力和成功密码，发挥着重要的隐形力量，代表着德国的国家软实力。学习借鉴德国有益经验，传承弘扬中国匠心文化，大力塑造培育中国工匠精神，建设一支高素质技能人才队伍，对于打造"中国制造"卓越品质、提升中国经济发展质量，具有十分重要的意义。

### 一、什么是德国工匠精神

造就德国产品如此精密、耐用、值得信赖的源头，就是德国人一丝不苟、精益求精、追求卓越的工匠精神。其实在 19 世纪 70 年代，德国还是假货和仿冒横行的国家，当时英国规定从德国进口的商品必须标注"Made in Germany"，以此区分劣质的德国货和优质的英国货。此后的 100 多年时间里，德国知耻而后勇，不断调整和改进，今天的德国制造已经成为质量、标准和信誉的代名词。在这一过程中，除有形的技术创新等因素外，工匠精神作为无形的精神力量同样功不可没。德国人甚至认为，工匠精神是现代工业文明的真谛。经过在德国半个多月的考察了解，我们认为，德国的工匠精神主要体现在以下方面。

对所从事职业和事业的敬畏和热爱。在德国，没有哪家企业是一夜暴富，迅速成为全球行业翘楚的。这些企业往往是几十年、上百年专注于某个领域、某项产品的"小公司""慢公司"，绝不东张西望、盲目扩张。德国人接受职业教育的第一课，首先告诉你今后从事这份工作的目的是什么、有什么意义、你必须做到什么。德国企业员工普遍对职业有矢志不渝的热爱，对企业的责任感非常强。他们并不认为辛勤工作只是为了赚钱谋生，而是将它当作一生的职责和使命，一种发自内心的执着，经常数十年在一家企业工作，对每个生产环节高度负责，承担着生产一流产品和提供良好售后服务的义务。这就是在8000万人口的德国能够出现2300多个世界名牌的重要原因。

对产品细节的极致追求和完美至臻的匠心理念。德国制造并不都是围绕机械制造、电气、医药、化工等大工业，我们日常用的自行车、保温瓶、安全气囊等都是德国人发明的，他们从不嫌弃自己的产品和领域不够"高大上"。德国人做事有较真劲儿，如最近明斯特大学有位教授专门研究了自行车为什么不会倒的问题，他将学骑自行车和幼年学步的平衡性进行对比，用鲜活的例子分析了自行车的功率、动力、风阻等问题，指出活动的车把调节方向，以及人身体对自行车的平衡作用等，是自行车得以不倒的关键。德国人做事讲究精确，不精确的话不说，不精确的事情不做。德语有一句谚语："犯错误都要犯得十全十美。"不论是否有人监督，也不论是职业工作还是做家务，做不完美、有瑕疵就深感不安。德国制造的产品一般都具有世界领先水平、高难度、别国一时无法仿造出来的特点。目前德国 30% 以上的出口商品，是在国际市场上没有竞争对手的独家产品。在德国人看来，工匠精神的核心是精益求精、精雕细琢的精神，凭借高超技艺将产品完美度从 99% 提高到 99.99% 的极致，用细节的品质经受住岁月的考验。

质量为先的严谨细致和强烈的标准品牌意识。德国长期以来实行严谨的工业标准和质量认证体系，为德国制造业确立在世界上的领先地位作出了重要贡献。德国标准化学会（DIN）制定的标准涉及建筑、采矿、冶金、化工、电工、安全技术、环境保护、卫生、消防、运输和家政等领域，其中约 90% 被欧洲及世界各国采用。建立独立于政府和行业以外的自主经营的质量认证和监督体系，依照 ISO 和 DIN 等标准，由专门机构对企业产品和制造流程进行检测，并为合格者颁发认证证书。这样既有效协调了本土企业间的竞争，又确保了产品质量，还整体提升了制造业竞争力。据统计，"德国标准"每年为德国创造收益达 180 亿欧元，"德国制造"这一品牌价值达 3.8 万亿欧元。德国人的价值观认为，"没有质量的数量是毫无意义的，没有品质的利润是不能长远的"。虽然目前德国企业也面临着发展中国家低成本的巨大冲击，但其始终强调，"产品没有物美价廉，只有货真价实"，重视提升质量、技术和服务能力，严把生产的原料、工序、技术、质量、检验每一关，力求做到品质最好。

持续不断的创新创造力。工匠精神绝不是保守、没有创新的代名词，它本身就是一种创新精神、创造力量。"工匠精神"不仅强调科技上的先进适用、工艺上的精益求精，也强调设计上的独具匠心、文化上的创意想象。德国制造的发动机为什么被贴上"靠谱"的标签，在德国人看来，制造发动机并不难，但把性能优化成为市场竞争优势，需要大量的实验数据、市场和用户数据的支持，这需要持续的创新积累。工匠精神同样体现为舍得进行创新投入。德国一家生产工业风扇的中小企业，为了检测风扇运行时的噪音，特意建造了先进的静音实验室，置身其中，可以听到自己心跳的声音。这样的产品无疑会具有强大的国际竞争力。

密切协作的团队精神。德国文化历来重视社会凝聚力与社会团结。德国企业正如德国足球队一样具有"德国战车"的美誉，依靠整体力量而不是个人英雄主义，在世界经济舞台上取得辉煌成绩。德国企业对外强调社会责任感，使企业从上到下、从里到外展示给社会的是美好的东西；对内则强调团队精神，在企业内形成一种文化与思想上的共同价值观。比如，某名牌汽车公司的企业文化是"只有每一个人都知道自己的任务，才能目标一致"。通过建立科学的企业组织体系，让企业具有自动高效的运转机制，不会因为领导层变更而迷茫，这就是很多德国企业保持数百年长盛不衰的一个重要原因。

德意志民族的立身哲学和文化传承。每一个产品的背后都体现出文化的力量。德国的"百年老店"、精细产品，充分体现了德国人的美学观念和探究本源、追求极致的哲学思维。德国人受地缘特点和文化传统影响，国民精神坚韧而严谨，形成了严守纪律、忠于职守、严谨认真、善于思辨、自强不息、精益求精等精神价值。歌德的《浮士德》讲述的故事反映了德意志民族的这种精神。这些特点在德国工业化进程中发挥了巨大作用，造就了一批又一批高技能工人和高素质科研人员。德国工匠精神还因社会认同而发扬光大，工匠在德国一直拥有较高的社会地位。各行各业平等互尊的观念深入人心，社会上没有瞧不起"蓝领"技工的风气，同律师、经济师相比，他们更尊重工程师。德国普通公务员的收入可能比不上管道工，高级技工的待遇可能会超过大学教授。

## 二、弘扬中国工匠精神，打造卓越"中国制造"品质

工匠精神在中国自古有之且底蕴更为深厚。在《诗经》中，就有"有匪君子，如切如磋，如琢如磨"的诗句，表现出古代工匠仔细、专注、求精的态度。中国历史上不乏匠人匠心。如以鲁班等为代表的"匠人文化"，干将莫邪为铸宝剑而身死的传说，庖丁解牛的故事，魏晋时期的"百炼钢"之术，清代同仁堂"炮制虽繁必不敢省人工，品味虽贵必不敢减物力"的百年铁律，等等。新中国成立后，不断涌现出石油工人王进喜、纺纱工人郝建秀、火箭焊接技师高凤林、"航空手艺人"胡双钱、深海钳工管延安等为代表的一大批大国工匠，靠着传承和钻研，凭着专注和坚守，实现职业技能的完美和极致，在各自平凡的工作岗位上作出了伟大的奉献。改革开放以后，工匠精神仍在各行各业各个岗位上发展，但也出现了一些违背工匠精神的趋势和现象。比如制假售假、低质伪劣，职业精神丧失，做产品差不多就行、做事业急功近利，缺乏人文关怀和个性需求，等等。这些都是制约中国产品迈向中高端的障碍。当前，推动中国经济转向高质量发展，实现中国制造向中国创造、中国速度向中国质量、中国产品向中国品牌转变，以及提升国家软实力，迫切需要树立和弘扬新时代具有中国特色的工匠精神。要将中国工匠精神融入产品研发设计生产之中，打造高品质"中国制造"，让浸润着中华文化的"中国制造"走向世界、影响世界。

（一）重塑和弘扬中国工匠精神。党的十九大报告提出，弘扬劳模精神和工匠精神。党中央、国务院已经发文要求弘扬企业家精神，还要进一步倡导和弘扬工匠精神，使之与企业家精神结

合，成为全社会的理念与遵循。其内容要在借鉴德国等经验基础上，传承中国传统工匠文化的精髓，瞄准振兴实体经济和提升"中国制造"质量，总结提炼出来。可以将爱国敬业、创新创造、追求卓越、质量优先、严谨细致、团结协作等内容写入。同时要将工匠精神与网络时代个性化定制、智能制造等结合起来，用匠心开启"智造"之路，赋予工匠精神全新内涵。

（二）实施表彰"大国工匠"工程。目的是在各行各业建立工匠精神激励机制，培养出一大批优秀的工匠人才。一是启动"大师级工匠"表彰工程，与全国劳模、"中华技能大奖""全国技术能手"等表彰奖励和职业资格评价机制对接，设立"大国工匠"荣誉称号，对在各行各业和国际国内职业技能重大赛事及实际工作中涌现出的顶尖人才，设立数据信息库和研究项目扶持方案，对促进技术革新、工艺创新和技术成果转化的各类突出技能人才予以重奖。二是分行业培养培育特色工匠。每年由各行业和各系统推荐有深厚造诣和创造精神的技能精英和一线科技人才，予以表彰奖励。三是对青年技能人才和技术尖子作为青年工匠予以表彰奖励。

（三）在全社会培育和弘扬工匠文化氛围。弘扬工匠精神，需要从顶层设计、外部环境、国民教育、企业等多层面共同发力。要将工匠精神融入所有领域所有行业，尤其融入那些不起眼的日用品生产中。学校要将工匠精神融入公共课、专业课和校园文化，使他们在耳濡目染中转变思想观念。要树立尊重工匠意识，提高工匠的社会地位和收入，从根本上纠偏只重学历、轻视技能的旧观念，带动更多青年学技能、钻技能、精技能，在全社会形成尊重技术、崇尚劳动、鼓励创造的良好局面。

# 德国政府是如何打造良好营商环境的

## ——赴德国"依靠创新推进新旧动能转换比较研究"培训考察报告之八

朱 峰

　　面对创新创业的浪潮，政府应该扮演什么角色、发挥什么作用？这是我们推动新旧动能转换必须解决好的重大问题。在与德国企业界和政府部门交流中，我们深切感到，"德国制造"和技术创新之所以具有强大实力，与德国政府创造的良好环境密不可分。世界银行相关研究报告显示，2016 年德国的营商环境在全球排名第 14 位，比我国高 64 位。德国也被多家机构评为欧洲最受欢迎的投资目的地。德国的经验值得我们学习借鉴。

## 一、德国政府打造营商环境的主要做法

　　二战后，在联邦德国政府总理阿登纳及其后来的艾哈德总理的大力推进下，德国逐渐形成了"社会市场经济"模式。这种模式以维护市场自由公平竞争为重点，同时政府实施积极有限的干预和高效监管，并注重优化政务服务。据了解，德国市场上活跃着约 360 万个市场主体，而联邦和地方政府中仅有经济和能源

部、教育和研究部等屈指可数的几个部门行使对市场行为和创新活动的管理职能。德国政府的管理和服务有四个显著特点。

一是实行开放透明的市场准入和监管政策。我们接触到的德国企业家、行业协会人员和政府官员普遍认为，对市场经济的监管主要靠法律，而不是政府部门。除了涉及食品安全、金融等法律有明确限制的少数领域外，各类市场主体皆可自由进入各种行业，无需得到政府的许可或批准，民众创业比较自由。德国企业经营一般不会有政府监管部门上门打扰，除非监管部门接到群众举报或者有证据认为企业涉嫌重大违法。我们考察的柏林老鹰科技园区，是欧洲最大的综合性一体化技术园区，入驻企业1000余家、科研机构16家，员工近1.7万人，但园区里并没有任何监管部门和政府机构进驻。对于外商投资，对内资开放的领域一般都允许外商投资。对于网约车、共享单车、共享房屋等新业态，因为没有相应法律，只要其相关产品和服务符合相关传统业态监管的法律规定，就允许投资运营。此外，德国工业产品除涉及食品安全等方面，很少需要生产批文。特别是对于那些不直接面向消费者而是提供给其他制造商的工业产品，豁免取得生产许可。

二是注重发挥行业协会和商业机构的作用。很多企业家和行业协会人员对我们说，德国政府官员与企业打交道是比较忌讳的事情，政府一般不直接管理企业，而多是通过行业协会和第三方实施管理。在德国，机动车排放等行业标准由行业协会制定，并由商业机构负责标准的执行和产品的检测。不仅如此，商品质量检测市场上涌现了多家机构，彼此相互竞争和制约。这些按照市场化原则运作的企业，十分注重保证检测的独立性和公正性，等级评定受商家和消费者高度认可，在德国的电视广告、商品外包装上经常看到他们评定的"优秀"标签，已成为消费者心中权威的代名词。一旦产品被测出"不合格",销量通常会明显下降。经政府相关部门验证不合格,则违规企业可能面临巨额罚款等较重处罚。

三是发挥信用监管的强大威力。在德国,街面上很少看到警察、城管和各类执法人员。德国之所以能够以很少的监管力量实现对市场秩序的有效监管,与德国完善的社会信用体系密不可分。目前,德国信用保障机构 SCHUFA,作为德国全民信用数据存储与公示的商业机构,建立了包含 520 万家公司、各种小微企业和自由职业者以及德国 6640 万自然人的信用记录数据库。该系统的信用数据,"就像玻璃窗里的陈列品",对于个人和企事业单位完全公开,可以随时在网上或者打电话查询。一个失信的企业,在贷款、寻找商业伙伴等方面都会受到限制,严重的还会受到刑事处罚。

四是加强对创新创业的"陪伴式"服务。德国政府十分注重对创新创业的全过程扶持和服务。在资金支持方面,通过扶植私有风投公司、与复兴信贷银行联手设立基金等方式为初创企业提供帮助。在创新条件支撑方面,积极为创新活动提供便利。为支持无人驾驶技术发展,德国修改了相关法律并在首都专门开辟试验路段。在信息咨询服务方面,设立了统一的政府资助信息平台,集中汇总德国联邦、州及欧盟 142 家资助机构信息,公开所有资助政策、标准和申请程序。同时,还实施了反官僚主义法,以法律形式规范政府经济管理行为,简化经济活动中过于繁杂的管理办法和规定。德国联邦政府承诺实行"一进一出"原则,即新推出一项管理措施,如可能增加了企业负担,则必须在一年内废除其他的管理法规使企业的负担得到一定程度的平衡。

### 二、对我国优化营商环境的启示和建议

近年来我国推进简政放权、放管结合、优化服务改革取得显著成效，营商环境改进很大，极大激发了市场活力和社会创造力。很多国际机构给予高度评价。但行百里者半九十，"放管服"改革仍处于攻坚期、巩固期。要借鉴德国政府治理经验，进一步把"放管服"改革推向纵深，政府既要减少不合理干预又要积极主动有为，引导更多主体投身创业、投入创新，为新动能加快成长提供更肥沃的土壤。

第一，着力打造法治化营商环境。市场经济本质是法治经济，市场主体最关心的还是依法办事。应进一步加强对市场经济的法治化治理，加快法治政府建设。一是将依法管理与清单管理制度更紧密地衔接起来。无论是权力清单，还是市场准入负面清单，都源于法律，都应与法律相一致。对目前公布的清单事项要进行审查清理，坚决剔除混入清单、没有法律法规依据的事项，并督促相关部门将清单管理融入企业登记注册和行政审批系统中，切实依据清单进行市场准入管理、行政审批等管理活动。各级政府都要严格按权责清单规范透明执法，不给所谓"操作"留下空间，让创业创新者对自己的权益和"红线"清清楚楚。二是建立行政管控性措施增减挂钩机制。借鉴德国政府对增加企业负担措施实行"一进一出"的经验，施行各级政府凡是新出台一项增加企业负担的措施，必须同时废除一项别的措施，实现企业负担总体平衡，以此防止通过红头文件等形式滥设烦苛、对企业抽脂掠膏的现象，促进依法行政。

第二，着力营造公平竞争的市场环境。目前创新创业仍面临很多羁绊，民营和外资企业投资受到的限制仍然较多，制假售假

等不正当竞争现象仍大量存在。为此建议如下。一要破除对民间资本的准入和经营的不公平待遇。除有特别规定的外，对民间资本应同国有企事业单位一样对待，禁止对民间资本单独设置歧视性条款。加快清理不利于民营经济发展的政策法规，尤其是在社会领域要加快破除各种不合理高门槛，消除对民间资本的隐性排斥。对社会资本举办养老、医疗、非营利性教育要给予与公办机构同等支持，在竞争性领域施行民间资金优先进入原则，避免挤压民营企业空间。二要扩大对外资开放。减少对外资进入中国市场的特殊限制事项，在互联网增值服务等领域放开外商投资，在新能源汽车制造、铁路客运等领域放开外资股比限制。三要加大对失信企业惩罚力度。改变"以罚代管"的传统监管模式，提高违法失信成本，对严重失信应当追究刑事责任的要及时追责。

第三，完善对新产品新技术新业态的包容审慎监管。与德国相比，目前我国对创新产品的管控仍然较多，一些地方和部门对新业态新产品新模式仍然沿用过去的监管思路和措施，设置过于苛刻的条件，限制了新经济发展活力。此外，对工业新产品的审批较多、标准模糊，一些在国外能够上市的新产品，在国内反而得不到批准、上不了市。为此，应当进一步改进对新产品新业态新模式的监管方式。政府部门不了解把不准的，不打棍子、不预设前提、不一上来就管死，要客观慎重分析其发展趋势、利弊得失，可采取试点先行、协会约束、信用评级、判例示范等方法进行管理。对可能存在的风险，应先观察、细致辨别风险隐患并尽可能对拟采取的措施开展模拟实验，在此基础上确立合理措施，确保既有效管控风险、又便利企业创业。对工业新产品生产许可问题，可以借鉴德国分类管理经验，对不直接面向消费者的"非终端"工业产品，豁免取得生产许可证。

第四，发挥行业协会商会自律作用。推动更多具有含金量的监管职能向行业协会商会转移，依法交由行业协会开展职业资格资质认定、认证、评比、达标、表彰，协助政府制定行业准入标准、完善行业经营规范、协调利益关系、实施违规企业惩戒，增强行业协会促进行业自律的能力。依法依规推进职能部门和行业协会的信息数据共享，为行业协会参与监管创造良好条件。当然，要尽快实现行业协会"去行政化"，加强和改进对行业协会的监管，坚决整治行业协会乱收费和高收费现象。

第五，完善公共服务和公共资源平台。针对中小企业不同发展阶段面临的不同问题，全方位、一站式提供企业注册、融资、研发资助等服务。特别是应当借鉴德国建立统一的政府资助信息平台经验，加快建设我国统一的政府资助服务平台、公共资源平台等，将分散在发改、财政、工信、科技、教育等部门的服务整合到一个平台之上，为企业查询和申请资助提供更大便利，这既能全程留痕又可防止寻租腐败。

# 德国巴伐利亚州是如何由农牧业大州
# 向高新技术强州转型的

## ——赴德国"依靠创新推进新旧动能转换比较研究"培训考察报告之九

吕　学　张元军

我国不少地方处于创新发展的关键时期，都在探索新旧动能转换的方式和路径。德国巴伐利亚州过去是一个传统农牧业大州，他们以科技与产业结合为抓手，大力兴办教育，重视科技研发，培育产业集群，成功实现了向高新技术强州的转型，发展活力和竞争力十分强劲，生物医药、信息、航空航天等高科技产业在德国首屈一指，首府慕尼黑被誉为"欧洲硅谷"。其经验值得学习借鉴。

### 一、巴伐利亚州成功转型的做法

一是实施区域发展战略。20 世纪 70 年代以来，德国一些老工业密集区面临结构调整困境，经济中心呈现由北向南转移趋势。联邦政府顺势引导各州（市）发挥优势，推进科技创新和产业转型，打造各具特色、竞相发展的区域经济新格局，不搞同质化竞争。1969 年 2 月，第一个地区计划即埃弗尔—洪斯吕克计划生效，重要任务是制定 4 年期限的滚动式总体计划，包括对促进区的划分、发展目标及重点地区的确定及资助款项等。各州充分发挥行政职能和资源优势，加快推进区域发展战略，传统工业区如鲁尔区一带以钢铁、煤炭工业等重工业为主，以巴伐利亚为首的南部工业区以航天、微电子等新兴工业为主，北部工业区如不莱梅、汉堡、柏林等以海洋工业为主，形成了特色化、差异化、集群化的区域发展格局。

二是增强科技教育潜力。巴州十分注重搭建科技教育平台，政府投资成立了 20 个高科技企业创业中心和多个高新技术园区，由多家公司负责运营。其中巴伐利亚参股投资公司为新企业提供配套风险资本，巴伐利亚创新公司促进研究成果转化；建立生物技术、航空航天等 19 个技术集群，将企业、协会、研究机构、融资机构与促进机构、咨询机构连成网络，促进产学研相互合作。同时，巴州政府一直高度重视大学和研究机构的设立与布局，投资建设 5 所综合大学，成立应用大学和多家研究机构。目前该州共有 11 所综合大学和 18 所应用大学，在校学生超过 11 万人，有德国航空航天研究院、GSF 环境和健康研究中心、MPE 等离子物理研究所 3 个大型科研机构，以及 9 个开展应用技术研究的弗劳恩霍夫协会研究所。通过开展"双元制"教育，每年输送大量高素质的劳动力。巴州已成为德国科研实力最雄厚的地区之一，每年专利申报数量占全德 25% 以上。

三是积极培育优势产业集群。面对经济全球化的激烈竞争，巴州政府从 2004 年开始酝酿进一步深化产学研合作，促进相关产业集群化发展。2006 年 2 月，巴州政府决定在"巴伐利亚创新联盟"框架下，实施产业集群政策，并于当年出资 5000 万欧元，扶持 19 个产业和技术领域。高科技产业集群上，包括生物工程、航空航天、卫星导航、信息与通讯技术、环保和医疗技术；生产型产业集群上，包括汽车、化工、电子元件与传感技术、食品、木制品生产与森林开发、金融服务、媒体行业、能源技术、铁路技术、物流；综合技术集群上，包括纳米技术、微电子与自动化以及新材料。每个产业集群均由专门集群办公室负责，其注册形式为非营利性协会。集群办公室按企业模式管理，全体大会为最高权力机构，任命代言人、总经理等人员。

四是以科技创新引领改造传统产业。巴州动用各种资源开展公关活动，主动提供工业用地及优惠政策，成功引进一批知名大企业，通过引进先进的设备和工艺，改造提升传统工业。例如依托某知名企业的信息与通讯基础设施，推动电子元件、集成电路制造业的发展和计算机的普及，给机电设备制造业带来新的活力，精湛的机电设备制造一直是巴伐利亚的支柱产业。自 20 世纪 90 年代起，巴州政府将高科技产业作为促进政策的重中之重，先后实施"巴伐利亚未来攻势"和"高技术攻势"，投入大量资金，支持并推动生命科学、信息与通讯技术、新材料、环保和机械电子等相关行业的发展。未来 5 年，巴州将投入 15 亿欧元实施工业 4.0 战略，以数字产业推动传统产业智能化改造。

五是着力培育创新园区。巴州政府大力支持创新园区发展，不仅在土地、金融方面给予大力支持，还规定政府投资的大学必须同企业进行科技合作，将创新园区搭建为产学研合作平台，为企业发展提供源源不断的创新活力。比如，在奥伯恩堡工业中心（创新园区）发展过程中，巴州政府不仅建好交通、电力等基础设施，还给予包括补贴在内的大量支持。一方面，把一些机构如学校、研究机构和其他机构尽量迁入中心，建立并运作孵化器，政府雇用专业人士提供咨询；另一方面，政府支持所有进入园区的企业建立内外部连接。管理层把园区当作一个品牌来支持，到世界各地进行市场营销。目前，奥伯恩堡工业中心拥有30多家国际化企业机构和3000多位从业人员，已发展成为集研发、设计、生产、仓储、展销于一体的现代化、综合性产业园区。

六是打造特色产业小镇。德国产业中心均衡分布在东西南北中各地，每个小城镇都是一个产业中心，各有特色。例如巴州的英戈尔斯塔特小镇，不但是德国某知名汽车最大的工厂，也是该汽车公司总部和技术开发部的所在地，该汽车公司拥有员工3万多人，是该地区规模最大的公司。再比如赫尔佐根赫若拉赫是巴州埃尔朗根—赫西施塔特县的一座古老小镇，是三家全球企业的总部，为当地带来近2万个就业岗位。

七是对东部实行"输血式"援助。1990年两德统一后，东部地区的生产率只有西部地区的1/3，区域发展严重失衡成为影响德国经济发展和社会稳定的重要因素。德国政府采取多种措施支持原东德地区，首先就是在原西德的公民中征收"团结税"，同时还规定东德马克与西德马克按1:1的比例兑换。德国政府还采取包括平衡社会保障、税收优惠、鼓励西部企业到东部投资等"输血式"援助措施。比如巴州就为东德输送大量资金、设备、技术和先进管理经验，既转移自身过剩产能，也促进东部产业结构优化，初步形成了以化学、电子和汽车制造为重点的经济发展格局，工业体系趋向合理。

八是为中小企业发展营造良好环境。巴州政府历来十分重视中小企业，于1974年颁布了德国第一部中小企业专门立法《巴州中小企业促进法》，目的是为中小企业创造良好环境，帮助其渡过创业难关，促进中小企业之间以及与高校和研究机构之间合作。巴州还采取一系列具体措施，比如制定《中小企业贷款计划》《技术咨询计划》《创新促进计划》和《技术引进计划》等，推动中小企业更便利地获得资金、引进技术。成立"欧盟研究与科技联络处"，与欧洲 160 多个机构连成网络，为中小企业引进信息技术、申请专利等提供协助。2003 年初，巴州提出"新产品、新企业、新市场"倡议，通过提供风险资本、建立创业中心、实施商业计划竞赛等措施，鼓励成立新企业、开发新技术，巴州已成为德国创业气氛最浓厚的地区。

## 二、对我国区域新旧动能转换的启示

巴州成功转型的一条重要经验是促进科技、教育与经济紧密结合，从而激发了区域发展活力和动力。这对我国各地有重要启示意义。

一要建设各类区域创新合作平台。德国多年来的做法是搭建各种类型的产学研合作创新平台，而且成效十分明显。产学研结合主要靠实体经济部门推动，而不能单靠科技和教育部门。现在我国对创新的需求越来越迫切，要引导和支持企业加强技术研发能力建设，优先在具备条件的行业骨干企业布局国家级技术研发平台，使企业集研发创新与成果应用为一体。支持企业与科研院所、高等学校联合组建开放式技术研发平台和产业技术创新战略联盟，合作开展核心关键技术研发和相关基础研究，联合培养人才，共享科研成果。要选择一批代表性区域如南北差距交叉区、老工业基地等，设立新旧动能转换示范区，不拘一格引入创新力量，集聚创新要素，建设创新平台，进行开放式创新，打造区域性创新高地。

二要强化新兴产业对传统产业的融通改造。近年来我国不少原字号、初字号、重字号、国字号企业陷入产能过剩、债务沉重的境地，有人说不转型是等死，转型是找死。新一轮科技革命和产业变革为企业转型升级带来了挑战，也带来了机遇。我国近年来涌现的新兴企业不仅掌握新技术，也有全新的运营理念和模式，不少大企业在学习借鉴中探索新模式。要推进新兴产业与传统产业融通，将新技术、新理念、新业态和新模式渗入到传统产业，提升管理和服务水平，加速向研发设计、增值服务等价值链高端环节延伸。利用云制造、无人工厂、大规模个性化定制等新型制造模式，推动先进制造业开启智能化进程。

三要推进跨界协同创新、融通创新。要以切实服务区域经济和社会发展为重点，打破按行政系统配置资源的旧格局，通过推动省内外高校与当地支柱产业中重点企业或产业化基地的深度融合，搭建跨层级、跨部门的科技与研发协同创新中心，加速技术推广应用和产业化，协作开展产业技术创新和科技成果产业化，快速推动区域创新发展。要以园区等为载体，打破制约跨所有制跨行业创新合作的限制，促进生产要素和生产流程共享，加快建设跨界融合、系统整合的功能性园区。要研究建立有利于国有资本从事创业投资的容错机制，研究突破院所和学科管理限制，在人工智能、区块链、能源互联网、智能制造、大数据应用、基因工程、数字创意等交叉融合领域，营造有利于跨界融合研究团队成长的氛围。

四要培育创新型产业集群。产业集群是完善现代供应链条、形成聚合竞争力的重要方式，要将培育创新型产业集群作为重要战略，制定支持政策，建立产学研共同体。可以"无中生有"，在优势科教资源富集的地区建设更多技术转移中心，以科技成果转化打造新型产业集群；可以"有中生新"，对传统产业集聚区进行升级改造，积极搭建创新平台，加强与高校、科研机构的合作，完善配套体系，拓宽产业链，提升价值链，向以高附加值产业和品牌产品为主的现代产业集群升级；也可以"新中求进"，推动高新技术产业集聚区持续向高端攀升，输出服务和模式，在更广范围发挥升级作用。同时，在推进特色小镇建设过程中，要高度重视产城融合，选准产业定位，精心策划项目，着力培育特色优势产业。

# 德国促进产学研融通创新的
# 做法与启示

范绪锋　许金华

　　随着新一轮科技革命和产业变革的孕育兴起，融通创新作为大科学时代重要的知识生产组织方式，越来越成为世界性趋势。德国是欧洲乃至世界最具创新力的国家之一，创新体系的主体构成与我国较为类似，也有过相近的发展历程。德国把不同创新主体的协同度、不同研究领域的结合度视为国家科技创新能力重要衡量标准，大力推动产学研协同合作、融通创新，取得了明显成效，不少做法值得研究借鉴。

## 一、合作融通被德国视为创新体系建设的根基

　　近年来，德国经济表现抢眼，2016 年实际 GDP 增长 1.9%，创四年来最大增幅，失业率从 2009 年的 8.2% 降至 2017 年 5.7% 的历史低点。德国经济之所以能在欧洲率先走出危机、实现强劲复苏，关键的一条就是抓创新，得益于极具创新性企业、发达的基础研究以及政府与研发机构之间的良好合作。经合组织（OECD）最新研究报告显示，2015 年德国研发经费支出首次达到 GDP 的 3%，是全球研发投入最多的 5 个国家之一。根据世界知

识产权组织发布的"全球创新指数",德国 2016 年首次进入前 10 名,2017 年位列第 9,其中创新效率排名世界第 7,比 2016 年提升 2 个名次。

在德国,通过合作融通不断突破科技前沿、培养汇聚一流人才,被作为科技创新的重要概念加以运用。联邦和州政府把强化科技界与经济界合作作为创新政策的核心任务和重要目标,企业则将科研成果市场化看作技术创新的一条捷径。1998 年到 2000 年,国际专家委员会对德国国立研究机构进行系统评估,发现两大创新支柱高校与科研机构之间条块分割明显,各自进行大而全的学科建设,缺乏明显的特色优势。为此,德国科学委员会建议"在不放弃各自研究特色的前提下,消除德国研究系统内的分工差异",促进高校与科研机构实质性合作。最为典型的是联邦政府从 2006 年推出的"三大计划",即"高校公约""研究与创新计划"和"卓越计划"。"高校公约"通过简政放权,将权力下放到州或高校,促进高校特色发展;"研究与创新计划"通过每年递增 3%—5% 的研究经费,促进各大研究机构在竞争中增强创新能力和战略优势,加强合作网络建设;"卓越计划"目的是集中优势资源打造数所"哈佛式"精英大学,促进大学与科研机构的紧密联系。

2014 年底,德国发布《新高科技战略——为德国而创新》(3.0),作为 2006 年和 2010 年"德国高科技战略"的升级版,一方面推动产学研合作,鼓励和支持大学、科研机构和企业建立新型的协同合作机制;另一方面培育专业化的创新成果转移机构,为转移转化提供保障。2016 年 6 月,默克尔总理作为联邦政府代表与各州共同签署了"创新型高校""卓越战略""学术后备人才促进计划"三项资助协议。其中,"创新型高校"倡议分两轮各资助 5 年, 资助总额为 5.5 亿欧元, 联邦承担 90%。今年 7 月, 第一轮获资助的 48 所高校名单公布, 入选高校和高校联盟将分别获得每年至多 200 万、300 万欧元资助, 进一步强化高校与企业、社会的联系合作。

**二、德国推进融通创新的主要做法**

德国的高校、科研机构、企业等各类创新主体既分工明确、又优势互补, 形成了高效运作的融通创新体系。

一是以功能差异化促进优势互补。德国高校尤其是研究型大学科研力量强大, 研究内容覆盖全部学科, 研究重点是各学科领域的理论基础研究和应用基础研究。国立科研机构体系主要由马普学会、弗劳恩霍夫协会、亥姆霍兹联合会、莱布尼茨科学联合会四大机构组成。马普学会以基础研究为主, 尤其看重新的、有发展潜力又不为大学重视的研究课题; 弗劳恩霍夫协会主要从事应用研究, 超过 70% 的研究经费来自工业合同和政府资助的研究项目; 亥姆霍兹联合会主要着眼于中长期科技任务, 解决社会、科技和工业的重大挑战, 广泛参与欧洲大科学计划; 莱布尼茨科学联合会定位于问题导向、同时为社会提供咨询与服务, 以研究主题多样性为特色。德国政府还推出创新集群计划, 支持科学界与经济界合作, 将科学创意迅速转化为新产品和服务。这一计划由弗劳恩霍夫协会负责设计并实施, 从创新主体密集的地区开始, 将一些既定研究课题的众多创新主体联合起来, 形成从项目创意、研发、试验到产品生产完整的创新价值链, 已在德国高技术领域全面推广。

二是以项目和平台促进持续稳定合作。德国采取多种方式推动创新主体建立稳定合作关系, 包括共建跨主体、跨区域的合作研究中心，创立实体性合作平台，联合申请研究项目和组建临时研究单元等。目前，德意志研究联合会支持的合作研究中心达250个，支持期限最长达12年。统计表明，四大政府科研机构参与了"卓越计划"中87%的联合研究生院、89%的"卓越集群"和90%的"卓越大学"建设。马普学会与多所大学合作建立超过60个"马普国际研究院"，为有才能的青年博士生提供学习机会，其中外籍学生占2/3。联合研究项目形式在德国基础研究中占比约80%、应用研究中占比约70%。临时研究单元模式通过组建研究小组、虚拟研究所、科学家小组、研究联盟等形式，快速整合双方资源，开展某领域急需的研究，以马普学会与高校、企业联合开展的研究小组和虚拟研究所最为有名。

三是以人员互聘促进人才流动汇聚。德国法律规定，只有综合性大学享有博士学位的授予权，科研机构的科学家只能选择在大学任教或竞聘教授头衔才能指导博士生。亥姆霍兹联合会下属机构于利希中心与大学有一种互相兼职的做法，研究所的科学家到大学做兼职教授是免费的，但可以获得教授头衔和指导博士生的资格；也可以签订协议，在双方机构各工作一半时间，双方各付一半的薪水。弗劳恩霍夫协会担当领导角色的半数以上是大学教授。马普学会有超过90%的所长在大学担任教授。为加强与大学合作，还推出"马普客座研究员计划"，吸引大学教职人员，时间最长5年，在此期间可以独立领导一个研究小组。亥姆霍兹联合会与伙伴大学建立150多个青年科学家小组，为青年科研人员提供研究项目、获得终身科学雇员或大学教授资格的发展通道。

四是以科研设施共享促进资源配置优化。德国政府鉴于高校、科研机构和企业在科学基础设施方面的明显差距，积极促进大型科学基础设施的共享，增加各创新主体的交流频次。最有影响的例子是亥姆霍茨联合会基于大型研究基础设施的资源共享，该机构运行着各研究领域约 50 个大型设备，每年吸引德国和世界各地 6000 多名科学家使用。很多优秀的科学家来到德国，主要是被卓越的研究基础设施所吸引，包括可以使用一些全球独一无二大型研究设备工作的机会。

五是以评价导向促进跨界协同创新。在德国，不同主体合作融通已成为申请经费资助和募集第三方经费的重要来源。只有协同创新才更容易获得联邦和州政府、经济界各层次的研究经费，协同程度越高就越能争取到大型项目经费。德国还通过提高有期限规定的科研岗位比例促进人才流动，有固定合同期限的人员须占机构科研人员总数 30% 以上。德国科学委员会 2011 年公布《科研成果评价与监督的建议》，强调对科研机构考核应考虑其定位，不同定位采取相应的评价标准。如以基础研究为主的马普学会，研究论文的数量与水平是重要评价指标；弗劳恩霍夫协会是应用开发型研究机构，重点看外部经费数量和构成、顾客满意度，出版物一般不纳入评价指标；亥姆霍兹联合会经费投入巨大，项目规划与管理就成为重要评价指标。

### 三、启示和建议

第一，加强对融通创新的顶层设计和长远谋划。德国高校和科研机构间功能异质互补是推动两大机构合作融通的保障和动力。我国科研体系中相互封闭、各自为战、重复建设的问题依然较为突出，需要从国家战略和全局的高度，对科研体系进行系统评估，加强中长期的通盘规划，进一步理顺体制机制，促进不同创新主体找准定位、形成自身特色和优势。要改变大而全的思路和模式，打破隶属关系等体制壁垒和单位利益藩篱，以功能的差异化、互补性推动融通发展，形成基于创新价值链的多主体网络化协同模式，实现信息、人员、知识、技术、资本等创新要素融合汇聚。

第二，多措并举促进各类创新资源共享机制化。德国多种形式的科研项目和平台是开展融通创新的重要载体。对我国而言，应进一步落实高校和科研院所的科研设施开放共享政策，发挥好科技重大项目和工程、大科学设施、大科学计划以及国家实验室等高端平台的示范作用，不断深化高校、科研院所、企业、地方合作以及国际合作，形成可持续发展的体制机制。统筹推进世界一流大学和一流学科建设，应把融通创新作为重要内容和指标，加大学科交叉融合支持力度，细化研究生包括高年级本科生及早进入科研项目等政策安排，使协同育人与协同创新互为支撑、彼此促进。

第三，切实改进单一僵化的科研评价导向。我国科研体系中同质化竞争、创新"孤岛"现象比较突出，这与长期以来科研评价程序单一、重数量轻质量、重学科建设轻生产力转化的导向有直接关系。建议针对不同高校和科研机构的功能定位，实行分类评价，制定相应的评价标准和程序，通过各类经费导向、利益共享机制，激发高校、科研机构、企业开展融通创新的积极性。根据项目性质，可在国家和地方层面各类项目申报指南中鼓励"校研企合作"作为申报前提，大型项目可作为申报必要条件。科研成果评价应坚持数量与质量指标并重，逐步形成以同行评议为主的质量评价导向。

第四，形成有利于人才合理流动、优化整合的制度环境。我国出台了允许科研人员和教师依法依规兼职兼薪的新规定，但在政策落地上还面临一些障碍。建议立足我国实际，借鉴德国等经验，尽快制定薪酬、职称、考核、知识产权等方面实施细则，将兼职获得的科研成果、成果转化贡献、知识产权纳入科研人员职务晋升、职称评审和绩效考核的依据。加快高校和科研单位人事制度改革，逐步提高有固定期限规定的科研岗位比例，促进科研人员合理流动。同时，鼓励校、研、企创建多层次的融通创新组织形式，为各类人才提供有吸引力的科研条件和待遇，抑制人才恶性竞争现象。

# 对德国工业 4.0 的几点新认识

胡　成

为深入了解德国工业 4.0 最新进展情况，2017 年 9 月 17 日至 9 月 30 日，我随发改委培训团赴德国开展了为期两周的考察访问。其间走访了德国某知名企业的集团总部、研究院和职业教育学院，与巴伐利亚州政府官员、德国工业联合会、爱尔兰根纽伦堡大学、弗朗霍夫研究院的专家进行了交流，深入爱尔兰根工厂、某知名企业大型传动总部工厂一线进行考察。通过交流访问，对德国工业 4.0 有了一些新的认识。

**新认识之一：德国各界对工业 4.0 寄予厚望，并非仅停留在概念和口号**

之前国内有学者认为，应审慎看待德国工业 4.0，它只是一个发展概念，说"狼来了"还言过其实。但考察中，普遍感受到德国各界对工业 4.0 的重视程度，比之前想象的还要高。德国政府认为，德国制造业优势正面临以美国为代表的发达国家、以中国为首的新兴国家的双重挑战，只有实施工业 4.0 才能维持其竞争地位。而德国的产业协会、大企业也认为，在数字化、互联网蓬勃发展的背景下，工业 4.0 是德国制造业升级的必然出路。以某知名企业为例，他在各业务部门的研发机构以外，专门在慕尼黑成立了中央研究院，每年 8 亿欧元预算，专门用于工业 4.0 有关前沿领域的基础研究。德国工业联合会、弗朗霍夫研究院也都专门成立了工业 4.0 有关的组织机构，研究推进相关工作。

**新认识之二：工业 4.0 更高的门槛在于工业标准壁垒，而不仅仅是技术突破**

考察中了解到，工业 4.0 是技术上的质变，但量变来自于统一规范的工业标准。德国对工业标准异常重视，之所以德国有信心推出雄心勃勃的 4.0 计划，其底气也来自于其完备的工业标准。德国专家介绍，随着工业技术的进步，工业生产模式从大批量生产转向柔性自动化生产，进而再转向高效、敏捷与集成经营生产方式，而这一切的基础，是各类标准的统一化，这是未来智能化生产车间的基础条件。长期以来，德国都是标准制定和输出标准的大国，在工业标准方面具有巨大的优势。德国标准化学会（DIN）每年输出约 1500 个标准，80% 在欧洲各国通用，凡是进入欧盟的产品也必须符合这些标准。这些标准从大到小面面俱到，细到什么程度？以德国纸质文件为例，其所有孔径都有相应的 DIN 标准，确保无论纸张是横版还是竖版，甚至中间裁切，都是正中位置，德国人从小学生就开始学习这一标准。德国精细的标准以及严格的执行，使得无论是工业元件的规格，还是设备额定电压的配置，或是通信协议的制订等等，都具有统一规范的工业标准，在进行工业生产领域的数字化改造时，具有得天独厚的优势，能够确保各项系统改造、应用推进，障碍和门槛更少，成本更低，效率更高。

### 新认识之三：德国提出工业 4.0 的一个重要原因是国内劳动力的缺失、人工成本高

考察中还了解到，德国推进工业 4.0，也根源于国内劳动生产成本不断攀升，是倒逼之举。访谈中工厂负责人介绍，德国的人力成本相比新兴市场国家非常昂贵，工人的工资使得德国制造成本居高不下，而且情况在不断恶化。一方面德国面临日益严峻的老龄化趋势和低生育率，适龄劳动力不断减少。另一方面德国工会的力量非常强大，德国工人罢工是家常便饭，德国工厂涨工资、减工时的压力非常大。根据德国工业联合会介绍，德国制造业人工成本大约是中国的五倍（包括工资、福利和培训费用等）。德国工业各界认为，德国制造业目前尚有技术优势，但一旦中国在技术上的差距得到缩小，甚至实现赶超，德国制造业的优势将荡然无存。对此，德国上下充满危机感，在德国劳动力成本状况日益恶化且改善无望的情况下，通过 4.0 转型是唯一选择。

### 新认识之四：政府在推动工业 4.0 中发挥着主导作用，并非单纯的企业和市场行为

在推进工业 4.0 的过程中，"谁唱主角，政府起什么作用"是一个十分关键的问题。之前普遍认为，德国工业 4.0 是一个由企业提出倡议、企业自主推进的计划。但考察中了解到，即使在一个高度发达的市场经济国家，德国推进工业 4.0 仍是由政府主导，企业、协会、学界共同参与。德国政府专门成立了工业 4.0 推进委员会，由德国经济部牵头，成员包括经济部、大企业管理层、行业专家、科研人员等，委员会负责工业 4.0 的政策制定、具体实施，下设行业标准、技术创新、系统安全、法律法规、人才培养五个小组。介绍中可以感受到，德国政府在实施工业 4.0 中，

从顶层设计着手，出台财政、金融支持政策，为企业发展创造良好环境，事无巨细，发挥了不可替代的关键作用。同时，德国各级政府都在加大 4.0 的投入，以访问的巴伐利亚州为例，2017 年推出了"数字化巴伐利亚总体规划"，政府投资 30 亿欧元，还出台了涵盖金融、产业、教育等多方面的扶持政策，包括银行低息贷款，数字化手工业计划，企业数字化采购优惠政策，数字化工业 4.0 教育计划等。与我国推进规划的有关举措是类似的。

**新认识之五：工业 4.0 还处在一个初级阶段，即使德国要实现 4.0 也还有很长的路要走**

访问中普遍感受到，在德国工业 4.0 尚处于一个起步阶段，工业 4.0 的完全实现还存在诸多障碍，目前还只能被称作一个"未来愿景"。多数一线管理者认为，要真正实现工业 4.0 至少需要 15—20 年时间。比如某知名企业在智能工厂改造方面，已经具备世界领先的技术能力。但是参观的该企业各类工厂，完全改造成为智能化、数字化生产车间的并不多，多数只是局部环节应用。以参观的该企业大型传动总部工厂为例，其生产线仍然是以传统生产线为主，大部分工序需要工人参与。工厂负责人介绍，智能工厂改造成本目前还远远高于传统生产成本。总体而言，4.0 的生产方式目前还不经济，在广大中小企业大范围推广应用更是遥遥无期。工业 4.0 在不同行业中差别也很大，在工业元器件制造、汽车制造行业应用推广迅速，而其他行业进展则十分缓慢。

通过对德国工业 4.0 的考察，有以下几点启示和建议。

第一，牢固树立制造强国、实体兴国的战略思维不动摇。中国作为一个发展中大国，经济发展必须植根于实体经济，实体经济中最关键的就是制造业。我们一定要把推动制造业转型升级、振兴实体经济作为一个长期的国家战略，继续坚持下去。

第二，更加重视标准体系建设。标准是制造业数字化转型的基础和前提，各方面对工业标准重要性的认识越来越深化。要坚持标准引领，建设制造强国。要把工业标准化工作放在更加重要突出的位置，组织实施制造业标准化提升计划，在智能制造等重点领域开展综合标准化工作，支持组建重点领域标准推进联盟，鼓励和支持企业、科研院所、行业组织等参与国际标准制定，加快我国标准国际化进程。

第三，制造强国要树立"立足当前、着眼长远、久久为功"的意识。与发达国家在工业 3.0 基础上迈向 4.0 不同，我国不仅要追赶工业 4.0，还要在工业 2.0、3.0 方面"补课"。德国在 3.0 的基础上推进 4.0 尚且存在较多障碍，我国仍处于工业 2.0 与工业 3.0 并行发展阶段，面临的任务更加艰巨复杂，除了技术上的差距，在产业基础、外部环境方面都存在许多不足。建设制造强国，既要有战略性和前瞻性，又要有长期性和艰巨性，必须立足当前，与稳增长、调结构的现实需要紧密结合起来，也必须坚持问题导向，做好打持久战的准备。

第四，要充分发挥好我国的人力资源优势。人是生产力中最活跃最根本的因素。德国推动制造业发展，面临人力成本高，人力资源匮乏的困境。而我国人力资源数量庞大，有 9 亿多劳动力，且劳动力质量在不断提高，1.7 亿人受过高等教育或具有各类专业技能，这是其他任何一个国家都无法比拟的优势，是我国发展的最大潜力。当前的关键是要把潜力转化成为现实的生产力，要通过加快培养各类专业技术人才、经营管理人才，大力弘扬工匠精神，造就一支高素质的产业工人大军和不断追求卓越的企业家队伍，用人力资源优势推动我国制造强国建设。

# 从芝加哥经济转型看美国传统制造业中心 从"锈带"到"智带"的演变

## ——赴美国"发达国家支持实体经济、重振制造业 政策措施"培训团调研报告之三

### 欧阳进 张春生 叶仁雄 白 华

芝加哥被人们称为美国传统制造业中心经济转型的成功样本。我们在美培训期间,通过对芝加哥大企业、国家实验室进行调研,与有关研究所、美国中国总商会芝加哥分会进行交流,感到芝加哥经济转型的经验,对促进我国老工业基地经济调整升级有借鉴意义。

## 一、昔日的"锈带"重镇已华丽转身为"智带"样本

19 世纪中后期,芝加哥就完成了重工业化,1875 年芝加哥的钢轨产量已名列全美第一,机械工业和冶金业迅速崛起。20 世纪初,芝加哥抓住新的产业变革机遇,大力发展电子机械和电子设备制造,1945 年芝加哥都市区生产的收音机和电视机占到全国 1/4,成为一路领跑的工业重镇。二战之后,随着日本、联邦德国和第三世界国家经济恢复与重建,较低的劳动和生产成本吸引美

传统制造业逐渐外迁，加之美国经济萧条致使国内需求下降，芝加哥出现生产严重过剩、企业经营困难、失业人数增加、地区人口减少等问题，同时还伴有环境污染、治安恶化等诸多"城市病"，成为美国"锈带"地区的一个重灾区。

20世纪60年代开始，芝加哥着手研究新一轮城市经济发展、产业结构调整。进入新世纪特别是近年来，智能化转型成为芝加哥新的发展方向，智能制造迅猛发展，智能技术广泛运用，演绎了"锈带"老区转型为"智带"城市的佳话。经济恢复繁荣。目前芝加哥地区生产总值达6090亿美元，在美国各大城市中排第3位，在全球大城市中排第6位。400多家大公司总部设立在芝加哥，其中34家位列世界500强。城市恢复活力。芝加哥都市区被评为美国发展最均衡的经济体，被万事达卡全球贸易中心指数评为全球最重要商业中心的第4名，被瑞银集团评为全球最富城市的第9名，科技创新力名列全美第三，新增企业数多年位居全美第一，还是美国第三大会展中心。市容也得到美化提升，芝加哥正致力于打造"最绿色的城市"。

**二、"善抓机遇、多元发展、实体为本"是芝加哥经济转型成功的三块基石**

芝加哥能够在后工业时代迅速转型蜕变，摆脱"锈带"的禁锢，进入"智带"的行列，有三大重要支撑因素。

一是善于发现并抓住机遇，力求"领先一步"。在芝加哥的发展史上，发现、用好机遇的例子比比皆是。芝加哥在成为美国的水运、铁路、航运交通中心以后，又在信息时代"领先一步"，成了全球最大的互联网中心、最大的光纤通讯中心。而实现这一切的关键就在于，芝加哥一直追求技术创新的领先，是名副其实的"技术之都"。芝加哥拥有全球惟一的科学、技术和研究通路点（STARTAP），与15个国际先进网络或国际协议性网络、6个美国先进网络相互连接，美国150多家包括超级计算中心在内的前沿研究型大学和机构，通过STARTAP把网络流传输到国际合作者。芝加哥人口280多万、面积刚过600平方公里，但设有国立费米实验室、国立阿岗实验室等重要科研机构，2014年美国联邦政府在芝加哥建立了先进制造业中心；芝加哥大学、西北大学、芝加哥伊利诺伊大学等产生近80位诺贝尔奖得主；谷歌、微软和IBM这样的科技巨头在这里雇佣了成千上万的员工。

二是注重多元化经济发展，力求"更多一点"。芝加哥从20世纪80年代就确定并开始执行"以服务业为主导的多元化经济"发展目标，特别是注重把产业结构以"肌肉型"重化工产业为主，转变成以"头脑型"智慧产业为主。商务服务业强势。目前芝加哥是美国第二大商业中心区，中央商务区面积占全市的1%、却集中全市约1/6从业人员。芝加哥市内贸易公司有千余家，批发零售额在国内名列前茅，并且是世界主要的邮购中心。金融服务业领先。芝加哥是继纽约之后的美国第二大金融服务中心，拥有全球最大的期货与期权交易市场、美国境内第二大证券交易所，拥有300多家美国银行、40家外国银行分行和16家保险公司，各种金融资产总额居美联储管区的第3位，全球18%的衍生品交易额发生在芝加哥。健康产业方兴未艾。芝加哥聚集着美国雅培制药、百特医疗等20多家生物医药工业巨头，在诊断治疗设备、食品和环境生物技术开发以及生物信息学、基因组学和蛋白组学技术运用方面处于世界前沿。体育产业是靓丽名片。芝加哥拥有棒球、篮球、足球、冰球等体育运动的世界级球队，其中就包括获得五届NBA篮球冠军的公牛队。有人估算，公牛队的乔丹为美国 NBA 创造的财富超过 100 亿美元，成为一种"神话"。

三是始终坚守实体经济特别是制造业这个根本，力求"实在一些"。芝加哥在以服务业为主导发展多元化经济的同时，十分重视制造业在经济中的地位，注重立足金属加工、食品等传统制造优势，重点扶植与制造业紧密关联的新兴服务业，致力引进新兴高科技工业中的管理、研发、营销等价值链高端部门。目前，芝加哥制造业就业人数 60 万人左右，约占全市就业人口 15%，是美国第二大制造业就业人群。芝加哥制造业还集中了 85% 的私人研发力量，拥有著名的摩托罗拉公司总部等，在 2001 年又吸引了波音公司总部迁入。这些都是美国其他城市制造业难以匹敌的。

### 三、芝加哥政府推进经济转型的经验值得借鉴

在推进芝加哥经济转型过程中，政府积极发挥作用，这在以崇尚自由经济的美国是比较有特色的，有些做法对促进我国东北等老工业基地调整升级也有一定借鉴意义。

借鉴意义之一：坚持规划先行，一张蓝图干到底。在芝加哥城市和经济从重工业化到智能化的转型过程中，规划先行起到了重要作用。20 世纪 80 年代，芝加哥对城市产业结构和发展做了明确的规划；进入新世纪，芝加哥市长倡导成立区域性规划组织，制定并执行了"芝加哥大都市展望 2020"。值得一提的是，这些新规划都与 100 年前的一张城市规划图紧密结合。1909 年公布的《芝加哥规划》是现代城市规划的奠基之作，至今仍挂在芝加哥市规划局里，指导城市的规划和建设。

借鉴意义之二：把招商引资作为政府的应尽之责，舍得花本钱留住"金凤凰"。美国人一般认为，企业要撇清与政府的关系，政府不要干预企业的事务。但事实上，芝加哥经济之所以能

够转型成功，政府招商引资、帮助支持企业发展功不可没。1999年芝加哥政府专门成立了市长亲任主席的招商局（WBC），2016年WBC与全球其他32个国家和地区进行了合作，业务伙伴305个，达成项目351个，创造就业岗位9414个。芝加哥政府招商引资创造了不少经典案例和模式，其中知名的有引进波音飞机公司总部和挽留福特公司。波音飞机公司总部本来在西雅图，2000年有意迁往美国中部地区，芝加哥政府向波音提供了价值6000万美元的优惠措施，包括10年内免交房地产税及州所得税等，并帮助波音公司解决了在市中心的办公楼问题，成功地使波音总部迁入芝加哥。福特汽车公司1998年提出迁厂，为了留住福特，芝加哥以1.15亿美元的政府投资帮助其提升发展条件，包括改善周边交通环境、帮助培训职工、整理土地供其扩建。同时，每年减少福特公司150万美元的税务负担。这些支持也是有前置条件的，比如要求福特公司招收1000名新工人，如果无法提供新的工作岗位，就需按每个工人的比例偿还市政府的投资。

借鉴意义之三：注重基础设施建设，强化经济转型发展的软硬件配置。芝加哥大力加强基础设施建设，有力促进了经济成功转型。传统城市基础设施方面，芝加哥以高投入、大规模、重创新而闻名。其奥海尔国际机场一直是美国面积最大、世界上最繁忙的机场之一，新世纪初投资660亿美元进行了扩建，目前每年的旅客吞吐量超过7000万人次。芝加哥还是美国最大的铁路枢纽，城市铁路线总长1.24万公里，年货运量5.12亿吨，均居世界各大城市之首。1980年以来，芝加哥两次扩建麦考密克展览中心，其面积达220万平方英尺，是美国最大的市内展览中心。把旧设施改造成为美化环境的新构架，芝加哥有创新思维，他们在废弃的布卢明代尔城市铁路线上栽种花草，还配置了温室和氢气发电设施，为沿途社区提供有机产品和绿色能源。现代数据信息基础设施建设方面，芝加哥采取了一系列战略性举措。1999 年的规划提出构建芝加哥"数据中心"，2011 年规划进一步明确在市中心建设数据处理与分享中心。目前，已经实施了一批技术开发和设施建设工程，包括都市区网络工程、中西部研究与教育网工程、万亿级网格工程、模糊光纤实验网工程、市政网工程以及国际先进的互联网研究中心工程。这些举措有力助推了芝加哥制造业智能转型和智慧经济的快速发展。